16	3	2	13
5	10	11	8
9	6	7	12
4	15	14	1

coleção TRANS

Gilles Deleuze
Félix Guattari

O QUE É A FILOSOFIA?

Tradução
Bento Prado Jr. e Alberto Alonso Muñoz

editora■34

EDITORA 34

Editora 34 Ltda.
Rua Hungria, 592 Jardim Europa CEP 01455-000
São Paulo - SP Brasil Tel/Fax (11) 3811-6777 www.editora34.com.br

Copyright © Editora 34 Ltda. (edição brasileira), 1992
Qu'est-ce que la philosophie? © Les Éditions de Minuit, Paris, 1991

A FOTOCÓPIA DE QUALQUER FOLHA DESTE LIVRO É ILEGAL E CONFIGURA UMA
APROPRIAÇÃO INDEVIDA DOS DIREITOS INTELECTUAIS E PATRIMONIAIS DO AUTOR.

Edição conforme o Acordo Ortográfico da Língua Portuguesa.

Título original:
Qu'est-ce que la philosophie?

Capa, projeto gráfico e editoração eletrônica:
Bracher & Malta Produção Gráfica

Revisão técnica:
Luiz B. L. Orlandi

Revisão:
Claudia Moraes, Lucia Pereira de Lucena-Guerra, Ana Bustamante

1ª Edição - 1992 (2 Reimpressões), 2ª Edição - 1997 (6 Reimpressões),
3ª Edição - 2010 (4ª Reimpressão - 2023)

CIP - Brasil. Catalogação-na-Fonte
(Sindicato Nacional dos Editores de Livros, RJ, Brasil)

Deleuze, Gilles, 1925-1995

D348q   O que é a filosofia? / Gilles Deleuze
e Félix Guattari; tradução de Bento Prado Jr.
e Alberto Alonso Muñoz. — São Paulo:
Editora 34, 2010 (3ª Edição).
272 p. (Coleção TRANS)

ISBN 978-85-85490-02-7

Tradução de: Qu'est-ce que la philosophie?

1. Filosofia. I. Guattari, Félix, 1930-1992.
II. Prado Jr., Bento, 1937-2007. III. Muñoz,
Alberto Alonso. IV. Título. V. Série.

CDD - 101

O QUE É A FILOSOFIA?

Introdução: Assim pois a questão... 7

I. FILOSOFIA

1. O que é um conceito? 23
2. O plano de imanência 45
3. Os personagens conceituais 75
4. Geofilosofia 103

II. FILOSOFIA, CIÊNCIA LÓGICA E ARTE

5. Functivos e conceitos 139
6. Prospectos e conceitos 161
7. Percepto, afecto e conceito 193

Conclusão: Do caos ao cérebro 237

Índice onomástico 259
Bibliografia de Deleuze e Guattari 264
Sobre os autores 269
Sobre os tradutores 271

Para facilitar a pesquisa, os confrontos e as correções, as páginas da edição original francesa estão indicadas, entre colchetes e em itálico, ao longo do texto.

Introdução
ASSIM POIS A QUESTÃO...
[7]

Talvez só possamos colocar a questão *O que é a filosofia?* tardiamente, quando chega a velhice, e a hora de falar concretamente. De fato, a bibliografia é muito magra. Esta é uma questão que enfrentamos numa agitação discreta, à meia-noite, quando nada mais resta a perguntar. Antigamente nós a formulávamos, não deixávamos de formulá-la, mas de maneira muito indireta ou oblíqua, demasiadamente artificial, abstrata demais; expúnhamos a questão, mas dominando-a pela rama, sem deixar-nos engolir por ela. Não estávamos suficientemente sóbrios. Tínhamos muita vontade de fazer filosofia, não nos perguntávamos o que ela era, salvo por exercício de estilo; não tínhamos atingido este ponto de não-estilo em que se pode dizer enfim: mas o que é isso que fiz toda a minha vida? Há casos em que a velhice dá, não uma eterna juventude mas, ao contrário, uma soberana liberdade, uma necessidade pura em que se desfruta de um momento de graça entre a vida e a morte, e em que todas as peças da máquina se combinam para enviar ao porvir um traço que atravesse as eras: Ticiano, Turner, Monet.[1] Velho, Turner adquiriu ou conquistou o direito de conduzir a pintura por um caminho deserto e sem retorno que não se distingue mais de uma última questão. Talvez a *Vie de Rancé* marque ao mesmo tempo a velhice de Chateaubriand e o início da literatu-

[1] Cf. *L'Oeuvre ultime, de Cézanne à Dubuffet*, Saint-Paul-de-Vence, Fondation Maeght, 1989, prefácio de Jean-Louis Prat.

ra moderna.[2] O cinema também nos oferece por vezes seus dons da terceira idade, onde Ivens, por *[8]* exemplo, mistura seu riso com o da bruxa no vento solto. O mesmo ocorre na filosofia, a *Crítica do juízo* de Kant é uma obra de velhice, uma obra desatada atrás da qual não cessarão de correr seus descendentes: todas as faculdades do espírito ultrapassam seus limites, estes mesmos limites que Kant tinha fixado tão cuidadosamente em seus livros de maturidade.

Nós não podemos aspirar a um tal estatuto. Simplesmente chegou a hora, para nós, de perguntar o que é a filosofia. Nunca havíamos deixado de fazê-lo, e já tínhamos a resposta que não variou: a filosofia é a arte de formar, de inventar, de fabricar conceitos. Mas não seria necessário somente que a resposta acolhesse a questão, seria necessário também que determinasse uma hora, uma ocasião, circunstâncias, paisagens e personagens, condições e incógnitas da questão. Seria preciso formulá-la "entre amigos", como uma confidência ou uma confiança, ou então face ao inimigo como um desafio, e ao mesmo tempo atingir esta hora, entre o cão e o lobo, em que se desconfia mesmo do amigo. É a hora em que se diz: "era isso, mas eu não sei se eu disse bem, nem se fui assaz convincente". E se percebe que importa pouco ter dito bem ou ter sido convincente, já que de qualquer maneira é nossa questão agora.

Os conceitos, como veremos, têm necessidade de personagens conceituais que contribuam para sua definição. *Amigo* é um desses personagens, do qual se diz mesmo que ele testemunha a favor de uma origem grega da filosofia: as outras civilizações tinham Sábios, mas os gregos apresentam esses "amigos" que não são simplesmente sábios mais modestos.

---

[2] Pierre Barbéris, *Chateaubriand: une reaction au monde moderne*, Paris, Larousse, 1976: "*Rancé*, livro sobre a velhice como valor impossível, é um livro escrito contra a velhice no poder: é um livro de ruínas universais em que só se afirma o poder da escrita".

Seriam os gregos que teriam sancionado a morte do Sábio, e o teriam substituído pelos filósofos, os amigos da sabedoria, aqueles que procuram a sabedoria, mas não a possuem formalmente.[3] Mas não haveria somente diferença de grau, como numa escala, entre o filósofo e o sábio: o velho sábio vindo do Oriente pensa talvez por Figura, enquanto o filósofo inventa e pensa o Conceito. A sabedoria mudou muito. Tanto mais difícil tornou-se saber o que significa "amigo", *[9]* mesmo e sobretudo entre os gregos. Amigo designaria uma certa intimidade competente, uma espécie de gosto material e uma potencialidade, como aquela do marceneiro com a madeira: o bom marceneiro é, em potência, madeira, ele é o amigo da madeira? A questão é importante, uma vez que o amigo tal como ele aparece na filosofia não designa mais um personagem extrínseco, um exemplo ou uma circunstância empírica, mas uma presença intrínseca ao pensamento, uma condição de possibilidade do próprio pensamento, uma categoria viva, um vivido transcendental. Com a filosofia, os gregos submetem a uma violência o amigo, que não está mais em relação com um outro, mas com uma Entidade, uma Objetividade, uma Essência. Amigo de Platão, mas mais ainda da sabedoria, do verdadeiro ou do conceito, Filaleto e Teófilo... O filósofo é bom em conceitos, e em falta de conceitos, ele sabe quais são inviáveis, arbitrários ou inconsistentes, não resistem um instante, e quais, ao contrário, são benfeitos e testemunham uma criação, mesmo se inquietante ou perigosa.

Que quer dizer amigo, quando ele se torna personagem conceitual ou condição para o exercício do pensamento? Ou então amante, não seria antes amante? E o amigo não vai reintroduzir, até no pensamento, uma relação vital com o Outro que se tinha acreditado excluir do pensamento puro? Ou então, ainda, não se trata de alguém diferente do amigo

---

[3] Alexandre Kojève, "Tyrannie et sagesse", in Leo Strauss, *De la tyrannie*, Paris, Gallimard, 1954, p. 235.

ou do amante? Pois se o filósofo é o amigo ou o amante da sabedoria, não é porque ele aspira a ela, nela se empenhando em potência, mais do que a possuindo em ato? O amigo seria, pois, também o pretendente, e aquele de que ele se diria o amigo seria a Coisa que é alvo da pretensão, mas não o terceiro, que se tornaria ao contrário um rival? A amizade comportaria tanto desconfiança competitiva com relação ao rival, quanto tensão amorosa em direção do objeto do desejo. Quando a amizade se voltasse para a essência, os dois amigos seriam como o pretendente e o rival (mas o que os distinguiria?). É sob este primeiro traço que a filosofia parece uma coisa grega e coincide com a contribuição das cidades: ter formado sociedades de amigos ou de iguais, mas também ter promovido, entre elas e em cada uma, relações de rivalidade, opondo pretendentes em todos os domínios, no amor, nos jogos, nos tribunais, nas magistraturas, na política, e até no pensamento, que não encontraria sua condição somente no amigo, mas no pretendente e no rival (a dialética que Platão define pela *amphisbetesis*). A rivalidade dos homens [10] livres, um atletismo generalizado: o agôn.[4] É próprio da amizade conciliar a integridade da essência e a rivalidade dos pretendentes. Não é uma tarefa grande demais?

O amigo, o amante, o pretendente, o rival são determinações transcendentais, que não perdem por isso sua existência intensa e animada, num mesmo personagem ou em diversos. E quando hoje Maurice Blanchot, que faz parte dos raros pensadores que pensam o sentido da palavra "amigo" em filosofia, retoma esta questão interior das condições do pensamento como tal, não são novos personagens conceituais que ele introduz no seio do mais puro Pensado, personagens pouco gregos desta vez, vindos de outra parte, como se tivessem passado por uma catástrofe que os arrasta na direção de

---

[4] Por exemplo, Xenofonte, *República dos lacedemônios*, IV, 5. Detienne e Vernant analisaram particularmente estes aspectos da cidade.

novas relações vivas promovidas ao estado de caracteres *a priori*: um desvio, um certo desamparo, uma certa destreza entre amigos que converte a própria amizade ao pensamento do conceito como desconfiança e paciência infinitas?[5] A lista dos personagens conceituais não está jamais fechada, e por isso desempenha um papel importante na evolução ou nas mutações da filosofia; sua diversidade deve ser compreendida, sem ser reduzida à unidade já complexa do filósofo grego.

O filósofo é o amigo do conceito, ele é conceito em potência. Quer dizer que a filosofia não é uma simples arte de formar, de inventar ou de fabricar conceitos, pois os conceitos não são necessariamente formas, achados ou produtos. A filosofia, mais rigorosamente, é a disciplina que consiste em *criar* conceitos. O amigo seria o amigo de suas próprias criações? Ou então é o ato do conceito que remete à potência do amigo, na unidade do criador e de seu duplo? Criar conceitos sempre novos é o objeto da filosofia. É porque o conceito deve ser criado que ele remete ao filósofo como àquele que o tem em potência, ou que tem sua potência e sua competência. Não se pode objetar que a criação se diz antes do sensível e das artes, já que a arte faz existir entidades espirituais, e já que os conceitos filosóficos são também *[11] sensibilia*. Para falar a verdade, as ciências, as artes, as filosofias são igualmente criadoras, mesmo se compete apenas à filosofia criar conceitos no sentido estrito. Os conceitos não nos esperam inteiramente feitos, como corpos celestes. Não há céu para os conceitos. Eles devem ser inventados, fabricados ou antes criados, e não seriam nada sem a assinatura daqueles que os criam. Nietzsche determinou a tarefa da filosofia quando escreveu: "Os filósofos não devem mais contentar-se em acei-

---

[5] Sobre a relação da amizade com a possibilidade de pensar, no mundo moderno, cf. Maurice Blanchot, *L'Amitié* e *L'Entretien infini* (o diálogo dos dois cansados), Paris, Gallimard, 1971 e 1969, respectivamente. E Dionys Mascolo, *Autour d'un effort de mémoire*, Paris, Nadeau, 1987.

tar os conceitos que lhes são dados, para somente limpá-los e fazê-los reluzir, mas é necessário que eles comecem por fabricá-los, criá-los, afirmá-los, persuadindo os homens a utilizá-los. Até o presente momento, tudo somado, cada um tinha confiança em seus conceitos, como num dote miraculoso vindo de algum mundo igualmente miraculoso", mas é necessário substituir a confiança pela desconfiança, e é dos conceitos que o filósofo deve desconfiar mais, desde que ele mesmo não os criou (Platão sabia isso bem, apesar de ter ensinado o contrário...).[6] Platão dizia que é necessário contemplar as Ideias, mas tinha sido necessário, antes, que ele criasse o conceito de Ideia. Que valeria um filósofo do qual se pudesse dizer: ele não criou um conceito, ele não criou seus conceitos?

Vemos ao menos o que a filosofia não é: ela não é contemplação, nem reflexão, nem comunicação, mesmo se ela pôde acreditar ser ora uma, ora outra coisa, em razão da capacidade que toda disciplina tem de engendrar suas próprias ilusões, e de se esconder atrás de uma névoa que ela emite especialmente. Ela não é contemplação, pois as contemplações são as coisas elas mesmas enquanto vistas na criação de seus próprios conceitos. Ela não é reflexão, porque ninguém precisa de filosofia para refletir sobre o que quer que seja: acredita-se dar muito à filosofia fazendo dela a arte da reflexão, mas retira-se tudo dela, pois os matemáticos como tais não esperaram jamais os filósofos para refletir sobre a matemática, nem os artistas sobre a pintura ou a música; dizer que eles se tornam então filósofos é uma brincadeira de mau gosto, já que sua reflexão pertence a sua criação respectiva. E a filosofia não encontra nenhum refúgio último na comunicação, que não trabalha em potência a não ser de opiniões, *[12]*

---

[6] Friedrich Nietzsche, "Fragments posthumes, automne 1884-automne 1885", *Oeuvres philosophiques complètes*, XI, Paris, Gallimard, 1982, pp. 215-6 (sobre "a arte da desconfiança").

para criar o "consenso" e não o conceito. A ideia de uma conversação democrática ocidental entre amigos não produziu nunca o menor conceito; ela vem talvez dos gregos, mas estes dela desconfiavam de tal maneira, e a faziam sofrer um tratamento tão rude, que o conceito era antes como o pássaro-solilóquio-irônico que sobrevoava o campo de batalha das opiniões rivais aniquiladas (os convidados bêbados do banquete). A filosofia não contempla, não reflete, não comunica, se bem que ela tenha de criar conceitos para estas ações ou paixões. A contemplação, a reflexão, a comunicação não são disciplinas, mas máquinas de constituir Universais em todas as disciplinas. Os Universais de contemplação, e em seguida de reflexão, são como duas ilusões que a filosofia já percorreu em seu sonho de dominar as outras disciplinas (idealismo objetivo e idealismo subjetivo), e a filosofia não se engrandece mais apresentando-se como uma nova Atenas e se desviando sobre Universais da comunicação que forneceriam as regras de um domínio imaginário dos mercados e da mídia (idealismo intersubjetivo). Toda criação é singular, e o conceito como criação propriamente filosófica é sempre uma singularidade. O primeiro princípio da filosofia é que os Universais não explicam nada, eles próprios devem ser explicados.

Conhecer-se a si mesmo — aprender a pensar — fazer como se nada fosse evidente — espantar-se, "estranhar que o ente seja"..., estas determinações da filosofia e muitas outras formam atitudes interessantes, se bem que fatigantes a longo prazo, mas não constituem uma ocupação bem definida, uma atividade precisa, mesmo de um ponto de vista pedagógico. Pode-se considerar como decisiva, ao contrário, a definição da filosofia: conhecimento por puros conceitos. Mas não há lugar para opor o conhecimento por conceitos, e por construção de conceitos na experiência possível ou na intuição. Pois, segundo o veredito nietzschiano, você não conhecerá nada por conceitos se você não os tiver de início criado, isto é, construído numa intuição que lhes é própria: um campo, um plano, um solo, que não se confunde com eles, mas que abriga seus germes e os personagens que os cultivam. O construtivismo exige que toda criação seja uma construção sobre um plano que lhe dá uma existência autônoma. Criar conceitos, ao menos, é fazer algo. A questão do *[13]* uso ou da utilidade da filosofia, ou mesmo de sua nocividade (a quem ela prejudica?), é assim modificada.

Muitos problemas urgem sob os olhos alucinados de um velho que veria confrontarem-se todas as espécies de conceitos filosóficos e de personagens conceituais. E de início os conceitos são e permanecem assinados: substância de Aristóteles, cogito de Descartes, mônada de Leibniz, condição de Kant, potência de Schelling, duração de Bergson... Mas também alguns exigem uma palavra extraordinária, às vezes bárbara ou chocante, que deve designá-los, ao passo que outros se contentam com uma palavra corrente muito comum, que se enche de harmônicos tão longínquos que podem passar despercebidos a um ouvido não filosófico. Alguns solicitam arcaísmos, outros neologismos, atravessados por exercícios etimológicos quase loucos: a etimologia como atletismo propriamente filosófico. Deve haver em cada caso uma estranha necessidade destas palavras e de sua escolha, como elemento do estilo. O batismo do conceito solicita um *gosto* propriamente filosófico que procede com violência ou com insinuação, e que constitui na língua uma língua da filosofia, não somente um vocabulário, mas uma sintaxe que atinge o sublime ou uma grande beleza. Ora, apesar de datados, assinados e batizados, os conceitos têm sua maneira de não morrer, e todavia são submetidos a exigências de renovação, de substituição, de mutação, que dão à filosofia uma história e também uma geografia agitadas, das quais cada momento, cada lugar, se conservam, mas no tempo, e passam, mas fora do tempo. Se os conceitos não param de mudar, podemos perguntar: qual unidade resta para as filosofias? É a mesma coisa para as ciências, para as artes, que não procedem por conceitos? E quanto à história dessas três disciplinas? Se a filosofia é essa criação contínua de conceitos, perguntar-se-á evidentemente o que é um conceito como Ideia filosófica, mas também em que consistem as outras Ideias criadoras que não são conceitos, que pertencem às ciências e às artes, que têm sua própria história e seu próprio devir, e suas próprias relações variáveis entre elas e com a filosofia. A exclusividade da criação de conceitos assegura à filosofia uma função, mas não lhe dá nenhuma proeminência, nenhum privilégio, pois há outras maneiras de pensar e de criar, outros modos de ideação que não têm de [14] passar por conceitos, como o pensamento científico. E retornaremos sempre à questão de saber para que serve esta atividade de criar conceitos, em sua diferença em relação às atividades científica ou artística: por que é necessário criar conceitos, e sempre novos conceitos, por qual necessidade, para qual uso? Para fazer o quê? A resposta segundo a qual a grandeza da filosofia estaria justamente em não servir para nada é um coquetismo que não tem graça nem mesmo para os jovens. Em todo caso, não tivemos jamais um problema concernente à morte da metafísica ou à superação da filosofia: são disparates inúteis e penosos. Fala-se hoje da falência dos sistemas, quando é apenas o conceito de sistema que mudou. Se há lugar e tempo para a criação dos conceitos, a essa operação de criação sempre se chamará filosofia, ou não se distinguirá da filosofia, mesmo se lhe for dado um outro nome.

Sabemos, todavia, que o amigo ou o amante como pretendente não existe sem rivais. Se a filosofia tem uma origem grega, como é certo dizê-lo, é porque a cidade, ao contrário dos impérios ou dos Estados, inventa o agôn como regra de uma sociedade de "amigos", a comunidade dos homens livres enquanto rivais (cidadãos). É a situação constante que descreve Platão: se cada cidadão aspira a alguma coisa, ele encontra necessariamente rivais, de modo que é necessário poder julgar acerca do bem-fundado das pretensões. O marceneiro aspira à madeira, mas se choca com o guarda-florestal, com o lenhador, com o carpinteiro, que dizem: sou eu, sou eu o amigo da madeira. Se se trata de cuidar dos homens, há muitos pretendentes que se apresentam como o amigo do homem: o camponês que o alimenta, o tecelão que o veste, o médico que dele cuida, o guerreiro que o protege.[7] E se, em todos estes casos, a seleção se faz apesar de tudo em um círculo algo restrito, o mesmo não acontece na política, onde quem quer que seja pode aspirar ao que quer que seja, na democracia ateniense tal como a vê Platão. De onde a necessidade para Platão de uma reordenação, na qual se criem as instâncias que permitam julgar acerca do bem-fundado das pretensões: são as Ideias como conceitos filosóficos. Mas mesmo aí não se vai reencontrar todas as espécies de pretendentes para dizer: o verdadeiro filósofo sou eu, sou eu *[15]* o amigo da Sabedoria ou do Bem-Fundado? A rivalidade culmina naquela entre o filósofo e o sofista, que disputam os despojos do velho sábio; mas como distinguir o falso amigo do verdadeiro, e o conceito do simulacro? O simulador e o amigo: é todo um teatro platônico que faz proliferar os personagens conceituais, dotando-os das potências do cômico e do trágico.

Mais recentemente, a filosofia cruzou com muitos novos rivais. Eram a princípio as ciências do homem, e notadamente a sociologia, que desejavam substituí-la. Mas como a filosofia tinha cada vez mais desprezado sua vocação de criar conceitos, para se refugiar nos Universais, não se sabia mais muito bem qual era a questão. Tratava-se de renunciar a toda criação do conceito em proveito de uma ciência estrita do homem, ou, ao contrário, de transformar a natureza dos conceitos, transformando-os ora em representações coletivas, ora em concepções do mundo criadas pelos povos, suas forças

---

[7] Platão, *Político*, 268a, 279a.

vitais, históricas e espirituais? Depois foi a voga da episte-mologia, da linguística, ou mesmo da psicanálise — e da aná-lise lógica. De provação em provação, a filosofia enfrentaria seus rivais cada vez mais insolentes, cada vez mais calamito-sos, que Platão ele mesmo não teria imaginado em seus mo-mentos mais cômicos. Enfim, o fundo do poço da vergonha foi atingido quando a informática, o marketing, o design, a publicidade, todas as disciplinas da comunicação apodera-ram-se da própria palavra conceito e disseram: é nosso negó-cio, somos nós os criativos, nós somos os *conceituadores*! Somos nós os amigos do conceito, nós os colocamos em com-putadores. Informação e criatividade, conceito e empresa: uma abundante bibliografia já... O marketing reteve a ideia de uma certa relação entre o *conceito* e o *acontecimento*; mas eis que o conceito se tornou o conjunto das apresentações de um produto (histórico, científico, artístico, sexual, pragmá-tico...), e o acontecimento, a exposição que põe em cena apre-sentações diversas e a "troca de ideias" à qual supostamente dá lugar. Os únicos acontecimentos são as exposições, e os únicos conceitos, produtos que se pode vender. O movimento geral que substituiu a Crítica pela promoção comercial não deixou de afetar a filosofia. O simulacro, a simulação de um pacote de macarrão tornou-se o verdadeiro conceito, e o apre-sentador-expositor do produto, mercadoria ou obra de arte, tornou-se o filósofo, o personagem *[16]* conceitual ou o ar-tista. Como a filosofia, essa velha senhora, poderia alinhar--se com os jovens executivos numa corrida aos universais da comunicação para determinar uma forma mercantil do con-ceito, MERZ? Certamente, é doloroso descobrir que "Concei-to" designa uma sociedade de serviços e de engenharia infor-mática. Porém, quanto mais a filosofia tropeça em rivais im-prudentes e simplórios, mais ela os encontra em seu próprio seio, pois ela se sente preparada para realizar a tarefa, criar conceitos, que são antes meteoritos que mercadorias. Ela tem ataques de riso que a levam às lágrimas. Assim, pois, a questão da filosofia é o ponto singular onde o conceito e a criação se remetem um ao outro.

Os filósofos não se ocuparam o bastante com a natureza do conceito como realidade filosófica. Eles preferiram considerá-lo como um conhecimento ou uma representação dados, que se explicam por faculdades capazes de formá-lo (abstração ou generalização) ou de utilizá-los (juízo). Mas o conceito não é dado, é criado, está por criar; não é formado, ele próprio se põe em si mesmo, autoposição. As duas coisas se implicam, já que o que é verdadeiramente criado, do ser vivo à obra de arte, desfruta por isso mesmo de uma autoposição de si, ou de um caráter autopoiético pelo qual ele é reconhecido. Tanto mais o conceito é criado, tanto mais ele se põe. O que depende de uma atividade criadora livre é também o que se põe em si mesmo, independentemente e necessariamente: o mais subjetivo será o mais objetivo. Foram os pós-kantianos que mais deram atenção, neste sentido, ao conceito como realidade filosófica, notadamente Schelling e Hegel. Hegel definiu poderosamente o conceito pelas Figuras de sua criação e os Momentos de sua autoposição: as figuras tornaram-se pertenças do conceito, porque constituem o lado sob o qual o conceito é criado por e na consciência, por meio da sucessão de espíritos, enquanto os momentos erigem o outro lado, pelo qual o conceito se põe a si mesmo e reúne os espíritos no absoluto do Si. Hegel mostrava, assim, que o conceito nada tem a ver com uma ideia geral ou abstrata, nem tampouco com uma Sabedoria incriada, que não dependeria da própria filosofia. Mas era ao preço de uma extensão indeterminada da filosofia, que não deixava subsistir o movimento independente das ciências e das artes, porque reconstituía universais com seus próprios [17] momentos, e só tratava os personagens de sua própria criação como figurantes fantasmas. Os pós-kantianos giravam em torno de uma *enciclopédia* universal do conceito, que remeteria sua criação a uma pura subjetividade, em lugar de propor uma tarefa mais modesta, uma *pedagogia* do conceito, que deveria analisar as condições de criação como fatores de momentos que permanecem singulares.[8] Se as três idades do conceito são a enciclopédia, a pedagogia e a formação profissional comercial, só a segunda pode nos impedir de cair, dos picos do primeiro, no desastre absoluto do terceiro, desastre absoluto para o pensamento, quaisquer que sejam, bem entendido, os benefícios sociais do ponto de vista do capitalismo universal.

---

[8] Sob uma forma voluntariamente escolar, Frédéric Cossutta propôs uma pedagogia do conceito muito interessante: *Eléments pour la lecture des textes philosophiques*, Paris, Bordas, 1989.

I
FILOSOFIA

1.
O QUE É UM CONCEITO?
[21]

Não há conceito simples. Todo conceito tem componentes, e se define por eles. Tem portanto uma cifra. É uma multiplicidade, embora nem toda multiplicidade seja conceitual. Não há conceito de um só componente: mesmo o primeiro conceito, aquele pelo qual uma filosofia "começa", possui vários componentes, já que não é evidente que a filosofia deva ter um começo e que, se ela determina um, deve acrescentar-lhe um ponto de vista ou uma razão. Descartes, Hegel, Feuerbach não somente não começam pelo mesmo conceito, como não têm o mesmo conceito de começo. Todo conceito é ao menos duplo, ou triplo, etc. Também não há conceito que tenha todos os componentes, já que seria um puro e simples caos: mesmo os pretensos universais, como conceitos últimos, devem sair do caos circunscrevendo um universo que os explica (contemplação, reflexão, comunicação...). Todo conceito tem um contorno irregular, definido pela cifra de seus componentes. É por isso que, de Platão a Bergson, encontramos a ideia de que o conceito é questão de articulação, corte e superposição. É um todo, porque totaliza seus componentes, mas um todo fragmentário. É apenas sob essa condição que pode sair do caos mental, que não cessa de espreitá-lo, de aderir a ele, para reabsorvê-lo.

Sob quais condições um conceito é primeiro, não absolutamente, mas com relação a um outro? Por exemplo, *outrem* é necessariamente segundo em relação a um eu? Se ele o é, é na medida em que seu conceito é aquele de um outro

O que é um conceito?

— sujeito que se apresenta como um objeto — especial com relação ao eu: *[22]* são dois componentes. Com efeito, se nós o identificarmos a um objeto especial, outrem já não é outra coisa senão o outro sujeito, tal como ele aparece para mim; e se nós o identificarmos a um outro sujeito, sou eu que sou outrem, tal como eu lhe apareço. Todo conceito remete a um problema, a problemas sem os quais não teria sentido, e que só podem ser isolados ou compreendidos na medida de sua solução: estamos aqui diante de um problema concernente à pluralidade dos sujeitos, sua relação, sua apresentação recíproca. Mas tudo muda evidentemente se acreditamos descobrir um outro problema: em que consiste a posição de outrem, que o outro sujeito vem somente "ocupar" quando ele me aparece como objeto especial, e que eu venho, por minha vez, ocupar como objeto especial quando eu lhe apareço? Deste ponto de vista, outrem não é ninguém, nem sujeito nem objeto. Há vários sujeitos porque há outrem, não o inverso. Outrem exige, então, um conceito *a priori* de que devem derivar o objeto especial, o outro sujeito e o eu, não o contrário. A ordem mudou, do mesmo modo que a natureza dos conceitos ou que os problemas aos quais se supõe que eles respondam. Deixamos de lado a questão de saber que diferença há entre um problema na ciência e na filosofia. Mas, mesmo na filosofia, não se cria conceitos, a não ser em função dos problemas que se consideram mal vistos ou mal colocados (pedagogia do conceito).

Procedamos sumariamente: consideremos um campo de experiência tomado como mundo real, não mais com relação a um eu, mas com relação a um simples "há...". Há, nesse momento, um mundo calmo e repousante. Surge, de repente, um rosto assustado que olha alguma coisa fora do campo. Outrem não aparece aqui como um sujeito, nem como um objeto mas, o que é muito diferente, como um mundo possível, como a possibilidade de um mundo assustador. Esse mundo possível não é real, ou não o é ainda, e todavia não deixa de existir: é um expressado que só existe em sua expressão, o rosto ou um equivalente do rosto. Outrem é, antes de mais nada, esta existência de um mundo possível. E este mundo possível tem também uma realidade própria em si mesmo, enquanto possível: basta que aquele que exprime fale e diga "tenho medo", para dar uma realidade ao possível enquanto tal (mesmo se suas palavras são mentirosas). O "eu", como índice linguístico, não tem outro sentido. E, mais ainda, não é indispensável: a China é um mundo possível, mas assume realidade logo que se fale chinês ou que se fale da *[23]* China num campo de experiência dado. É muito diferente do caso em que a China se realiza, tornando-se o próprio campo de experiência. Eis, pois, um conceito de outrem que não pressupõe nada além da determinação de um mundo sensível como condição. Outrem surge neste caso como a expressão de um possível. Outrem é um mundo possível, tal como existe num rosto que o exprime, e se efetua numa linguagem que lhe dá uma realidade. Neste sentido, é um conceito com três componentes inseparáveis: mundo possível, rosto existente, linguagem real ou fala.

Evidentemente todo conceito tem uma história. Este conceito de outrem remete a Leibniz, aos mundos possíveis de Leibniz e à mônada como expressão de mundo; mas não é o mesmo problema, porque os possíveis de Leibniz não existem no mundo real. Remete também à lógica modal das proposições, mas estas não conferem aos mundos possíveis a realidade correspondente a suas condições de verdade (mesmo quando Wittgenstein encara as proposições de medo ou de dor, não vê nelas modalidades exprimíveis numa posição de outrem, porque deixa outrem oscilar entre um outro sujeito e um objeto especial). Os mundos possíveis têm uma longa história.[1] Numa palavra, dizemos de qualquer conceito que

[1] Esta história, que não começa com Leibniz, passa por episódios tão diversos quanto a proposição de outrem como tema constante em Witt-

ele sempre tem uma história, embora a história se desdobre em zigue-zague, embora cruze talvez outros problemas ou outros planos diferentes. Num conceito, há, no mais das vezes, pedaços ou componentes vindos de outros conceitos, que respondiam a outros problemas e supunham outros planos. Não pode ser diferente, já que cada conceito opera um novo corte, assume novos contornos, deve ser reativado ou recortado.

Mas, por outro lado, um conceito possui um *devir* que concerne, desta vez, a sua relação com conceitos situados no mesmo plano. Aqui, os conceitos se acomodam uns aos outros, superpõem-se uns aos outros, coordenam seus contornos, compõem seus respectivos problemas, pertencem à mesma filosofia, mesmo se têm histórias diferentes. Com efeito, todo conceito, tendo um número finito de componentes, bifurcará sobre outros conceitos, compostos de outra maneira, mas que constituem outras *[24]* regiões do mesmo plano, que respondem a problemas conectáveis, participam de uma cocriação. Um conceito não exige somente um problema sob o qual remaneja ou substitui conceitos precedentes, mas uma encruzilhada de problemas em que se alia a outros conceitos coexistentes. No caso do conceito de Outrem, como expressão de um mundo possível num campo perceptivo, somos levados a considerar de uma nova maneira os componentes deste campo por si mesmo: outrem, não mais sendo nem um sujeito de campo, nem um objeto no campo, vai ser a condição sob a qual se redistribuem, não somente o objeto e o sujeito, mas a figura e o fundo, as margens e o centro, o móvel e o ponto de referência, o transitivo e o substancial, o comprimento e a profundidade... Outrem é sempre percebido como um outro, mas, em seu conceito, ele é a condição de toda percepção, para os outros como para nós. É a condição sob

genstein ("ele está com dor de dente..."), e a posição de outrem como teoria do mundo possível em Michel Tournier (*Vendredi ou les limbes du Pacifique*, Paris, Gallimard, 1967).

a qual passamos de um mundo a outro. Outrem faz o mundo passar, e o "eu" nada designa senão um mundo passado ("eu estava tranquilo..."). Por exemplo, Outrem basta para fazer, de todo comprimento, uma profundidade possível no espaço, e inversamente, a tal ponto que, se este conceito não funcionasse no campo perceptivo, as transições e as inversões se tornariam incompreensíveis, e não cessaríamos de nos chocar contra as coisas, o possível tendo desaparecido. Ou ao menos, filosoficamente, seria necessário encontrar uma outra razão pela qual nós não nos chocamos... É assim que, a partir de um plano determinável, se passa de um conceito a um outro, por uma espécie de ponte: a criação de um conceito de Outrem, com tais componentes vai levar à criação de um novo conceito de espaço perceptivo, com outros componentes, a determinar (não se chocar, ou não se chocar demais, fará parte de seus componentes).

Partimos de um exemplo bastante complexo. Como fazer de outra maneira, já que não há conceito simples? O leitor pode partir de qualquer exemplo, a seu gosto. Nós acreditamos que dele decorrerão as mesmas consequências concernentes à natureza do conceito ou ao conceito de conceito. Em primeiro lugar, cada conceito remete a outros conceitos, não somente em sua história, mas em seu devir ou suas conexões presentes. Cada conceito tem componentes que podem ser, por sua vez, tomados como conceitos (assim Outrem tem o rosto entre seus componentes, mas o Rosto, ele mesmo, será considerado como conceito, tendo também componentes). Os conceitos [25] vão, pois, ao infinito e, sendo criados, não são jamais criados do nada. Em segundo lugar, é próprio do conceito tornar os componentes inseparáveis *nele*: distintos, heterogêneos e todavia não separáveis, tal é o estatuto dos componentes, ou o que define a *consistência* do conceito, sua endoconsistência. É que cada componente distinto apresenta um recobrimento parcial, uma zona de vizinhança ou um limite de indiscernibilidade com um outro: por exemplo, no conceito de outrem, o mundo possível não existe fora do rosto que o exprime, embora se distinga dele como o expressado e a expressão; e o rosto, por sua vez, é a proximidade das palavras de que já é o porta-voz. Os componentes permanecem distintos, mas algo passa de um a outro, algo de indecidível entre os dois: há um domínio *ab* que pertence tanto a *a* quanto a *b*, em que *a* e *b* "se tornam" indiscerníveis. São estas zonas, limites ou devires, esta inseparabilidade, que definem a consistência interior do conceito. Mas este tem igualmente uma exoconsistência, com outros conceitos, quando sua criação implica a construção de uma ponte sobre o mesmo plano. As zonas e as pontes são as junturas do conceito.

Em terceiro lugar, cada conceito será pois considerado como o ponto de coincidência, de condensação ou de acumulação de seus próprios componentes. O ponto conceitual não deixa de percorrer seus componentes, de subir e de descer neles. Cada componente, neste sentido, é um *traço intensivo*, uma ordenada intensiva que não deve ser apreendida nem como geral nem como particular, mas como uma pura e simples singularidade — "um" mundo possível, "um" rosto, "certas" palavras — que se particulariza ou se generaliza, segundo se lhe atribui valores variáveis ou se lhe designa uma função constante. Mas, contrariamente ao que se passa na ciência, não há nem constante nem variável no conceito, e não se distinguirão, nem espécies variáveis para um gênero constante, nem espécie constante para indivíduos variáveis. As relações no conceito não são nem de compreensão nem de extensão, mas somente de ordenação, e os componentes do conceito não são nem constantes nem variáveis, mas puras e simples *variações* ordenadas segundo sua vizinhança. Elas são processuais, modulares. O conceito de um pássaro não está em seu gênero ou sua espécie, mas na composição de suas posturas, de suas cores e de seus cantos: algo *[26]* de indiscernível, que é menos uma sinestesia que uma sineidesia. Um conceito é uma heterogênese, isto é, uma ordenação de seus componen-

28 Filosofia

tes por zonas de vizinhança. É ordinal, é uma *intensão* presente em todos os traços que o compõem. Não cessando de percorrê-los segundo uma ordem sem distância, o conceito está em estado de *sobrevoo* com relação a seus componentes. Ele é imediatamente copresente sem nenhuma distância de todos os seus componentes ou variações, passa e repassa por eles: é um ritornelo, um *opus* com sua cifra.

O conceito é um incorporal, embora se encarne ou se efetue nos corpos. Mas, justamente, não se confunde com o estado de coisas no qual se efetua. Não tem coordenadas espaçotemporais, mas apenas ordenadas intensivas. Não tem energia, mas somente intensidades, é anergético (a energia não é a intensidade, mas a maneira como esta se desenrola e se anula num estado de coisas extensivo). O conceito diz o acontecimento, não a essência ou a coisa. É um Acontecimento puro, uma *hecceidade*, uma entidade: o acontecimento de Outrem, ou o acontecimento do rosto (quando o rosto por sua vez é tomado como conceito). Ou o pássaro como acontecimento. O conceito define-se pela *inseparabilidade de um número finito de componentes heterogêneos percorridos por um ponto em sobrevoo absoluto, à velocidade infinita*. Os conceitos são "superfícies ou volumes absolutos", formas que não têm outro objeto senão a inseparabilidade de variações distintas.[2] O "sobrevoo" é o estado do conceito ou sua infinitude própria, embora sejam os infinitos maiores ou menores segundo a cifra dos componentes, dos limites e das pontes. O conceito é bem ato de pensamento neste sentido, o pensamento operando em velocidade infinita (embora maior ou menor).

O conceito é, portanto, ao mesmo tempo absoluto e relativo: relativo a seus próprios componentes, aos outros conceitos, ao plano a partir do qual se delimita, aos problemas que se supõe deva resolver, mas absoluto pela condensação

---

[2] Sobre o sobrevoo, e as superfícies ou volumes absolutos como seres reais, cf. Raymond Ruyer, *Néo-finalisme*, Paris, PUF, 1952, caps. IX-XI.

que opera, pelo lugar que ocupa sobre o plano, pelas condições que impõe ao problema. É absoluto como todo, mas relativo enquanto fragmentário. É *infinito por seu sobrevoo ou sua velocidade, mas finito por seu movimento que traça o contorno dos componentes.* Um filósofo não para [27] de remanejar seus conceitos, e mesmo de mudá-los; basta às vezes um ponto de detalhe que se avoluma, e produz uma nova condensação, acrescenta ou retira componentes. O filósofo apresenta às vezes uma amnésia que faz dele quase um doente: Nietzsche, diz Jaspers, "corrigia ele mesmo suas ideias, para constituir novas, sem confessá-lo explicitamente; em seus estados de alteração, esquecia as conclusões às quais tinha chegado anteriormente". Ou Leibniz: "eu acreditava entrar no porto, mas... fui jogado novamente em pleno mar".[3] O que porém permanece absoluto é a maneira pela qual o conceito criado se põe nele mesmo e com outros. A relatividade e a absolutidade do conceito são como sua pedagogia e sua ontologia, sua criação e sua autoposição, sua idealidade e sua realidade. Real sem ser atual, ideal sem ser abstrato... O conceito define-se por sua consistência, endoconsistência e exoconsistência, mas não tem *referência*: ele é autorreferencial, põe-se a si mesmo e põe seu objeto, ao mesmo tempo que é criado. O construtivismo une o relativo e o absoluto.

Enfim, o conceito não é discursivo, e a filosofia não é uma formação discursiva, porque não encadeia proposições. É a confusão do conceito com a proposição que faz acreditar na existência de conceitos científicos, e que considera a proposição como uma verdadeira *"intensão"* (o que a frase exprime): então o conceito filosófico só aparece, quase sempre, como uma proposição despida de sentido. Esta confusão reina na lógica, e explica a ideia infantil que ela tem da filosofia. Medem-se os conceitos por uma gramática "filosófica" que os substitui por proposições extraídas das frases onde eles

[3] Gottfried Leibniz, *Novo sistema da natureza*, par. 12.

aparecem: somos restringidos sempre a alternativas entre proposições, sem ver que o conceito já foi projetado no terceiro excluído. O conceito não é, de forma alguma, uma proposição, não é proposicional, e a proposição não é nunca uma intensão. As proposições definem-se por sua referência, e a referência não concerne ao Acontecimento, mas a uma relação com o estado de coisas ou de corpos, bem como às condições desta relação. Longe de constituir uma intensão, estas condições são todas extensionais: implicam sucessivas operações de enquadramento em abcissas ou de linearização que fazem os dados intensivos entrar *[28]* em coordenadas espaçotemporais e energéticas, em operações de correspondência entre conjuntos assim delimitados. São essas sucessões e essas correspondências que definem a discursividade nos sistemas extensivos; e a *independência das variáveis* nas proposições opõe-se à *inseparabilidade das variações* no conceito. Os conceitos, que só têm consistência ou ordenadas intensivas fora de coordenadas, entram livremente em relações de ressonância não discursiva, seja porque os componentes de um se tornam conceitos com outros componentes sempre heterogêneos, seja porque não apresentam entre si nenhuma diferença de escala em nenhum nível. Os conceitos são centros de vibrações, cada um em si mesmo e uns em relação aos outros. É por isso que tudo ressoa, em lugar de se seguir ou de se corresponder. Não há nenhuma razão para que os conceitos se sigam. Os conceitos, como totalidades fragmentárias, não são sequer os pedaços de um quebra-cabeça, pois seus contornos irregulares não se correspondem. Eles formam um muro, mas é um muro de pedras secas e, se tudo é tomado conjuntamente, é por caminhos divergentes. Mesmo as pontes, de um conceito a um outro, são ainda encruzilhadas, ou desvios que não circunscrevem nenhum conjunto discursivo. São pontes moventes. Desse ponto de vista, não é errado considerar que a filosofia está em estado de perpétua digressão ou digressividade.

O que é um conceito?

Daí decorrem grandes diferenças entre a enunciação filosófica dos conceitos fragmentários e a enunciação científica das proposições parciais. Sob um primeiro aspecto, toda enunciação é enunciação de posição; mas ela permanece exterior à proposição, porque tem por objeto um estado de coisas como referente, e por condições as referências que constituem valores de verdade (mesmo se estas condições em si mesmas são interiores ao objeto). Ao contrário, a enunciação de posição é estritamente imanente ao conceito, já que este não tem outro objeto senão a inseparabilidade dos componentes pelos quais ele próprio passa e repassa, e que constitui sua consistência. Quanto ao outro aspecto, enunciação de criação ou de assinatura, é certo que as proposições científicas e seus correlatos não são menos assinadas ou criadas que os conceitos filosóficos; falamos de teorema de Pitágoras, de coordenadas cartesianas, de número hamiltoniano, de função de Lagrange, tanto quanto de Ideia platônica ou de cogito de Descartes, etc. *[29]* Mas os nomes próprios aos quais se vincula assim a enunciação, malgrado serem históricos, e atestados como tais, são máscaras para outros devires, servem somente de pseudônimos a entidades singulares mais secretas. No caso das proposições, trata-se de *observadores parciais* extrínsecos, cientificamente definíveis com relação a tal ou tais eixos de referência, ao passo que, para os conceitos, são *personagens conceituais* intrínsecos que impregnam tal ou tal plano de consistência. Não se dirá somente que os nomes próprios têm usos muito diferentes nas filosofias, ciências e artes: o mesmo acontece para os elementos sintáticos, e notadamente as preposições, as conjunções, "ou", "pois"... A filosofia procede por frases, mas não são sempre proposições que se extraem das frases em geral. Por enquanto, dispomos apenas de uma hipótese muito ampla: das frases ou de um equivalente, a filosofia tira *conceitos* (que não se confundem com ideias gerais ou abstratas), enquanto que a ciência tira *prospectos* (proposições que não se confundem com juízos), e a arte tira *perceptos e afectos* (que também não se confundem com percepções ou sentimentos). Em cada caso, a linguagem é submetida a provas e usos incomparáveis, mas que não definem a diferença entre as disciplinas sem constituir também seus cruzamentos perpétuos.

EXEMPLO I

É necessário de início confirmar as análises precedentes tomando o exemplo de um conceito filosófico assinado, dentre os mais conhecidos, ou seja, o cogito cartesiano, o Eu de Descartes: um conceito de *eu*. Este conceito tem três componentes: duvidar, pensar, ser (não se concluirá daí que todo conceito seja triplo). O enunciado total do conceito, enquanto multiplicidade, é: eu penso "logo" eu sou; ou, mais completamente: eu que duvido, eu penso, eu sou, eu sou uma coisa que pensa. É o acontecimento sempre renovado do pensamento, tal como o vê Descartes. O conceito condensa-se no ponto E, que passa por todos os componentes, e onde coincidem E' — duvidar, E" — pensar, E'" — ser. Os componentes como ordenadas intensivas se ordenam nas zonas de vizinhança ou de indiscernibilidade que fazem passar de uma à outra, e que constituem sua inseparabilidade: uma primeira zona está entre duvidar e pensar (eu que duvido não posso duvidar que penso), e a segunda está entre pensar e ser (para pensar é necessário ser). Os componentes apresentam-se aqui como *[30]* verbos, mas isto não é uma regra, basta que sejam variações. Com efeito, a dúvida comporta momentos que não são as espécies de um gênero, mas as *fases* de uma variação: dúvida sensível, científica, obsessiva. (Todo conceito tem,

O que é um conceito?

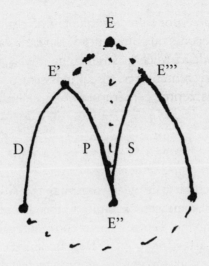

portanto, um espaço de fases, ainda que seja de uma maneira diferente daquela da ciência.) O mesmo vale para os modos do pensamento: sentir, imaginar, ter ideias. O mesmo vale para os tipos de ser, coisa ou substância: o ser infinito, o ser pensante finito, o ser extenso. É de se observar que, neste último caso, o conceito do eu não retém senão a segunda fase do ser, e deixa fora o resto da variação. Mas esse é precisamente o sinal de que o conceito se *fecha* como totalidade fragmentária com "eu sou uma coisa pensante": não se passará às outras fases do ser senão por pontes-encruzilhadas que levam a outros conceitos. Assim, "entre minhas ideias, eu tenho a ideia de infinito" é a ponte que conduz do conceito de eu àquele de Deus, este novo conceito tendo ele mesmo três componentes, que formam as "provas" da existência de Deus como acontecimento infinito, a terceira (prova ontológica) assegurando o fechamento do conceito, mas também lançando, por sua vez, uma ponte ou uma bifurcação na direção de um conceito de extensão, porquanto garante o valor objetivo de verdade das outras ideias claras e distintas de que dispomos.

Quando nos perguntamos: há precursores do cogito?, queremos dizer: há conceitos assinados por filósofos anteriores, que teriam componentes semelhantes ou quase *[31]* idênticos, mas onde faltaria um, ou então que acrescentariam outros, de tal maneira que um cogito não chegaria a cristalizar-se, os componentes não coincidindo ainda em um eu? Tudo parecia pronto e todavia algo faltava. O conceito anterior remetia talvez a um outro problema, diferente daquele do cogito (é preciso uma mutação de problema para que o cogito cartesiano apareça), ou mesmo se desenrolava sobre um outro plano. O plano cartesiano consiste em recusar todo pressuposto objetivo explícito, em que cada conceito remeteria a outros conceitos (por exemplo, o homem animal-racional). Ele exige somente uma compreensão pré-filosófica, isto é, pressupostos implícitos e subjetivos: todo mundo sabe o que quer dizer pensar, ser, eu (sabe-se fazendo-o, sendo ou dizendo--o). É uma distinção muito nova. Esse plano exige um conceito primeiro que não deve pressupor nada de objetivo. De modo que o problema é: qual é o primeiro conceito sobre este plano, ou por qual começar para determinar a verdade como certeza subjetiva absolutamente pura? Tal é o cogito. Os outros conceitos poderão conquistar a objetividade, mas com a condição de serem ligados por pontes ao primeiro conceito, de responderem a problemas sujeitos às mesmas condições, e de permanecerem sobre o mesmo plano: será a objetividade que adquire um conhecimento certo, e não a objetividade que supõe uma verdade reconhecida como preexistente ou já lá.

O que é um conceito?

É inútil perguntar se Descartes tinha ou não razão. Pressupostos subjetivos e implícitos valem mais que pressupostos objetivos explícitos? É necessário "começar" e, no caso positivo, é necessário começar do ponto de vista de uma certeza subjetiva? O pensamento pode, sob essa condição, ser o verbo de um Eu? Não há resposta direta. Os conceitos cartesianos não podem ser avaliados a não ser em função dos problemas aos quais eles respondem e do plano sobre o qual eles ocorrem. Em geral, se os conceitos anteriores puderam preparar um conceito, sem por isso constituí-lo, é que seu problema estava ainda enlaçado com outros, e o plano não tinha ainda a curvatura ou os movimentos indispensáveis. E se conceitos podem ser substituídos por outros, é sob a condição de novos problemas e de um outro plano, com relação aos quais (por exemplo) "Eu" perde todo sentido, o começo perde toda necessidade, os pressupostos toda diferença — ou assumem outras. Um conceito tem sempre a verdade que lhe advém em função [32] das condições de sua criação. Há um plano melhor que todos os outros, e problemas que se impõem contra os outros? Justamente não se pode dizer nada a este respeito. Os planos, é necessário fazê-los, e os problemas, colocá-los, como é necessário criar os conceitos. O filósofo faz o que pode, mas tem muito a fazer para saber se é o melhor, ou mesmo se interessar por esta questão. Certamente, os novos conceitos devem estar em relação com problemas que são os nossos, com nossa história e sobretudo com nossos devires. Mas que significam os conceitos de nosso tempo ou de um tempo qualquer? Os conceitos não são eternos, mas são por isso temporais? Qual é a forma filosófica dos problemas deste tempo? Se um conceito é "melhor" que o precedente, é porque ele faz ouvir novas variações e ressonâncias desconhecidas, opera recortes insólitos, suscita um Acontecimento que nos sobrevoa. Mas não é já o que fazia o precedente? E se podemos continuar sendo platônicos, cartesianos ou kantianos hoje, é porque temos direito de pensar que seus conceitos podem ser reativados em nossos problemas e inspirar os conceitos que é necessário criar. E qual é a melhor maneira de seguir os grandes filósofos, repetir o que eles disseram, ou então *fazer o que eles fizeram*, isto é, criar conceitos para problemas que mudam necessariamente?

É por isso que o filósofo tem muito pouco prazer em discutir. Todo filósofo foge quando ouve a frase: vamos discutir um pouco. As discussões são boas para as mesas redondas, mas é sobre uma outra mesa que a filosofia joga seus dados cifrados. As discussões, o mínimo que se pode dizer é que elas não fariam avançar o trabalho, já que os interlocutores nunca falam da mesma coisa. Que alguém tenha tal opinião, e pense antes isto que aquilo, o que isso pode importar para a filosofia, na medida em que os problemas em jogo não são enunciados? E quando são enunciados, não se trata mais de discutir, mas de criar indiscutíveis conceitos para o problema que nós nos atribuímos. A comunicação vem sempre cedo demais ou tarde demais, e a conversação está sempre em excesso, com relação a criar. Fazemos, às vezes, da filosofia a ideia de uma perpétua discussão como "racionalidade comunicativa" ou como "conversação democrática universal". Nada é menos exato e, quando um filósofo critica um outro, é a partir de problemas e de um plano que não eram aqueles do outro, e *[33]* que fazem fundir os antigos conceitos, como se pode fundir um canhão para fabricar a partir dele novas armas. Não estamos nunca sobre o mesmo plano. Criticar é somente constatar que um conceito se esvanece, perde seus componentes ou adquire outros novos que o transformam, quando é mergulhado em um novo meio. Mas aqueles que criticam sem criar, aqueles que se contentam em defender o que se esvaneceu sem saber dar-lhe forças para retornar à vida, eles são a chaga da filosofia. São animados pelo ressentimento, todos esses discutidores, esses comunicadores. Eles não falam senão deles mesmos, confrontando generalidades vazias. A filosofia tem horror a discussões. Ela tem

O que é um conceito?

mais que fazer. O debate lhe é insuportável, não porque ela é segura demais de si mesma: ao contrário, são suas incertezas que a arrastam para outras vias mais solitárias. Contudo, Sócrates não fazia da filosofia uma livre discussão entre amigos? Não é o auge da sociabilidade grega como conversação de homens livres? De fato, Sócrates tornou toda discussão impossível, tanto sob a forma curta de um agôn de questões e respostas, quanto sob a forma longa de uma rivalidade de discursos. Ele fez do amigo o amigo exclusivo do conceito, e do conceito o impiedoso monólogo que elimina, um após o outro, todos os rivais.

EXEMPLO II

O *Parmênides* mostra quanto Platão é mestre do conceito. O Uno tem dois componentes (o ser e o não ser), fases de componentes (o Uno superior ao ser, igual ao ser, inferior ao ser; o Uno superior ao não ser, igual ao não ser), zonas de indiscernibilidade (com relação a si, com relação aos outros). É um modelo de conceito.

Mas o Uno não precede todo conceito? É aí que Platão ensina o contrário daquilo que faz: ele cria os conceitos, mas precisa colocá-los como representando o incriado que os precede. Ele põe o tempo no conceito, mas este tempo deve ser o Anterior. Ele constrói o conceito, mas como testemunha da preexistência de uma objetidade, sob a forma de uma diferença de tempo, capaz de medir o distanciamento ou a proximidade do construtor eventual. É que, no plano platônico, a verdade se põe como pressuposta, como já estando lá. Tal é a Ideia. No conceito platônico de Ideia, *primeiro* toma um sentido muito preciso, muito diferente daquele que terá em Descartes: é o que possui objetivamente uma qualidade pura, ou o que não é outra coisa senão o que ele é. Só a Justiça é justa, *[34]* a Coragem é corajosa, tais são as Ideias, e há Ideia de mãe se há uma mãe que não é outra coisa senão mãe (que não teria sido filha por sua vez), ou pelo, que não é outra coisa senão pelo (e não *cilicium* também). Está entendido que as coisas, ao contrário, são sempre diferentes daquilo que elas são: no melhor dos casos, elas não possuem portanto a qualidade senão secundariamente, não podem senão *aspirar* à qualidade, e somente na medida em que elas *participam* da Ideia. Então o conceito de Ideia tem os seguintes componentes: a qualidade possuída ou por possuir; a Ideia que possui primordialmente, como imparticipável; o que aspira à qualidade, e não pode possuí-la a não ser secundariamente, terciariamente, quaternariamente...; a Ideia participada, que julga as pretensões. Dir-se-ia o Pai, um pai duplo, a filha e os pretendentes. São as ordenadas intensivas da Ideia: uma pretensão não estará fundada a não ser por uma vizinhança, uma maior ou menor proximidade que se "teve" com relação à Ideia, no sobrevoo de um tempo sempre anterior, necessariamente anterior. *O tempo sob esta forma de anterioridade* pertence ao conceito, ele é como que sua zona. Seguramente não é neste plano grego, sobre este solo platônico, que o cogito pode eclodir. Enquanto subsistir a preexistência da Ideia (mesmo à maneira cristã dos arquétipos no entendimento de Deus), o cogito poderá ser preparado, mas não levado a cabo. Para que Descartes crie este conceito, será necessário que "primeiro" mude singularmente de sentido, tome um sentido subjetivo, e que toda diferença de tempo se anule entre a ideia e a alma que a forma enquanto sujeito (donde a importância da observação de Descartes contra a reminiscência, quando diz que as ideias inatas não são "antes", mas "ao mesmo tempo" que a alma). Será necessário que se chegue a uma instantaneidade do conceito, e que Deus crie até as verdades. Será necessário que a pretensão mude de natureza: o pretendente cessa de receber a filha das mãos de um pai para devê-la apenas a suas próprias proezas cavalheirescas..., a seu próprio método. A questão de saber se Malebranche pode reativar componentes platônicos num plano autenticamente cartesiano, e a que preço, deveria ser analisada deste ponto de vista. Mas queríamos apenas mostrar que um conceito tem sempre componentes que podem impedir a aparição de um outro conceito, ou, ao contrário, que só podem aparecer ao preço do esvanecimento de outros conceitos. Entretanto, nunca um conceito vale por aquilo que ele impede: ele só vale por sua posição incomparável e sua criação própria.

Suponhamos que se acrescente um componente a um conceito: é provável que ele estoure, ou apresente uma mutação completa, [35] implicando talvez um outro plano, em todo caso outros problemas. É o caso do cogito kantiano. Sem dúvida Kant construiu um plano "transcendental" que torna a dúvida inútil e muda também a natureza dos pressupostos. Mas é em virtude desse plano que ele pode declarar que se "eu penso" é uma *determinação* que implica a este título uma existência *indeterminada* ("eu sou"), nem por isso sabemos como este indeterminado se torna *determinável*, nem portanto sob qual forma ele aparece como *determinado*. Kant "critica", pois, Descartes por ter dito: eu sou uma substância pensante, já que nada funda uma tal pretensão do Eu. Kant exige a introdução de um novo componente no cogito, aquele que Descartes tinha recusado: precisamente o tempo, pois é somente no tempo que minha existência indeterminada se torna determinável. Mas eu não sou determinado no tempo, a não ser como eu passivo e fenomenal, sempre afetável, modificável, variável. Eis que o cogito apresenta agora quatro componentes: eu penso e, por isso, sou ativo; eu tenho uma existência; portanto esta existência não é determinável senão no tempo como aquela de um eu passivo; eu sou, pois, determinado como um eu passivo que se representa necessariamente sua própria atividade pensante como um Outro que o afeta. Não é um outro sujeito, é antes o sujeito que se torna um outro... É a via de uma conversão do eu em outrem? Uma preparação do "Eu é um outro"? É uma nova sintaxe, com outras ordenadas, outras zonas de indiscernibilidade asseguradas pelo esquema, depois pela afecção de si por si, que tornam *inseparáveis* o Eu (*Je*) e o Mim (*Moi*).

Que Kant "critique" Descartes significa somente que traçou um plano e construiu um problema que não podem ser ocupados ou efetuados pelo cogito cartesiano. Descartes tinha criado o cogito como conceito, mas expulsando o tempo como *forma de anterioridade* para fazer dele um simples modo de sucessão que remete à criação contínua. Kant reintroduz o tempo no cogito, mas um tempo inteiramente diferente daquele da anterioridade platônica. Criação de conceito. Ele faz do tempo um componente de um novo cogito, mas sob a condição de fornecer por sua vez um novo conceito do tempo: o tempo torna-se *forma de interioridade*, com três componentes, sucessão, mas também simultaneida-

O que é um conceito?

de e permanência. O que implica, ainda, um novo conceito de espaço, que não pode mais ser definido pela simples simultaneidade, e se torna forma de exterioridade. É uma revolução considerável. Espaço, tempo, Eu penso, três conceitos originais ligados por pontes que são outras tantas encruzilhadas. Uma saraivada de novos conceitos. A história da filosofia *[36]* não implica somente que se avalie a novidade histórica dos conceitos criados por um filósofo, mas a potência de seu devir quando eles passam uns pelos outros.

Em toda parte reencontramos o mesmo estatuto pedagógico do conceito: uma *multiplicidade*, uma superfície ou um volume absolutos, autorreferentes, compostos de um certo número de variações intensivas inseparáveis segundo uma ordem de vizinhança, e percorridos por um ponto em estado de sobrevoo. O conceito é o contorno, a configuração, a constelação de um acontecimento por vir. Os conceitos, neste sentido, pertencem de pleno direito à filosofia, porque é ela que os cria, e não cessa de criá-los. O conceito é evidentemente conhecimento, mas conhecimento de si, e o que ele conhece é o puro acontecimento, que não se confunde com o estado de coisas no qual se encarna. Destacar sempre um acontecimento das coisas e dos seres é a tarefa da filosofia quando cria conceitos, entidades. Erigir o novo evento das coisas e dos seres, dar-lhes sempre um novo acontecimento: o espaço, o tempo, a matéria, o pensamento, o possível como acontecimentos...

É inútil atribuir conceitos à ciência: mesmo quando ela se ocupa dos mesmos "objetos", não é sob o aspecto do conceito, não é criando conceitos. Dir-se-á que é uma questão de palavras, mas é raro que as palavras não impliquem intenções e armadilhas. Seria uma pura questão de palavras se decidíssemos reservar o conceito à ciência, sob condição de se encontrar outra palavra para designar o negócio da filosofia.

Mas o mais das vezes procedemos de outra maneira. Começamos por atribuir o poder do conceito à ciência, definimos o conceito pelos procedimentos criativos da ciência, medimo-lo pela ciência, depois perguntamos se não resta uma possibilidade para que a filosofia forme por sua vez conceitos de segunda zona, que suprem sua própria insuficiência por um vago apelo ao vivido. Assim Gilles-Gaston Granger começa por definir o conceito como uma proposição ou uma função científicas, depois concede que pode até mesmo haver conceitos filosóficos que substituam a referência ao objeto pelo correlato de uma "totalidade do vivido".[4] Mas, de fato, ou a filosofia ignora tudo a respeito do conceito, ou ela o conhece de [37] pleno direito e de primeira mão, a ponto de nada dele deixar para a ciência, que aliás não tem nenhuma necessidade dele e que só se ocupa de estados de coisas e de suas condições. As proposições ou funções bastam para a ciência, ao passo que a filosofia não tem necessidade, por seu lado, de invocar um vivido que só daria uma vida fantasmática e extrínseca a conceitos secundários, por si mesmos exangues. O conceito filosófico não se refere ao vivido, por compensação, mas consiste, por sua própria criação, em erigir um acontecimento que sobrevoe todo o vivido, bem como qualquer estado de coisas. Cada conceito corta o acontecimento, o recorta a sua maneira. A grandeza de uma filosofia avalia-se pela natureza dos acontecimentos aos quais seus conceitos nos convocam, ou que ela nos torna capazes de depurar em conceitos. Portanto, é necessário experimentar em seus mínimos detalhes o vínculo único, exclusivo, dos conceitos com a filosofia como disciplina criadora. O conceito pertence à filosofia e só a ela pertence.

---

[4] Gilles-Gaston Granger, *Pour la connaissance philosophique*, Paris, Odile Jacob, 1988, cap. VI.

2.
O PLANO DE IMANÊNCIA
[38]

Os conceitos filosóficos são totalidades fragmentárias que não se ajustam umas às outras, já que suas bordas não coincidem. Eles nascem de lances de dados, não compõem um quebra-cabeças. E, todavia, eles ressoam, e a filosofia que os cria apresenta sempre um Todo poderoso, não fragmentado, mesmo se permanece aberto: Uno-Todo ilimitado, Omnitudo que os compreende a todos num só e mesmo plano. É uma mesa, um platô, uma taça. É um plano de consistência ou, mais exatamente, o plano de imanência dos conceitos, o planômeno. Os conceitos e o plano são estritamente correlativos, mas nem por isso devem ser confundidos. O plano de imanência não é um conceito, nem o conceito de todos os conceitos. Se estes fossem confundíveis, nada impediria os conceitos de se unificarem, ou de tornarem-se universais e de perderem sua singularidade, mas também nada impediria o plano de perder sua abertura. A filosofia é um construtivismo, e o construtivismo tem dois aspectos complementares, que diferem em natureza: criar conceitos e traçar um plano. Os conceitos são como as vagas múltiplas que se erguem e que se abaixam, mas o plano de imanência é a vaga única que os enrola e os desenrola. O plano envolve movimentos infinitos que o percorrem e retornam, mas os conceitos são velocidades infinitas de movimentos finitos, que percorrem cada vez somente seus próprios componentes. De Epicuro a Espinosa (o prodigioso livro V...), de Espinosa a Michaux, o problema do pensamento é a velocidade infinita, mas esta precisa de um meio que se mova em si mesmo infinitamente, o plano, o vazio, o horizonte. É necessário a elasticidade do conceito, *[39]* mas também a fluidez do meio.[1] É necessário os dois para compor "os seres lentos" que nós somos.

Os conceitos são o arquipélago ou a ossatura, antes uma coluna vertebral que um crânio, enquanto o plano é a respiração que banha essas tribos isoladas. Os conceitos são superfícies ou volumes absolutos, disformes e fragmentários, enquanto o plano é o absoluto ilimitado, informe, nem superfície nem volume, mas sempre fractal. Os conceitos são agenciamentos concretos como configurações de uma máquina, mas o plano é a máquina abstrata cujos agenciamentos são as peças. Os conceitos são acontecimentos, mas o plano é o horizonte dos acontecimentos, o reservatório ou a reserva de acontecimentos puramente conceituais: não o horizonte relativo que funciona como um limite, muda com um observador e engloba estados de coisas observáveis, mas o horizonte absoluto, independente de todo observador, e que torna o acontecimento como conceito independente de um estado de coisas visível em que ele se efetuaria.[2] Os conceitos ladrilham, ocupam ou povoam o plano, pedaço por pedaço, enquanto o próprio plano é o meio indivisível em que os con-

[1] Sobre a elasticidade do conceito, Hubert Damisch, prefácio a *Prospectus et tous écrits suivants*, de Jean Dubuffet, Paris, Gallimard, 1967, t. I, pp. 18-9.

[2] Jean-Pierre Luminet distingue os horizontes relativos, como o horizonte terrestre centrado sobre um observador e se deslocando com ele, e o horizonte absoluto, "horizonte dos acontecimentos", independente de todo observador e que separa os acontecimentos em duas categorias, vistos e não-vistos, comunicáveis e não-comunicáveis ("Le trou noir et l'infini", in *Le dimensioni dell'infinito*, Paris, Istituto Italiano di Cultura, 1989). Nós nos reportaremos também ao texto zen do monge japonês Dôgen, que invoca o horizonte ou a "reserva" dos acontecimentos: *Shobogenzo*, Paris, La Différence, 1980, tradução e comentários de René de Ceccaty e Ryoji Nakamura.

ceitos se distribuem sem romper-lhe a integridade, a continui-dade: eles ocupam sem contar (a cifra do conceito não é um número), ou se distribuem sem dividir. O plano é como um deserto que os conceitos povoam sem partilhar. São os con-ceitos mesmos que são as únicas regiões do plano, mas é o plano que é o único suporte dos conceitos. O plano não tem outras regiões senão as tribos que o povoam e nele se deslo-cam. É o plano que assegura o ajuste dos conceitos, com co-nexões sempre crescentes, e são os conceitos que asseguram o povoamento do plano sobre uma curvatura renovada, sem-pre variável.

O plano de imanência não é um conceito pensado nem pensável, mas a imagem do pensamento, a imagem que ele se dá do que [40] significa pensar, fazer uso do pensamento, se orientar no pensamento... Não é um método, pois todo mé-todo concerne eventualmente aos conceitos e supõe uma tal imagem. Não é nem mesmo um estado de conhecimento so-bre o cérebro e seu funcionamento, já que o pensamento não é aqui remetido ao lento cérebro como ao estado de coisas cientificamente determinável em que ele se limita a efetuar--se, quaisquer que sejam seu uso e sua orientação. Não é nem mesmo a opinião que se faz do pensamento, de suas formas, de seus fins e seus meios a tal ou tal momento. A imagem do pensamento implica uma severa repartição do fato e do *di-reito*: o que concerne ao pensamento, como tal, deve ser se-parado dos acidentes que remetem ao cérebro, ou às opiniões históricas. "*Quid juris?*" Por exemplo, perder a memória, ou estar louco, isto pode pertencer ao pensamento como tal, ou são somente acidentes do cérebro que devem ser considerados como simples fatos? E contemplar, refletir, comunicar são outra coisa senão opiniões que se faz sobre o pensamento, a tal época e em tal civilização? A imagem do pensamento só retém o que o pensamento pode reivindicar de direito. O pen-samento reivindica "somente" o movimento que pode ser le-vado ao infinito. O que o pensamento reivindica de direito,

O plano de imanência

o que ele seleciona, é o movimento infinito ou o movimento do infinito. É ele que constitui a imagem do pensamento.

O movimento do infinito não remete a coordenadas espaçotemporais, que definiriam as posições sucessivas de um móvel e os pontos fixos de referência, com relação aos quais estas variam. "Orientar-se no pensamento" não implica nem num ponto de referência objetivo, nem num móvel que se experimentasse como sujeito e que, por isso, desejaria o infinito ou teria necessidade dele. O movimento tomou tudo, e não há lugar nenhum para um sujeito e um objeto que não podem ser senão conceitos. O que está em movimento é o próprio horizonte: o horizonte relativo se distancia quando o sujeito avança, mas o horizonte absoluto, nós estamos nele sempre e já, no plano de imanência. O que define o movimento infinito é uma ida e volta, porque ele não vai na direção de uma destinação sem já retornar sobre si, a agulha sendo também o polo. Se "voltar-se para..." é o movimento do pensamento na direção do verdadeiro, como o verdadeiro não se voltaria também na direção do pensamento? E como não se afastaria o próprio verdadeiro do pensamento, quando o pensamento dele se afasta? Não é uma fusão, entretanto, é uma reversibilidade, *[41]* uma troca imediata, perpétua, instantânea, um clarão. O movimento infinito é duplo, e não há senão uma dobra de um a outro. É neste sentido que se diz que pensar e ser são uma só e mesma coisa. Ou antes, o movimento não é imagem do pensamento sem ser também matéria do ser. Quando salta o pensamento de Tales, é como água que o pensamento retorna. Quando o pensamento de Heráclito se faz *polémos*, é o fogo que retorna sobre ele. É uma mesma velocidade de um lado e do outro: "O átomo vai tão rápido quanto o pensamento".[3] O plano de imanência tem duas faces, como Pensamento e como *Natureza*, como *Physis* e como

---

[3] Epicuro, *Carta a Heródoto*, 61-62.

Noûs. É por isso que há sempre muitos movimentos infinitos presos uns nos outros, dobrados uns nos outros, na medida em que o retorno de um relança um outro instantaneamente, de tal maneira que o plano de imanência não para de se tecer, gigantesco tear. Voltar-se-para não implica somente se desviar, mas enfrentar, voltar-se, retornar, perder-se, apagar-se.[4] Mesmo o negativo produz movimentos infinitos: cair no erro, bem como evitar o falso, deixar-se dominar pelas paixões, bem como superá-las. Diversos movimentos do infinito são de tal maneira misturados uns com os outros que, longe de romper o Uno-Todo do plano de imanência, constituem sua curvatura variável, as concavidades e as convexidades, a natureza fractal de alguma maneira. É esta natureza fractal que faz do planômeno um infinito sempre diferente de toda superfície ou volume determinável como conceito. Cada movimento percorre todo o plano, fazendo um retorno imediato sobre si mesmo, cada um se dobrando, mas também dobrando outros ou deixando-se dobrar, engendrando retroações, conexões, proliferações, na fractalização desta infinidade infinitamente redobrada (curvatura variável do plano). Mas, se é verdade que o plano de imanência é sempre único, sendo ele mesmo variação pura, tanto mais necessário será explicar por que há planos de imanência variados, distintos, que se sucedem ou rivalizam na história, precisamente segundo os movimentos infinitos retidos, selecionados. O plano não é, certamente, o mesmo nos gregos, no século XVII, hoje (e ainda estes termos são vagos e gerais): não é nem a mesma imagem do pensamento, nem a mesma matéria do ser. O plano é pois o objeto *[42]* de uma especificação infinita, que faz com que ele não pareça ser o Uno-Todo senão em cada caso especificado pela seleção do movimento.

---

[4] Sobre estes dinamismos, cf. Michel Courthial, *Le Visage*, no prelo [a tese de doutoramento de Courthial, defendida em 1986 na Universidade de Paris-VIII sob orientação de Deleuze, permaneceu inédita].

O plano de imanência

Esta dificuldade concernente à natureza última do plano de imanência só pode ser resolvida progressivamente.

É essencial não confundir o plano de imanência e os conceitos que o ocupam. E todavia os mesmos elementos podem aparecer duas vezes, sobre o plano e no conceito, mas jamais sob os mesmos traços, mesmo quando se exprimem nos mesmos verbos e nas mesmas palavras: já o vimos quanto ao ser, ao pensamento, ao Uno; eles entram em componentes de conceito e são eles mesmos conceitos, mas de uma maneira tão diferente que não pertencem ao plano como imagem ou matéria. Inversamente, o verdadeiro sobre o plano não pode ser definido senão por um "voltar-se na direção de...", ou "aquilo em cuja direção o pensamento se volta"; mas não dispomos assim de nenhum conceito de verdade. Se o próprio erro é um elemento de direito que faz parte do plano, ele consiste somente em tomar o falso pelo verdadeiro (cair), mas só recebe um conceito se são determinados seus componentes (por exemplo, segundo Descartes, os dois componentes de um entendimento finito e de uma vontade infinita). Os movimentos ou elementos do plano não parecerão pois senão definições nominais, com relação aos conceitos, enquanto negligenciarmos a diferença de natureza. Mas, na realidade, os elementos do plano são *traços diagramáticos*, enquanto os conceitos são *traços intensivos*. Os primeiros são movimentos do infinito, enquanto os segundos são as ordenadas intensivas desses movimentos, como cortes originais ou posições diferenciais: movimentos finitos, cujo infinito só é de velocidade, e que constituem cada vez uma superfície ou um volume, um contorno irregular marcando uma parada no grau de proliferação. Os primeiros são *direções* absolutas de natureza fractal, ao passo que os segundos são *dimensões* absolutas, superfícies ou volumes sempre fragmentários, definidos intensivamente. Os primeiros são *intuições*, os segundos, *intensões*. Que toda filosofia dependa de uma intuição, que seus conceitos não cessam de desenvolver até o limite das diferenças de intensidade, esta grandiosa perspectiva leibniziana ou bergsoniana está fundada se consideramos a intuição como o envolvimento dos movimentos infinitos do pensamento, que percorrem sem cessar um plano de imanência. Não se concluirá daí que os conceitos se deduzam do plano: *[43]* para tanto é necessário uma construção especial, distinta daquela do plano, e é por isso que os conceitos devem ser criados, do mesmo modo que o plano deve ser erigido. Jamais os traços intensivos são a consequência dos traços diagramáticos, nem as ordenadas intensivas se deduzem dos movimentos ou direções. A correspondência entre os dois excede mesmo as simples ressonâncias e faz intervir instâncias adjuntas à criação dos conceitos, a saber, os personagens conceituais.

Se a filosofia começa com a criação de conceitos, o plano de imanência deve ser considerado como pré-filosófico. Ele está pressuposto, não da maneira pela qual um conceito pode remeter a outros, mas pela qual os conceitos remetem eles mesmos a uma compreensão não conceitual. Esta compreensão intuitiva varia ainda segundo a maneira pela qual o plano está traçado. Em Descartes, tratar-se-ia de uma compreensão subjetiva e implícita suposta pelo Eu penso como primeiro conceito; em Platão, era a imagem virtual de um já-pensado que redobraria todo conceito atual. Heidegger invoca uma "compreensão pré-ontológica do Ser", uma compreensão "pré-conceitual" que parece bem implicar a captação de uma matéria do ser em relação com uma disposição do pensamento. De qualquer maneira, a filosofia coloca como pré-filosófica, ou mesmo não filosófica, a potência de um Uno-Todo como um deserto movente que os conceitos vêm a povoar. Pré-filosófica não significa nada que preexista, mas algo *que não existe fora da filosofia*, embora esta o suponha. São suas condições internas. O não filosófico está talvez mais no coração da filosofia que a própria filosofia, e significa que a filosofia não pode contentar-se em ser compreendida somente de maneira filosófica ou conceitual, mas que ela se endereça também, em sua essência, aos não filósofos.[5] Veremos que esta remissão constante à não-filosofia assume aspectos variados; de acordo com este primeiro aspecto, a filosofia, definida como criação de conceitos, implica uma pressuposição que dela se distingue, e que todavia dela é inseparável. A filosofia é ao mesmo tempo *[44]* criação de conceito e instauração do plano. O conceito é o começo da filosofia, mas o plano é sua instauração.[6] O plano não consiste evidentemente num programa, num projeto, num fim ou num meio; é um plano de imanência que constitui o solo absoluto da filosofia, sua Terra ou sua desterritorialização, sua fundação, sobre os quais ela cria seus conceitos. Ambos são necessários, criar os conceitos e instaurar o plano, como duas asas ou duas nadadeiras.

Pensar suscita a indiferença geral. E todavia não é falso dizer que é um exercício perigoso. É somente quando os perigos se tornam evidentes que a indiferença cessa, mas eles permanecem frequentemente escondidos, pouco perceptíveis, inerentes à empresa. Precisamente porque o plano de imanência é pré-filosófico, e já não opera com conceitos, ele implica uma espécie de experimentação tateante, e seu traçado recorre a meios pouco confessáveis, pouco racionais e razoáveis. São meios da ordem do sonho, dos processos patológicos, das experiências esotéricas, da embriaguez ou do excesso. Corremos em direção ao horizonte, sobre o plano de imanência; retornamos dele com olhos vermelhos, mesmo se são os olhos

[5] François Laruelle desenvolve uma das tentativas mais interessantes da filosofia contemporânea: invoca um Uno-Todo que qualifica de "não filosófico" e, estranhamente, de "científico", sobre o qual se enraíza a "decisão filosófica". Este Uno-Todo parece próximo de Espinosa. Cf. *Philosophie et non-philosophie*, Liège, Mardaga, 1989.

[6] Etienne Souriau publicou *L'Instauration philosophique* em 1939 (Paris, Félix Alcan): sensível à atividade criadora em filosofia, ele invoca uma espécie de plano de instauração como solo desta criação, ou "filosofema", animado de dinamismos (pp. 62-3).

do espírito. Mesmo Descartes tem seu sonho. Pensar é sempre seguir a linha de fuga do voo da bruxa. Por exemplo, o plano de imanência de Michaux, com seus movimentos e suas velocidades infinitas, furiosas. O mais das vezes, esses meios não aparecem no resultado, que deve ser tomado em si mesmo e calmamente. Mas então "perigo" toma um outro sentido: trata-se de consequências evidentes, quando a imanência pura suscita, na opinião, uma forte reprovação instintiva, e a natureza dos conceitos criados ainda vem redobrar a reprovação. É que não pensamos sem nos tornarmos outra coisa, algo que não pensa, um bicho, um vegetal, uma molécula, uma partícula, que retornam sobre o pensamento e o relançam.

O plano de imanência é como um corte do caos e age como um crivo. O que caracteriza o caos, com efeito, é menos a ausência de determinações que a velocidade infinita com a qual elas se esboçam e se apagam: não é um movimento de uma a outra mas, ao contrário, a impossibilidade *[45]* de uma relação entre duas determinações, já que uma não aparece sem que a outra tenha já desaparecido, e que uma aparece como evanescente quando a outra desaparece como esboço. O caos não é um estado inerte ou estacionário, não é uma mistura ao acaso. O caos caotiza, e desfaz no infinito toda consistência. O problema da filosofia é de adquirir uma consistência, sem perder o infinito no qual o pensamento mergulha (o caos, deste ponto de vista, tem uma existência tanto mental como física). *Dar consistência sem nada perder do infinito* é muito diferente do problema da ciência, que procura dar referências ao caos, sob a condição de renunciar aos movimentos e velocidades infinitos, e de operar, desde início, uma limitação de velocidade: o que é primeiro na ciência é a luz ou o horizonte relativo. A filosofia, ao contrário, procede supondo ou instaurando o plano de imanência: é ele, cujas *curvaturas* variáveis conservam os movimentos infinitos que retornam sobre si na troca incessante, mas também não cessam de liberar outras que se conservam. Então, resta aos con-

O plano de imanência

ceitos traçar as ordenadas intensivas destes movimentos infinitos, como movimentos eles mesmos finitos que formam, em velocidade infinita, *contornos* variáveis inscritos sobre o plano. Operando um corte do caos, o plano de imanência faz apelo a uma criação de conceitos.

À questão: a filosofia pode ou deve ser considerada como grega?, uma primeira resposta pareceu ser que a cidade grega, com efeito, se apresenta como a nova sociedade dos "amigos", com todas as ambiguidades desta palavra. Jean-Pierre Vernant acrescenta uma segunda resposta: os gregos seriam os primeiros a ter concebido uma imanência estrita da Ordem a um meio cósmico que corta o caos à maneira de um plano. Se se chama de Logos um tal plano-crivo, grande é a distância entre o Logos e a simples "razão" (como quando se diz que o mundo é racional). A razão é apenas um conceito, e um conceito bem pobre para definir o plano e os movimentos infinitos que o percorrem. Numa palavra, os primeiros filósofos são aqueles que instauram um plano de imanência como um crivo estendido sobre o caos. Eles se opõem, neste sentido, aos Sábios, que são personagens da religião, sacerdotes, porque concebem a instauração de uma ordem sempre transcendente, imposta de fora por um grande déspota ou por um deus superior aos outros, inspirado por Eris, na sequência de guerras que ultrapassam todo agôn e de ódios *[46]* que recusam desde o início as provas da rivalidade.[7] Há religião cada vez que há transcendência, Ser vertical, Estado imperial no céu ou sobre a terra, e há Filosofia cada vez que houver imanência, mesmo se ela serve de arena ao agôn e à rivalidade (os tiranos gregos não seriam uma objeção, porque eles estão plenamente do lado da sociedade dos amigos tal como ela se apresenta através de suas rivalidades mais loucas, mais violentas). E estas duas determinações eventuais da filosofia co-

[7] Cf. Jean-Pierre Vernant, *Les Origines de la pensée grecque*, Paris, PUF, 1962, pp. 105-25.

mo grega estão talvez profundamente ligadas. Só os amigos podem estender um plano de imanência como um solo que se esquiva dos ídolos. Em Empédocles, é Fília que o traça, mesmo se ela não retorna sobre mim sem dobrar o Ódio como o movimento tornado negativo que testemunha uma sub-transcendência do caos (o vulcão) e uma sobre-transcendência de um deus. Pode ser que os primeiros filósofos, e sobretudo Empédocles, tenham ainda o ar de sacerdotes ou mesmo de reis. Eles se apropriam da máscara do sábio, e, como diz Nietzsche, como a filosofia não se disfarçaria em seus primórdios? E mesmo, poderá ela jamais prescindir dos disfarces? Se a instauração da filosofia se confunde com a suposição de um plano pré-filosófico, como a filosofia não tiraria proveito disso para pôr uma máscara? Resta que os primeiros filósofos traçam um plano, que movimentos ilimitados não cessam de percorrer, sobre duas faces, das quais uma é determinável como *Physis*, na medida em que dá uma matéria ao Ser, e a outra como *Noûs*, enquanto dá uma imagem ao pensamento. É Anaximandro que leva ao maior rigor a distinção das duas faces, combinando o movimento das qualidades com a potência de um horizonte absoluto, o Apeiron ou o Ilimitado, mas sempre sobre o mesmo plano. O filósofo opera um vasto sequestro da sabedoria, ele a põe a serviço da imanência pura. Ele substitui a genealogia por uma geologia.

EXEMPLO III

Pode-se apresentar toda a história da filosofia do ponto de vista da instauração de um plano de imanência? Distinguir-se-iam então os fisicalistas, que insistem sobre a matéria do Ser, e os noologistas, sobre a imagem do pensamento. Mas um risco de confusão surge muito rápido: em vez de o plano de imanência, ele mesmo, constituir esta matéria do Ser ou esta imagem do *[47]* pensamento, é a imanência que seria remetida a algo que seria como um "dativo", Matéria ou Espírito. É o que se torna evidente com Platão e seus sucessores. Em vez de um plano de imanência constituir o Uno-Todo, a imanência está "no" Uno, de tal modo que um outro Uno, desta vez transcendente, se superpõe àquele no qual a imanência se estende ou ao qual ela se atribui: sempre um Uno para além do Uno, será a fórmula dos neoplatônicos. Cada vez que se interpreta a imanência como "a" algo, produz-se uma confusão do plano com o conceito, de modo que o conceito se torna um universal transcendente, e o plano, um atributo no conceito. Assim mal entendido, o plano de imanência relança o transcendente: é um simples campo de fenômenos que só possui secundariamente o que se atribui de início à unidade transcendente.

Com a filosofia cristã a situação piora. A posição de imanência continua sendo a instauração filosófica pura, mas ao mesmo tempo ela só é suportada em doses muito pequenas, ela é severamente controlada e enquadrada pelas exigências de uma transcendência emanativa e sobretudo criativa. Cada filósofo deve demonstrar, com o risco de sua obra e por vezes de sua vida, que a dose de imanência, que ele injeta no mundo e no espírito, não compromete a transcendência de um Deus ao qual a imanência não deve ser atribuída senão secundariamente (Nicolau de Cusa, Eckhart, Bruno). A autoridade religiosa quer que a imanência não seja sustentada senão localmente ou num nível intermediário, um pouco como numa fonte em cascata na qual a água pode brevemente manar sobre cada plataforma, mas sob a condição de vir de uma fonte mais alta e descer mais baixo (transascendência e transdescendência, como dizia Wahl). Da imanência, pode-se estimar que ela seja a pedra de toque incandescente de toda a filosofia, porque toma para si todos os perigos que esta deve enfrentar, todas as condenações, perseguições e denegações que ela sofre. Isso demonstra, ao menos, que o problema da imanência não é abstrato ou somente teórico. À primeira vista, não se vê por que a imanência é tão perigosa, mas é assim. Ela engole os sábios e os deuses. A parte da imanência, ou a parte do fogo, é por ela que se reconhece o filósofo. A imanência só é imanente a si mesma, e então toma tudo, absorve o Todo-Uno, e não deixa subsistir nada a que ela poderia ser imanente. Em todo caso, cada vez que se interpreta a imanência como imanente *a* Algo, pode-se estar certo que este Algo reintroduz o transcendente.

A partir de Descartes, e com Kant e Husserl, o cogito torna *[48]* possível tratar o plano de imanência como um campo de consciência. É que a imanência é suposta ser imanente a uma consciência pura, a um sujeito pensante. Este sujeito, Kant o nomeará transcendental e não transcendente, precisamente porque é o sujeito do campo de imanência de toda experiência possível, ao qual nada escapa, o exterior bem como o interior. Kant recusa todo uso transcendente da síntese, mas remete a imanência ao sujeito da síntese, como nova unidade, unidade subjetiva. Ele pode até mesmo dar-se ao luxo de denunciar as Ideias transcendentes, para fazer delas o "horizonte" do campo imanente ao sujeito.[8]

---

[8] Kant, *Crítica da razão pura*: o espaço como forma da exterioridade não está menos "em nós" que o tempo como forma da interioridade ("Crítica do quarto paralogismo"). E sobre a Ideia como "horizonte", cf. "Apêndice à dialética transcendental".

O plano de imanência

Mas, fazendo isso, Kant encontra a maneira moderna de salvar a transcendência: não é mais a transcendência de um Algo, ou de um Uno superior a toda coisa (contemplação), mas a de um Sujeito *ao qual* o campo de imanência é atribuído por pertencer a um eu que se representa necessariamente um tal sujeito (reflexão). O mundo grego, que não pertencia a ninguém, se torna cada vez mais a propriedade de uma consciência cristã.

Mais um passo ainda: quando a imanência se torna imanente "a" uma subjetividade transcendental, é no seio de seu próprio campo que deve aparecer a marca ou a cifra de uma transcendência, como ato que remete agora a um outro eu, a uma outra consciência (comunicação). É o que se passa com Husserl e com muitos de seus sucessores, que descobrem no Outro ou na Carne o trabalho de toupeira do transcendente na própria imanência. Husserl concebe a imanência como a de um fluxo do vivido na subjetividade, mas como todo este vivido, puro e mesmo selvagem, não *pertence* inteiramente ao eu que a representa para si, é nas regiões de não pertença que se restabelece, no horizonte, algo de transcendente: uma vez sob a forma de uma "transcendência imanente ou primordial" de um mundo povoado de objetos intencionais, uma outra vez como transcendência privilegiada de um mundo intersubjetivo povoado de outros eus, uma terceira vez como transcendência objetiva de um mundo ideal povoado de formações culturais e pela comunidade dos homens. Neste momento moderno, não nos contentamos mais em pensar a imanência a um transcendente, *quer-se pensar a transcendência no interior do imanente, e é da imanência que se espera uma ruptura.* Assim, em Jaspers, o plano de imanência receberá *[49]* a mais profunda determinação como "Englobante", mas este englobante não será mais que uma bacia para as erupções de transcendência. A palavra judaico-cristã substitui o logos grego: não nos contentamos em atribuir a imanência, fazemos com que ela em toda parte faça transbordar o transcendente. Não basta mais conduzir a imanência ao transcendente, quer-se que ela remeta a ele e o reproduza, que ela mesma o fabrique. Para falar a verdade, isto não é difícil, basta *parar o movimento*.[9] Desde que se pare o movimento do infinito, a transcendência desce, ela disso se aproveita para ressurgir, erguer-se novamente, reassumir todo o seu relevo. As três espécies de Universais, contemplação, reflexão, comunicação, são como três idades da filosofia, a Eidética, a Crítica e a Fenomenologia, que não se separam da história de uma longa ilusão. Era necessário ir até aí na inversão dos valores: fazer--nos acreditar que a imanência é uma prisão (solipsismo...) de que o Transcendente pode salvar-nos.

A suposição de Sartre, de um campo transcendental impessoal, devolve à imanência seus direitos.[10] É quando a imanência não mais é imanente a outra coisa senão a si que se pode falar de um plano de imanência. Um tal plano é talvez um empirismo radical: ele não apresenta um fluxo do vivido imanente a um sujeito, e que se individualiza no que pertence a um eu. Ele não apresenta senão acontecimentos, isto é, mundos possíveis enquanto con-

[9] Raymond Bellour, *L'Entre-images*, Paris, La Différence, 1990, p. 132: sobre a ligação da transcendência com a interrupção de movimento ou a "imagem congelada".

[10] Jean-Paul Sartre, *La Transcendence de l'Ego*, Paris, Vrin, 1965 (invocação de Espinosa, p. 23).

ceitos, e outrem, como expressões de mundos possíveis ou personagens conceituais. O acontecimento não remete o vivido a um sujeito transcendente = Eu, mas remete, ao contrário, ao sobrevoo imanente de um campo sem sujeito; Outrem não devolve a transcendência a um outro eu, mas traz todo outro eu à imanência do campo sobrevoado. O empirismo não conhece senão acontecimentos e outrem, pois ele é grande criador de conceitos. Sua força começa a partir do momento em que define o sujeito: um *habitus*, um hábito, apenas um hábito num campo de imanência, o hábito de dizer Eu...

Quem sabia plenamente que a imanência não pertencia senão a si mesma, e assim que ela era um plano percorrido pelos movimentos do infinito, preenchido pelas ordenadas intensivas, era Espinosa. Assim, ele é o príncipe dos filósofos. Talvez o único a não ter aceitado nenhum compromisso com a transcendência, a tê-la expulsado de todos os lugares. Ele fez o movimento do infinito, e deu ao pensamento velocidades infinitas no terceiro gênero [50] do conhecimento, no último livro da *Ética*. Ele aí atinge velocidades inauditas, atalhos tão fulgurantes, que não se pode mais falar senão de música, de tornado, de vento e de cordas. Ele encontrou a liberdade tão-somente na imanência. Ele finalizou a filosofia, porque preencheu sua suposição pré-filosófica. Não é a imanência que se remete à substância e aos modos espinosistas, é o contrário, são os conceitos espinosistas de substância e de modos que se remetem ao plano de imanência como a seu pressuposto. Este plano nos mostra suas duas faces, a extensão e o pensamento, ou, mais exatamente, suas duas potências, potência de ser e potência de pensar. Espinosa é a vertigem da imanência da qual tantos filósofos tentam em vão escapar. Chegaremos a estar maduros para uma inspiração espinosista? Aconteceu com Bergson, uma vez: o princípio de *Matière et mémoire* traça um plano que corta o caos, ao mesmo tempo movimento infinito de uma matéria que não para de se propagar e a imagem de um pensamento que não para de fazer proliferar por toda parte uma pura consciência de direito (não é a imanência que é imanência "à" consciência, mas o inverso).

Ilusões envolvem o plano. Não são contra-sensos abstratos, nem somente pressões de fora, mas miragens do pensamento. Explicam-se pelo peso de nosso cérebro, pela circulação estereotipada das opiniões dominantes, e porque não podemos suportar estes movimentos infinitos, nem dominar estas velocidades infinitas que nos destruiriam (então devemos parar o movimento, fazermo-nos novamente prisioneiros de um horizonte relativo)? E, todavia, somos nós que corremos sobre o plano de imanência, que estamos no horizonte absoluto. É necessário, em parte ao menos, que as ilusões se ergam do próprio plano, como os vapores de um pântano, como as exalações pré-socráticas que se desprendem da transformação dos elementos sempre em obra sobre o plano. Artaud dizia: "o plano de consciência" ou o plano de imanência ilimitado — o que os indianos chamam de Ciguri — engendra também alucinações, percepções errôneas, sentimentos maus...[11] Seria necessário fazer a lista dessas ilusões, tomar-lhes a medida, como Nietzsche, depois de Espinosa, fazia a lista dos "quatro grandes erros". Mas a lista é infinita. Há, de início, a *ilusão de transcendência*, que talvez preceda todas as outras (sob um duplo aspecto, tornar a imanên-

---

[11] Antonin Artaud, "Les Tarahumaras", in *Oeuvres complètes*, t. IX, Paris, Gallimard, 1979.

O plano de imanência

cia imanente a algo, *[51]* e reencontrar uma transcendência na própria imanência). Depois a *ilusão dos universais,* quando se confundem os conceitos com o plano; mas esta confusão se faz quando se coloca uma imanência em algo, já que este algo é necessariamente conceito: crê-se que o universal explique, enquanto é ele que deve ser explicado, e cai-se numa tripla ilusão, a da contemplação, ou da reflexão, ou da comunicação. Depois, ainda, a *ilusão do eterno,* quando esquecemos que os conceitos devem ser criados. Depois a *ilusão da discursividade,* quando confundimos as proposições com os conceitos... Precisamente, não convém acreditar que todas estas ilusões se encadeiem logicamente como proposições; elas ressoam ou reverberam, e formam uma névoa espessa em torno do plano.

O plano de imanência toma do caos determinações, com as quais faz seus movimentos infinitos ou seus traços diagramáticos. Pode-se, deve-se então supor uma multiplicidade de planos, já que nenhum abraçaria todo o caos sem nele recair, e que todos retêm apenas movimentos que se deixam dobrar juntos. Se a história da filosofia apresenta tantos planos muito distintos, não é somente por causa das ilusões, da variedade das ilusões, não é somente porque cada um tem sua maneira sempre recomeçada de relançar a transcendência; é também, mais profundamente, em sua maneira de fazer a imanência. Cada plano opera uma seleção do que cabe de direito ao pensamento, mas é esta seleção que varia de um para outro. Cada plano de imanência é Uno-Todo: não é parcial como um conjunto científico, nem fragmentário como os conceitos, mas distributivo, é um "cada um". O plano de imanência é *folhado.* É, sem dúvida, difícil estimar, em cada caso comparado, se há um só e mesmo plano, ou vários diferentes; os pré-socráticos têm uma imagem comum do pensamento, malgrado as diferenças entre Heráclito e Parmênides? Pode-se falar de um plano de imanência ou de uma imagem do pensamento dita clássica, que se manteria de Platão a Descartes? O que varia não são somente os planos, mas a maneira de distribuí-los. Há somente pontos de vista mais ou menos longínquos ou aproximados, que permitem agrupar as folhas diferentes sobre um período bastante longo, ou, ao contrário, separar folhas sobre um plano que pareceria comum — e de onde viriam estes pontos de vista, *[52]* malgrado o horizonte absoluto? Podemos contentar-nos aqui com um historicismo, um relativismo generalizado? Com relação a tudo isto, a questão do uno ou do múltiplo torna-se novamente a mais importante ao introduzir-se no plano.

No limite, não é todo grande filósofo que traça um novo plano de imanência, que traz uma nova matéria do ser e erige uma nova imagem do pensamento, de modo que não haveria dois grandes filósofos sobre o mesmo plano? É verdade que nós não imaginamos um grande filósofo do qual não se pudesse dizer: ele mudou o que significa pensar, "pensou de outra maneira" (segundo a fórmula de Foucault). E quando se distinguem várias filosofias num mesmo autor, não é porque ele próprio tinha mudado de plano, encontrado mais uma nova imagem? Não se pode ser insensível à queixa de Biran, próximo da morte, "eu me sinto um pouco velho para recomeçar a construção".[12] Em contrapartida, não são filósofos aqueles funcionários que não renovam a imagem do pensamento, e não têm sequer consciência do problema, na beatitude de um pensamento inteiramente pronto, que ignoram até o labor daqueles que pretendem tomar por modelos. Mas, então, como se entender em filosofia, se há todas estas folhas que ora se juntam e ora se separam? Não estamos condenados a tentar traçar nosso próprio plano, sem saber quais ele vai superpor? Não é reconstituir uma espécie de caos? E esta é a razão pela qual cada plano não é somente folhado, mas esburacado, deixando passar essas névoas que o envolvem e

[12] Ernest Naville, *Main de Biran, sa vie et ses pensées*, Paris, Cherbuliez, 1854, p. 389.

O plano de imanência

nas quais o filósofo que o traçou arrisca-se frequentemente a ser o primeiro a se perder. Que haja tantas névoas que sobem, nós o explicamos pois de duas maneiras. Antes de mais nada porque o pensamento não pode impedir-se de interpretar a imanência como imanente a algo, grande Objeto da contemplação, Sujeito da reflexão, Outro sujeito da comunicação: é fatal então que a transcendência seja introduzida. E se não se pode escapar a isso, é porque cada plano de imanência, ao que parece, não pode pretender ser único, ser O plano, senão reconstituindo o caos que devia conjurar: você tem a escolha entre a transcendência e o caos... *[53]*

EXEMPLO IV

Quando o plano seleciona o que cabe de direito ao pensamento para fazer dele seus traços, intuições, direções ou movimentos diagramáticos, ele remete outras determinações ao estado de simples fatos, caracteres de estados de coisas, conteúdos vividos. E certamente a filosofia poderá tirar conceitos destes estados de coisas, desde que ela deles extraia o acontecimento. Mas não é essa a questão. O que pertence de direito ao pensamento, o que está retido como traço diagramático em si, rejeita outras determinações rivais (mesmo se estas são destinadas a receber um conceito). Assim Descartes faz do erro o traço ou a direção que exprime, de direito, o negativo do pensamento. Não é o primeiro a fazê-lo, e podemos considerar o "erro" como um dos traços principais da imagem clássica do pensamento. Não se ignora, numa tal imagem, que há muitas outras coisas que ameaçam o pensar: a burrice, a amnésia, a afasia, o delírio, a loucura...; mas todas estas determinações serão consideradas como fatos, que não possuem senão um único efeito imanente de direito no pensamento, o erro, sempre o erro. O erro é o movimento infinito que recolhe todo o negativo. Pode-se fazer remontar este traço até Sócrates, para quem o mau (de fato) é, de direito, alguém que "se engana"? Mas, se é verdade que o *Teeteto* é uma fundação do erro, não resguarda Platão os direitos de outras determinações rivais, como o delírio do *Fedro*, a tal ponto que a imagem do pensamento em Platão nos parece também traçar outras tantas vias?

Ocorre uma grande mudança, não somente nos conceitos, mas na imagem do pensamento, quando a ignorância e a superstição vão substituir o erro e o preconceito para exprimir, de direito, o negativo do pensamento: Fontenelle desempenha aqui um grande papel, e o que muda é ao mesmo tempo os movimentos infinitos nos quais o pensamento se perde e se conquista. Mais ainda, quando Kant marcar que o pensamento está ameaçado, não tanto pelo erro, mas por ilusões inevitáveis que vêm de dentro da razão, como de uma zona ártica interior, onde a agulha de qualquer bússola enlouquece, é uma reorientação de todo o pensamento que se torna necessária, ao mesmo tempo que nele se insinua um certo delírio de direito. Ele não está mais ameaçado no plano de imanência por buracos ou sulcos de um caminho que segue, mas pelas névoas nórdicas que recobrem tudo. A própria questão, "orientar-se no pensamento", muda de sentido.

Um traço não é isolável. Com efeito, o movimento afetado por um signo negativo vê-se ele mesmo dobrado em outros movimentos, em signos positivos ou ambíguos. Na imagem *[54]* clássica, o erro não exprime de direito o que pode acontecer

O plano de imanência

de pior ao pensamento, sem que o pensamento se apresente ele mesmo como "desejando" o verdadeiro, orientado na direção do verdadeiro, voltado para o verdadeiro: o que está suposto é que todo o mundo sabe o que quer dizer pensar, portanto é capaz, de direito, de pensar. É esta confiança, que não exclui o humor, que anima a imagem clássica: uma remissão à verdade que constitui o movimento infinito do conhecimento como traço diagramático. O que manifesta, ao contrário, a mutação da luz no século XVIII, da "luz natural" em "Luzes", é a substituição do conhecimento pela *crença*, isto é, um novo movimento infinito que implica uma outra imagem do pensamento: não se trata mais de se voltar em direção de, mas de seguir a pista, de inferir, mais do que captar ou ser captado. Sob quais condições uma inferência é legítima? Sob quais condições uma crença tornada profana pode ser legítima? Esta questão só encontrará suas respostas com a criação dos grandes conceitos empiristas (associação, relação, hábito, probabilidade, convenção...), mas inversamente estes conceitos, entre eles aquele de que a própria crença recebe, pressupõem os traços diagramáticos que fazem da crença um movimento infinito independente da religião, percorrendo o novo plano de imanência (e é a crença religiosa, ao contrário, que se tornará um caso conceitualizável, do qual se poderá medir, segundo a ordem do infinito, a legitimidade ou a ilegitimidade). Certamente, encontraremos em Kant muitos desses traços herdados de Hume, mas ao preço de uma profunda mutação num novo plano ou segundo uma outra imagem. São sempre grandes audácias. O que muda de um plano de imanência a um outro, quando muda a repartição do que cabe de direito ao pensamento, não são somente os traços positivos ou negativos, mas os traços ambíguos, que se tornam eventualmente cada vez mais numerosos, e que não se contentam mais em dobrar segundo uma oposição vetorial de movimentos.

Se tentamos, também sumariamente, traçar as linhas de uma imagem moderna do pensamento, não é de uma maneira triunfante, mesmo que seja no horror. Nenhuma imagem do pensamento pode contentar-se em selecionar determinações calmas, e todas encontram algo de abominável de direito, seja o erro no qual o pensamento não cessa de cair, seja a ilusão na qual não cessa de girar, seja a burrice na qual não cessa de se afundar, seja o delírio no qual não cessa de se desviar de si mesmo ou de um deus. Já a imagem grega do pensamento invocava a loucura do desvio *[55]* duplo, que jogava o pensamento na errância infinita, mais do que no erro. Jamais a relação do pensamento com o verdadeiro foi um negócio simples, ainda menos constante, nas ambiguidades do movimento infinito. É por isso que é vão invocar uma tal relação para definir a filosofia. O primeiro caráter da imagem moderna do pensamento é talvez o de renunciar completamente a esta relação, para considerar que a verdade é somente o que o pensamento cria, tendo-se em conta o plano de imanência que se dá por pressuposto, e todos os traços deste plano, negativos tanto quanto positivos, tornados indiscerníveis: pensamento é criação, não vontade de verdade, como Nietzsche soube mostrar. Mas se não há vontade de verdade, contrariamente ao que aparecia na imagem clássica, é que o pensamento constitui uma simples "possibilidade" de pensar, sem definir ainda um pensador que seria "capaz" disso e poderia dizer Eu: que violência se

O plano de imanência

deve exercer sobre o pensamento para que nos tornemos capazes de pensar, violência de um movimento infinito que nos priva ao mesmo tempo do poder de dizer Eu? Textos célebres de Heidegger e de Blanchot expõem este segundo caráter. Mas, como terceiro caráter, se há assim um "Impoder" do pensamento (que reside em seu coração, quando adquire a capacidade determinável como criação), eis que um conjunto de signos ambíguos se ergue, que se tornam traços diagramáticos ou movimentos infinitos, que assumem um valor de direito, enquanto não passavam de simples fatos derrisórios rejeitados sem seleção em outras imagens do pensamento: como o sugere Kleist ou Artaud, é o pensamento enquanto tal que se põe a ter ríctus, rangidos, gaguejos, glossolalias, gritos que o levam a criar, ou a ensaiar.[13] E se o pensamento procura, é menos à maneira de um homem que disporia de um método, que à maneira de um cão que pula desordenadamente... Não há por que envaidecer-se por uma tal imagem do pensamento, que comporta muitos sofrimentos sem glória e que indica quanto o pensar tornou-se cada vez mais difícil: a imanência.

A história da filosofia é comparável à arte do retrato. Não se trata de "fazer parecido", isto é, de repetir o que o filósofo disse, mas de produzir a semelhança, desnudando ao mesmo tempo o plano de imanência que ele instaurou e os novos conceitos que criou. São retratos mentais *[56]* noéticos, maquínicos. E, embora sejam feitos ordinariamen-

---

[13] Cf. Heinrich von Kleist, "De l'élaboration progressive des idées dans le discours" (in *Anedoctes et petits écrits*, Paris, Payot, 1981, p. 77). E Antonin Artaud, "Correspondance avec Jacques Rivière" (in *Oeuvres complètes*, t. I, Paris, Gallimard, 1976).

te com meios filosóficos, pode-se também produzi-los esteticamente. É assim que Tinguely apresentou recentemente monumentais retratos maquínicos de filósofos, operando poderosos movimentos infinitos, conjuntos ou alternativos, redobráveis e desdobráveis, com sons, clarões, matérias de ser e imagens de pensamento, segundo planos curvos complexos.[14] E, todavia, se é permitido apresentar uma crítica a um artista tão grandioso, parece que a tentativa não está ainda no ponto. Nada dança no Nietzsche, enquanto que Tinguely soube tão bem, em outro lugar, fazer dançar as máquinas. O Schopenhauer nada nos revela de decisivo, quando as quatro Raízes, o véu de Maya parecem inteiramente prontos para ocupar o plano bifacial do Mundo como vontade e como representação. O Heidegger não retém nenhum velamento-desvelamento sobre o plano de um pensamento que não pensa ainda. Talvez tivesse sido necessário *[57]* prestar mais atenção ao plano de imanência traçado como máquina abstrata, e aos conceitos criados como peças da máquina. Poder-se-ia imaginar, neste sentido, um retrato maquínico de Kant, ilusões compreendidas (ver esquema a seguir).

1) O "Eu penso" com cabeça de boi, sonorizado, que não cessa de repetir Eu = Eu. — 2) As categorias como conceitos universais (quatro grandes títulos): fios extensíveis e retrácteis seguindo o movimento circular de 3. — 3) A roda móvel dos esquemas. — 4) O pouco profundo riacho, o tempo como forma da interioridade na qual mergulha e emerge a roda dos esquemas. — 5) O Espaço como

---

[14] Jean Tinguely, catálogo da exposição no Beaubourg (Centre Georges Pompidou), Paris, dez. 1988-mar. 1989.

O plano de imanência

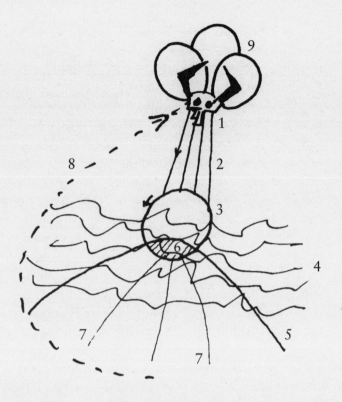

forma da exterioridade: margens e fundo. — 6) O eu passivo no fundo do riacho e como junção das duas formas. — 7) Os princípios dos juízos sintéticos que percorrem o espaço-tempo. — 8) O campo transcendental da experiência possível, imanente *ao* Eu (plano de imanência). — 9) As três ideias, ou ilusões de transcendência (círculos girando no horizonte absoluto: Alma, Mundo e Deus).

Muitos são os problemas que concernem tanto à filosofia quanto à história da filosofia. As folhas do plano de imanência ora se separam até se oporem umas às outras, e convirem cada uma a tal ou tal filósofo, ora, ao contrário, se reúnem para cobrir ao menos períodos bastante longos. Além disso, entre a instauração de um plano pré-filosófico e a criação de conceitos filosóficos, as relações são elas próprias complexas. Num longo período, filósofos podem criar conceitos novos, permanecendo no mesmo plano e supondo a mesma imagem que um filósofo precedente, que eles reivindicarão como mestre: Platão e os neoplatônicos, Kant e os neokantianos (ou mesmo a maneira como Kant ele mesmo reativa certos segmentos do platonismo). Em todo caso, não será, todavia, sem prolongar o plano primitivo, afetando-o com novas curvaturas, a ponto de que uma dúvida subsiste: não é um outro plano que foi tecido nas malhas do primeiro? A questão de saber em quais casos os filósofos são "discípulos" de um outro e até que ponto, em quais casos, ao contrário, fazem crítica a ele mudando de plano, traçando uma outra imagem, implica pois avaliações tanto mais complexas e relativas quanto jamais os conceitos que ocupam um plano podem ser simplesmente deduzidos. Os conceitos que vêm povoar um mesmo plano, mesmo em datas muito diferentes e sob acomodações *[58]* especiais, serão chamados conceitos do mesmo grupo; não serão assim chamados aqueles que remetem a planos diferentes. A correspondência de conceitos criados e de plano instaurado é rigorosa, mas faz-se sob relações indiretas que restam por determinar.

Pode-se dizer que um plano é "melhor" que um outro ou, ao menos, que ele responde ou não às exigências da época? Que quer dizer responder às exigências, e que relação há entre os movimentos ou traços diagramáticos de uma imagem do pensamento e os movimentos ou traços sócio-históricos de uma época? Estas questões só podem avançar se renunciamos ao ponto de vista estreitamente histórico do antes e do depois, para considerar o tempo da filosofia em detrimento da história da filosofia. É um *tempo estratigráfico*, onde o antes e o depois não indicam mais que uma ordem de superposições. Certos caminhos (movimentos) não tomam sentido e direção, senão como os atalhos ou os desvios de caminhos apagados;

uma curvatura variável não pode aparecer senão como a transformação de uma ou várias outras; uma camada ou uma folha do plano de imanência estará necessariamente *em cima ou por baixo* em relação a uma outra, e as imagens do pensamento não podem surgir em qualquer ordem, já que implicam mudanças de orientação que só podem ser situadas diretamente sobre a imagem anterior (e mesmo para o conceito, o ponto de condensação que o determina supõe ora a explosão de um ponto, ora a aglomeração de pontos precedentes). As paisagens mentais não mudam de qualquer maneira através das eras; foi necessário que uma montanha se erguesse aqui ou que um rio passasse por ali, ainda recentemente, para que o solo, agora seco e plano, tivesse tal aspecto, tal textura. É verdade que camadas muito antigas podem ressurgir, abrir um caminho através das formações que as tinham recoberto e aflorar diretamente sobre a camada atual, à qual elas comunicam uma nova curvatura. Mais ainda, segundo as regiões consideradas, as superposições não são forçosamente as mesmas e não têm a mesma ordem. O tempo filosófico é assim um grandioso tempo de coexistência, que não exclui o antes e o depois, mas os *superpõe* numa ordem estratigráfica. É um devir infinito da filosofia, que atravessa sua história mas não se confunde com ela. A vida dos filósofos, e o mais exterior de sua obra, obedece a leis de sucessão ordinária; mas seus nomes próprios coexistem e brilham, seja [59] como pontos luminosos que nos fazem repassar pelos componentes de um conceito, seja como os pontos cardeais de uma camada ou de uma folha que não deixam de visitar-nos, como estrelas mortas cuja luz é mais viva que nunca. A filosofia é devir, não história; ela é coexistência de planos, não sucessão de sistemas.

É por isso que os planos podem ora se separar, ora se reunir — na verdade, tanto para o melhor, quanto para o pior. Eles têm em comum restaurar a transcendência e a ilusão (não podem evitá-lo), mas também combatê-la com vigor, e cada um também tem sua maneira particular de fazer uma e outra coisa. Há um plano "melhor", que não entrega a imanência a Algo = x, e que não simula mais nada de transcendente? Dir-se-ia que O plano de imanência é ao mesmo tempo o que deve ser pensado e o que não pode ser pensado. Ele seria o não-pensado no pensamento. É a base de todos os planos, imanente a cada plano pensável que não chega a pensá-lo. É o mais íntimo no pensamento, e todavia o fora absoluto. Um fora mais longínquo que todo mundo exterior, porque ele é um dentro mais profundo que todo mundo interior: é a imanência, "a intimidade como Fora, o exterior tornado intrusão que sufoca e a inversão de um e de outro".[15] A ida-e-volta incessante do plano, o movimento infinito. Talvez seja o gesto supremo da filosofia: não tanto pensar O plano de imanência, mas mostrar que ele está lá, não pensado em cada plano. O pensar desta maneira, como o fora e o dentro do pensamento, o fora não exterior ou o dentro não interior. O que não pode ser pensado, e todavia deve ser pensado, isto foi pensado uma vez, como o Cristo encarnou-se uma vez, para mostrar desta vez a possibilidade do impossível. Assim Espinosa é o Cristo dos filósofos, e os maiores filósofos não mais são do que apóstolos, que se afastam ou se aproximam deste mistério. Espinosa, o tornar-se-filósofo infinito. Ele mostrou, erigiu, pensou o "melhor" plano de imanência, isto é, o mais puro, aquele que não se dá ao transcendente, nem propicia o transcendente, aquele que inspira menos ilusões, maus sentimentos e percepções errôneas...

[15] Maurice Blanchot, *L'Entretien infini*, Paris, Gallimard, 1969, p. 65. Sobre o impensado no pensamento, Michel Foucault, *Les Mots et les choses*, Paris, Gallimard, 1966, pp. 333-9. E o "longínquo interior" de Michaux.

3.
OS PERSONAGENS CONCEITUAIS
[60]

EXEMPLO V

O cogito de Descartes é criado como conceito, mas tem pressupostos. Não como um conceito supõe outros (por exemplo, "homem" supõe "animal" e "racional"). Aqui os pressupostos são implícitos, subjetivos, pré-conceituais, e formam uma imagem do pensamento: todo mundo sabe o que significa pensar. Todo mundo tem a possibilidade de pensar, todo mundo quer o verdadeiro... Há outra coisa além destes dois elementos: o conceito e o plano de imanência, ou imagem do pensamento que vai ser ocupada por conceitos de mesmo grupo (o cogito e os conceitos que a ele se ligam)? Há outra coisa, no caso de Descartes, além do cogito criado e da imagem pressuposta do pensamento? Há efetivamente outra coisa, um pouco misteriosa, que aparece em certos momentos, ou que transparece, e que parece ter uma existência fluida, intermediária entre o conceito e o plano pré-conceitual, indo de um a outro. No momento, é o Idiota: é ele que diz Eu, é ele que lança o cogito, mas é ele também que detém os pressupostos subjetivos ou que traça o plano. O idiota é o pensador privado por oposição ao professor público (o escolástico): o professor não cessa de remeter a conceitos ensinados (o homem-animal racional), enquanto o pensador privado forma um conceito com forças inatas que cada um possui de direito por sua conta (eu penso). Eis um tipo muito estranho de personagem, aquele que quer pensar e que pensa por si mesmo, pela "luz natural". O idiota é um personagem conceitual. Podemos dar mais precisão à questão: há precursores do cogito? De onde vem o personagem do idiota, como ele apareceu, seria numa atmosfera cristã, mas em reação contra a organização "escolástica" *[61]* do cristianismo, contra a organização autoritária da Igreja? Encontram-se traços dele já em Santo Agostinho? É Nicolau de Cusa quem lhe dá pleno valor de personagem conceitual? É a razão pela qual este filósofo estaria próximo do cogito, mas sem poder ainda fazê-lo cristalizar como conceito.[1] Em todo caso, a história da filosofia deve passar pelo estudo desses personagens, de suas mutações segundo os planos, de sua variedade segundo os conceitos. E a filosofia não para de fazer viver personagens conceituais, de lhes dar vida.

O idiota reaparecerá numa outra época, num outro contexto, ainda cristão, mas russo. Tornando-se eslavo, o idiota permaneceu o singular ou o pensador privado, mas mudou de singularidade. É Chestov que encontra em Dostoiévski a potência de

---

[1] Sobre o Idiota (o profano, o privado ou o particular, por oposição ao técnico e ao sábio) em suas relações com o pensamento, Nicolau de Cusa, "Idiota" (in *Oeuvres choisies de Nicolas de Cues*, organização e tradução de Maurice de Gandillac, Paris, Aubier, 1942). Descartes reconstitui os três personagens, sob o nome de Eudoxo, o idiota, Poliandro, o técnico, e Epistemon, o sábio público: *La Recherche de la vérité par la lumière naturelle* (René Descartes, *Oeuvres philosophiques*, edição de Ferdinand Alquié, Paris, Garnier, t. II). Sobre as razões pelas quais Nicolau de Cusa não chega a um cogito, cf. Gandillac, p. 26.

uma nova oposição do pensador privado e do professor público.[2] O antigo idiota queria evidências, às quais ele chegaria por si mesmo: nessa expectativa, duvidaria de tudo, mesmo de 3 + 2 = 5; colocaria em dúvida todas as verdades da Natureza. O novo idiota não quer, de maneira alguma, evidências, não se "resignará" jamais a que 3 + 2 = 5, ele quer o absurdo — não é a mesma imagem do pensamento. O antigo idiota queria o verdadeiro, mas o novo quer fazer do absurdo a mais alta potência do pensamento, isto é, criar. O antigo idiota queria não prestar contas senão à razão, mas o novo idiota, mais próximo de Jó que de Sócrates, quer que se lhe preste contas de "cada vítima da história", esses não são os mesmos conceitos. Ele não aceitará jamais as verdades da História. O antigo idiota queria dar-se conta, por si mesmo, do que era compreensível ou não, razoável ou não, perdido ou salvo, mas o novo idiota quer que lhe devolvam o perdido, o incompreensível, o absurdo. Seguramente não é o mesmo personagem, houve uma mutação. E, todavia, um fio tênue une os dois idiotas, como se fosse necessário que o primeiro perdesse a razão para que o segundo reencontrasse o que o outro tinha perdido a princípio, ganhando-a. Descartes na Rússia tornou-se louco? *[62]*

Pode acontecer que o personagem conceitual apareça por si mesmo muito raramente, ou por alusão. Todavia, ele está lá; e, mesmo não nomeado, subterrâneo, deve sempre ser reconstituído pelo leitor. Por vezes, quando aparece, tem um nome próprio: Sócrates é o principal personagem conceitual

---

[2] É primeiro de Kierkegaard que Chestov empresta a nova oposição: *Kierkegaard et la philosophie existentielle*, Paris, Vrin, 1936.

do platonismo. Muitos filósofos escreveram diálogos, mas há perigo de confundir os personagens de diálogo e os personagens conceituais: eles só coincidem nominalmente e não têm o mesmo papel. O personagem de diálogo expõe conceitos: no caso mais simples, um entre eles, simpático, é o representante do autor, enquanto que os outros, mais ou menos antipáticos, remetem a outras filosofias, das quais expõem os conceitos, de maneira a prepará-los para as críticas ou as modificações que o autor lhes vai impor. Os personagens conceituais, em contrapartida, operam os movimentos que descrevem o plano de imanência do autor, e intervêm na própria criação de seus conceitos. Assim, mesmo quando são "antipáticos", pertencem plenamente ao plano que o filósofo considerado traça e aos conceitos que cria: eles marcam então os perigos próprios a este plano, as más percepções, os maus sentimentos ou mesmo os movimentos negativos que dele derivam, e vão, eles mesmos, inspirar conceitos originais cujo caráter repulsivo permanece uma propriedade constituinte desta filosofia. O mesmo vale, com mais forte razão, para os movimentos *positivos* do plano, os conceitos *atrativos* e os personagens *simpáticos*: toda uma *Einfühlung* filosófica. E frequentemente, entre uns e outros, há grandes ambiguidades.

O personagem conceitual não é o representante do filósofo, é mesmo o contrário: o filósofo é somente o invólucro de seu principal personagem conceitual e de todos os outros, que são os intercessores, os verdadeiros sujeitos de sua filosofia. Os personagens conceituais são os "heterônimos" do filósofo, e o nome do filósofo, o simples pseudônimo de seus personagens. Eu não sou mais eu, mas uma aptidão do pensamento para se ver e se desenvolver através de um plano que me atravessa em vários lugares. O personagem conceitual nada tem a ver com uma personificação abstrata, um símbolo ou uma alegoria, pois ele vive, ele insiste. O filósofo é a idiossincrasia de seus personagens conceituais. E o destino do filósofo é de transformar-se em seu ou seus personagens conceituais, ao *[63]* mesmo tempo que estes personagens se tornam, eles mesmos, coisa diferente do que são historicamente, mitologicamente ou comumente (o Sócrates de Platão, o Dioniso de Nietzsche, o Idiota de Cusa). O personagem conceitual é o devir ou o sujeito de uma filosofia, que vale para o filósofo, de tal modo que Cusa ou mesmo Descartes deveriam assinar "o Idiota", como Nietzsche assinou "o Anticristo" ou "Dioniso crucificado". Os atos de fala na vida comum remetem a tipos psicossociais, que testemunham de fato uma terceira pessoa subjacente: eu decreto a mobilização enquanto presidente da república, eu te falo enquanto pai... Igualmente, o dêictico filosófico é um ato de fala em terceira pessoa, em que é sempre um personagem conceitual que diz Eu: eu penso enquanto Idiota, eu quero enquanto Zaratustra, eu danço enquanto Dioniso, eu aspiro enquanto Amante. Mesmo a duração bergsoniana precisa de um corredor. Na enunciação filosófica, não se faz algo dizendo-o, mas faz-se o movimento pensando-o, por intermédio de um personagem conceitual. Assim, os personagens conceituais são verdadeiros agentes de enunciação. Quem é Eu? é sempre uma terceira pessoa.

Invocaremos Nietzsche, porque poucos filósofos operaram tanto com personagens conceituais, simpáticos (Dioniso, Zaratustra) ou antipáticos (Cristo, o Sacerdote, os Homens superiores, o próprio Sócrates tornado antipático...). Poderíamos acreditar que Nietzsche renuncia aos conceitos. Todavia ele cria imensos e intensos conceitos ("forças", "valor", "devir", "vida", e conceitos repulsivos como "ressentimento", "má consciência"...), bem como traça um novo plano de imanência (movimentos infinitos da vontade de potência e do eterno retorno) que subvertem a imagem do pensamento (crítica da vontade de verdade). Mas jamais nele os personagens conceituais implicados permanecem subentendidos. É verdade que sua manifestação por si mesma suscita uma ambiguidade, que faz com que muitos leitores considerem Nietzsche

Os personagens conceituais

como um poeta, um taumaturgo ou um criador de mitos. Mas os personagens conceituais, em Nietzsche e alhures, não são personificações míticas, nem mesmo pessoas históricas, nem sequer heróis literários ou romanescos. Não é o Dioniso dos mitos que está em Nietzsche, como não é o Sócrates *[64]* da História que está em Platão. Devir não é ser, e Dioniso se torna filósofo, ao mesmo tempo que Nietzsche se torna Dioniso. Aí, ainda, é Platão quem começou: ele se torna Sócrates, ao mesmo tempo que faz Sócrates tornar-se filósofo.

A diferença entre os personagens conceituais e as figuras estéticas consiste de início no seguinte: uns são potências de conceitos, os outros, potências de afectos e de perceptos. Uns operam sobre um plano de imanência que é uma imagem de Pensamento-Ser (número), os outros, sobre um plano de composição como imagem do Universo (fenômeno). As grandes figuras estéticas do pensamento e do romance, mas também da pintura, da escultura e da música, produzem afectos que transbordam as afecções e percepções ordinárias, do mesmo modo os conceitos transbordam as opiniões correntes. Melville dizia que um romance comporta uma infinidade de caracteres interessantes, mas uma única Figura original, como o único sol de uma constelação do universo, como começo das coisas, ou como um farol que tira da sombra um universo escondido: assim o capitão Ahab, ou Bartleby.[3] O universo de Kleist é percorrido por afectos que o atravessam como flechas, ou que se petrificam subitamente, lá onde se erguem a figura de Homburg ou aquela de Pentesileia. As figuras não têm nada a ver com a semelhança, nem com a retórica, mas são a condição sob a qual as artes produzem afectos de pedra e de metal, de cordas e de ventos, de linhas e de cores, sobre um plano de composição do universo. A arte e a filosofia recortam o caos, e o enfrentam, mas não é o mesmo

---

[3] Ver Herman Melville, *Le Grand escroc*, Paris, Minuit, 1950, cap. 44.

plano de corte, não é a mesma maneira de povoá-lo; aqui constelação de universo ou afectos e perceptos, lá complexões de imanência ou conceitos. A arte não pensa menos que a filosofia, mas pensa por afectos e perceptos.

Isto não impede que as duas entidades passem frequentemente uma pela outra, num devir que as leva a ambas, numa intensidade que as codetermina. A figura teatral e musical de Don Juan se torna personagem conceitual com Kierkegaard, e o personagem de Zaratustra em Nietzsche já é uma grande figura de música e de teatro. É como se de uns aos outros não somente alianças, mas bifurcações e substituições se produzissem. No *[65]* pensamento contemporâneo, Michel Guérin é um daqueles que descobrem mais profundamente a existência de personagens conceituais no coração da filosofia; mas ele os define num "logodrama" ou numa "figurologia" que põe o afecto no pensamento.[4] É que o conceito como tal pode ser conceito de afecto, tanto quanto o afecto, afecto de conceito. O plano de composição da arte e o plano de imanência da filosofia podem deslizar um no outro, a tal ponto que certas extensões de um sejam ocupadas por entidades do outro. Em cada caso, com efeito, o plano e o que o ocupa são como duas partes relativamente distintas, relativamente heterogêneas. Um pensador pode portanto modificar de maneira decisiva o que significa pensar, traçar uma nova imagem do pensamento, instaurar um novo plano de imanência, mas, em lugar de criar novos conceitos que o ocupam, ele o povoa com outras instâncias, outras entidades, poéticas, romanescas, ou mesmo pictóricas ou musicais. E o inverso também. *Igitur* é precisamente um desses casos, personagem conceitual transportado sobre o plano de composição, figura estética transportada sobre um plano de imanência: seu nome próprio é uma conjunção. Esses pensadores são filósofos "pela metade", mas são também bem mais que filósofos, embora não

[4] Michel Guérin, *La Terreur et la pitié*, Arles, Actes Sud, 1990.

sejam sábios. Que força nestas obras com pés desequilibrados, Hölderlin, Kleist, Rimbaud, Mallarmé, Kafka, Michaux, Pessoa, Artaud, muitos romancistas ingleses e americanos, de Melville a Lawrence ou Miller, nos quais o leitor descobre com admiração que escreveram o romance do espinosismo... Certamente, eles não fazem uma síntese de arte e de filosofia. Eles bifurcam e não param de bifurcar. São gênios híbridos, que não apagam a diferença de natureza, nem a ultrapassam, mas, ao contrário, empenham todos os recursos de seu "atletismo" para instalar-se na própria diferença, acrobatas esquartejados num malabarismo perpétuo.

Com mais forte razão, os personagens conceituais (como as figuras estéticas) são irredutíveis a *tipos psicossociais*, embora haja ainda aqui penetrações incessantes. Simmel e depois Goffman levaram muito longe o estudo destes tipos que parecem frequentemente instáveis, nos enclaves ou nas margens de uma sociedade: o estrangeiro, o excluído, o migrante, o passante, [66] o autóctone, aquele que retorna a seu país...[5] Não é por gosto de anedota. Parece-nos que um campo social comporta estruturas e funções, mas nem por isso nos informa diretamente sobre certos movimentos que afetam o *Socius*. Já nos animais, sabemos da importância dessas atividades que consistem em formar *territórios*, em abandoná-los ou em sair deles, e mesmo em refazer território sobre algo de uma outra natureza (o etólogo diz que o parceiro ou o amigo de um animal "equivale a um lar", ou que a família é um "território móvel"). Com mais forte razão, o hominídeo: desde seu registro de nascimento, ele desterritorializa sua pata anterior, ele a arranca da terra para fazer dela uma mão, e a reterritorializa sobre galhos e utensílios. Um bastão, por sua vez, é um galho desterritorializado. É necessário ver como cada um, em toda idade, nas menores coisas, como nas maio-

---

[5] Cf. as análises de Isaac Joseph, que invoca Simmel e Goffman: *Le Passant considérable*, Paris, Librairie des Méridiens, 1984.

res provações, procura um território para si, suporta ou carrega desterritorializações, e se reterritorializa quase sobre qualquer coisa, lembrança, fetiche ou sonho. Os ritornelos exprimem esses dinamismos poderosos: minha cabana no Canadá... adeus, eu estou partindo..., sim, sou eu, era necessário que eu retornasse... Não se pode mesmo dizer o que é primeiro, e todo território supõe talvez uma desterritorialização prévia; ou, então, tudo ocorre ao mesmo tempo. Os campos sociais são nós inextrincáveis, em que os três movimentos se misturam; é necessário pois, para desmisturá-los, *diagnosticar verdadeiros tipos ou personagens*. O comerciante compra num território, mas desterritorializa os produtos em mercadorias, e se reterritorializa sobre os circuitos comerciais. No capitalismo, o capital ou a propriedade se desterritorializam, cessam de ser fundiários e se reterritorializam sobre meios de produção, ao passo que o trabalho, por sua vez, se torna trabalho "abstrato" reterritorializado no salário: é por isso que Marx não fala somente do capital, do trabalho, mas sente a necessidade de traçar verdadeiros tipos psicossociais, antipáticos ou simpáticos, O capitalista, O proletário. Se se procura a originalidade do mundo grego, será necessário perguntar que espécie de território os gregos instauram, como se desterritorializam, sobre o que se reterritorializam e, para isso, isolar tipos propriamente gregos (por exemplo, o Amigo?). *[67]* Não é sempre fácil escolher os bons tipos num momento dado, numa sociedade dada: assim, o escravo liberto como tipo de desterritorialização no império chinês Tcheu, figura do Excluído, do qual o sinólogo Tökei fez o retrato detalhado. Acreditamos que os tipos psicossociais têm precisamente este sentido: nas circunstâncias mais insignificantes ou mais importantes, tornar perceptíveis as formações de territórios, os vetores de desterritorialização, o processo de reterritorialização.

Mas não há, também, territórios e desterritorializações que não são somente físicas e mentais, mas espirituais — não somente relativas, mas absolutas, num sentido a determinar mais tarde? Qual é a Pátria ou o Chão Natal invocados pelo pensador, filósofo ou artista? A filosofia é inseparável de um Chão Natal, do qual dão testemunho também o *a priori*, o inato ou a reminiscência. Mas por que esta pátria desconhecida, perdida, esquecida, fazendo do pensador um Exilado? O que é que vai lhe devolver um equivalente de território, como valendo um lar? Quais serão os ritornelos filosóficos? Qual é a relação do pensamento com a Terra? Sócrates, o Ateniense que não gosta de viajar, é guiado por Parmênides de Eleia quando é jovem, substituído pelo Estrangeiro quando envelheceu, como se o platonismo tivesse necessidade de dois personagens conceituais pelo menos.[6] Que espécie de estrangeiro há no filósofo, com seu ar de retornar do país dos mortos? *Os personagens conceituais têm este papel, manifestar os territórios, desterritorializações e reterritorializações absolutas do pensamento*. Os personagens conceituais são pensadores, unicamente pensadores, e seus traços personalísticos se juntam estreitamente aos traços diagramáticos do pensamento e aos traços intensivos dos conceitos. Tal ou tal personagem conceitual pensa em nós, e talvez não nos preexistia. Por exemplo, se dizemos que um personagem conceitual gagueja, não é mais um tipo que gagueja numa língua, mas um pensador que faz gaguejar toda a linguagem, e que faz da gagueira o traço do próprio pensamento enquanto linguagem: o interessante é então "qual é este pensamento que só pode gaguejar?". Por exemplo, ainda, se dizemos que um personagem conceitual é *[68]* o Amigo, ou então que é o Juiz, o Legislador, não se trata mais de estados privados, públicos ou jurídicos, mas do que cabe de direito ao pensamento e somente ao pensamento. Gago, amigo, juiz não perdem sua existência concreta, ao contrário, assumem uma nova exis-

---

[6] Sobre o personagem do estrangeiro em Platão, ver Jean-François Mattéi, *L'Étranger et le simulacre*, Paris, PUF, 1983.

tência, como condições interiores do pensamento para seu exercício real, com tal ou tal personagem conceitual. Não são dois amigos que se exercem em pensar, é o pensamento que exige que o pensador seja um amigo, para que o pensamento seja partilhado em si mesmo e possa se exercer. É o pensamento mesmo que exige esta partilha de pensamento entre amigos. Não são mais determinações empíricas, psicológicas e sociais, ainda menos abstrações, mas intercessores, cristais ou germes do pensamento.

Mesmo se a palavra "absoluto" se revela exata, não diremos que as desterritorializações e reterritorializações do pensamento transcendem as psicossociais, mas tampouco que se reduzem a elas ou são delas uma abstração, uma expressão ideológica. É antes uma conjunção, um sistema de remissões ou de substituições perpétuas. Os traços dos personagens conceituais têm, com a época e o meio históricos em que aparecem, relações que só os tipos psicossociais permitem avaliar. Mas, inversamente, os movimentos físicos e mentais dos tipos psicossociais, seus sintomas patológicos, suas atitudes relacionais, seus modos existenciais, seus estatutos jurídicos, se tornam suscetíveis de uma determinação puramente pensante e pensada que os arranca dos estados de coisas históricos de uma sociedade, como do vivido dos indivíduos, para fazer deles traços de personagens conceituais, ou *acontecimentos do pensamento* sobre o plano que ele traça ou sob os conceitos que ele cria. Os personagens conceituais e os tipos psicossociais remetem um ao outro e se conjugam, sem jamais se confundir.

Nenhuma lista de traços dos personagens conceituais pode ser exaustiva, já que dela nascem constantemente, e que variam com os planos de imanência. E, sobre um plano dado, diferentes gêneros de traços se misturam para compor um personagem. Presumimos que haja *traços páticos*:* o Idiota,

---

* No original, *traits pathiques*. (N. dos T.)

aquele que quer pensar por si mesmo, e é um personagem que pode mudar, tomar um outro sentido. Mas também um Louco, uma espécie de louco, pensador cataléptico ou "múmia" que descobre, no pensamento, uma impotência para pensar. Ou então um grande maníaco, um *[69]* delirante, que procura o que precede o pensamento, um Já-Aí, mas no seio do próprio pensamento... Tem-se frequentemente aproximado a filosofia e a esquizofrenia; mas, num caso, o esquizofrênico é um personagem conceitual que vive intensamente no pensador e o força a pensar, no outro é um tipo psicossocial que reprime o vivo e lhe rouba seu pensamento. E os dois, por vezes, se conjugam, se enlaçam como se, a um acontecimento forte demais, respondesse um estado vivido por demais difícil de suportar.

Há *traços relacionais*: "o Amigo", mas um amigo que só tem relação com seu amigo através de uma coisa amada portadora de rivalidade. São o "Pretendente" e o "Rival", que disputam a coisa ou o conceito, mas o conceito precisa de um corpo sensível inconsciente, adormecido, o "Jovem" que se acrescenta aos personagens conceituais. Não estamos já sobre um outro plano, pois o amor é como a violência que força a pensar, "Sócrates amante", ao passo que a amizade pediria somente um pouco de boa vontade? E como impedir uma "Noiva" de assumir, por sua vez, o papel de personagem conceitual, com o risco de perdê-la, mas não sem que o próprio filósofo "se torne" mulher? Como diz Kierkegaard (ou Kleist, ou Proust), não vale uma mulher mais do que o amigo competente? E que acontece se a própria mulher se torna filósofa, ou então um "casal", que seria interior ao pensamento e faria de "Sócrates casado" o personagem conceitual? A menos que sejamos reconduzidos ao "Amigo", mas depois de uma provação forte demais, uma catástrofe indizível, portanto em mais um novo sentido, num mútuo desamparo, numa mútua fadiga que formam um novo direito do pensamento (Sócrates tornado judeu). Não dois amigos, que comunicam e se relembram conjuntamente, mas passam ao contrário por uma amnésia ou uma afasia capazes de fender o pensamento, de dividi-lo em si mesmo. Os personagens proliferam e bifurcam, se chocam, se substituem...[7]

Há *traços dinâmicos*: se avançar, trepar, descer são dinamismos de personagens conceituais, saltar à maneira de Kierkegaard, dançar como Nietzsche, mergulhar [70] como Melville são outros, para atletas filosóficos irredutíveis uns aos outros. E se nossos esportes hoje estão em plena mutação, se as velhas atividades produtoras de energia dão lugar a exercícios que se inserem, ao contrário, sobre feixes energéticos existentes, não é somente uma mutação no tipo, são outros traços dinâmicos ainda que se introduzem num pensamento que "desliza" com novas matérias de ser, vaga ou neve, que fazem do pensador uma espécie de surfista como personagem conceitual; renunciamos, então, ao valor energético do tipo esportivo, para sublinhar a diferença dinâmica pura que se exprime num novo personagem conceitual.

Há *traços jurídicos*, na medida em que o pensamento não cessa de exigir o que lhe cabe de direito, e de enfrentar a Justiça desde os pré-socráticos: mas seria o poder do Pretendente, ou mesmo do Queixoso, tal como a filosofia o retira do tribunal trágico grego? E não será, por muito tempo, proibido ao filósofo ser Juiz, ele que, no máximo, será doutor recrutado a serviço da justiça de Deus, enquanto ele próprio não for acusado? Surge um novo personagem conceitual, quando Leibniz faz do filósofo o Advogado de um deus ameaçado em toda a parte? E os empiristas, o estranho personagem que lançam, com o Inquiridor? É Kant que faz enfim do filó-

---

[7] Não se busque aqui senão alusões sumárias: à ligação de Eros e da *philia* nos gregos; ao papel da Noiva e do Sedutor em Kierkegaard; à função noética do Casal segundo Pierre Klossowski (*Les Lois de l'hospitalité*, Paris, Gallimard, 1965); à constituição da mulher-filósofa segundo Michèle Le Doeuff (*L'Étude et le rouet*, Paris, Seuil, 1989); ao novo personagem do Amigo em Blanchot.

sofo um Juiz, ao mesmo tempo que a razão forma um tribunal; mas é o poder legislativo de um juíz determinante, ou o poder judiciário, a jurisprudência de um juiz reflexionante? Dois personagens conceituais muito diferentes. A menos que o pensamento não inverta tudo, juízes, advogados, queixosos, acusadores e acusados, como Alice, sobre um plano de imanência em que a Justiça se iguala à Inocência, em que o Inocente se torna o personagem conceitual que não tem mais de se justificar, uma espécie de criança-jogador, contra a qual não se pode mais nada, um Espinosa que não deixou subsistir nenhuma ilusão de transcendência. Não é necessário que o juiz e o inocente se confundam, isto é, que os seres sejam julgados de dentro: de maneira alguma em nome da Lei ou dos Valores, nem mesmo em virtude de sua consciência, mas pelos critérios puramente imanentes de sua existência ("para além do Bem e do Mal, isto ao menos não quer dizer para além do bom e do mau...").

Há com efeito *traços existenciais*: Nietzsche dizia que a filosofia inventa modos de existência ou possibilidades de vida. É por isso que bastam algumas anedotas vitais *[71]* para fazer o retrato de uma filosofia, como Diógenes Laércio soube fazê-lo escrevendo o livro de cabeceira ou a lenda dourada dos filósofos, Empédocles e seu vulcão, Diógenes e seu tonel. Objetar-se-á a vida muito burguesa da maioria dos filósofos modernos; mas a liga das meias de Kant não é uma anedota vital adequada ao sistema da Razão?[8] E o gosto de Espinosa pelos combates de aranhas deriva do fato de que reproduzem, de maneira pura, relações de modos no sistema da Ética entendida como etologia superior. E que estas anedotas não remetem simplesmente a um tipo social ou mesmo psicológico de um filósofo (o príncipe Empédocles ou o escravo Diógenes), elas manifestam, antes, os personagens conceituais que

---

[8] Sobre este aparelho complexo, cf. Thomas de Quincey, *Les Derniers jours d'Emmanuel Kant*, Paris, Ombres, 1986.

o habitam. As possibilidades de vida ou os modos de existência não podem inventar-se, senão sobre um plano de imanência que desenvolve a potência de personagens conceituais. O rosto e o corpo dos filósofos abrigam estes personagens que lhes dão frequentemente um ar estranho, sobretudo no olhar, como se algum outro visse através de seus olhos. As anedotas vitais contam a relação de um personagem conceitual com animais, plantas ou rochedos, relação segundo a qual o próprio filósofo se torna algo de inesperado, e adquire uma amplitude trágica e cômica que ele não teria sozinho. Nós, filósofos, é por nossos personagens que nos tornamos sempre outra coisa, e que renascemos como jardim público ou zoológico.

EXEMPLO VI

Mesmo as ilusões de transcendência nos servem, e fornecem anedotas vitais. Pois, quando nós nos vangloriamos de encontrar o transcendente na imanência, nada fazemos senão recarregar o plano de imanência com a própria imanência: Kierkegaard salta fora do plano, mas o que lhe é "restituído" nesta suspensão, nesta parada de movimento, é a noiva ou o filho perdidos, é a existência sobre o plano de imanência.[9] Kierkegaard não hesita em dizê-lo: no que concerne à transcendência, um pouco de "resignação" bastaria, mas *é necessário, além disso, que a imanência seja devolvida*. Pascal aposta na existência transcendente de Deus, mas o que se aposta, aquilo *sobre* o que se aposta, é a existência imanente daquele que crê que Deus [72] exista.

[9] Kierkegaard, *Crainte et tremblement*, Paris, Aubier-Montaigne, 1984, p. 68.

Os personagens conceituais

Só esta existência é capaz de cobrir o plano de imanência, de adquirir um movimento infinito, de produzir e de reproduzir intensidades, ao passo que a existência daquele que crê que Deus não existe cai no negativo. Aqui mesmo se poderia dizer o que François Jullien diz do pensamento chinês: a transcendência é nele relativa e não representa mais do que uma "absolutização da imanência".[10] Não temos a menor razão para pensar que os modos de existência tenham necessidade de valores transcendentes que os comparariam, os selecionariam e decidiriam que um é "melhor" que o outro. Ao contrário, não há critérios senão imanentes, e uma possibilidade de vida se avalia nela mesma, pelos movimentos que ela traça e pelas intensidades que ela cria, sobre um plano de imanência; é rejeitado o que não traça nem cria. Um modo de existência é bom ou mau, nobre ou vulgar, cheio ou vazio, independente do Bem e do Mal, e de todo valor transcendente: não há nunca outro critério senão o teor da existência, a intensificação da vida. É o que Pascal e Kierkegaard sabem bem, eles que são bons em movimentos infinitos, e que tiram do Antigo Testamento novos personagens conceituais capazes de fazer frente a Sócrates. O "cavaleiro da fé" de Kierkegaard, aquele que salta ou o apostador de Pascal, aquele que lança os dados são os homens de uma transcendência ou de uma fé. Mas não cessam de recarregar a imanência: são filósofos, ou antes os intercessores, os personagens conceituais que valem por estes dois filósofos, e que não se preocupam mais com a existência transcendente de Deus, mas

---

[10] François Jullien, *Procès ou création: une introduction à la pensée des lettrés chinois*, Paris, Seuil, 1989, pp. 18 e 117.

somente com possibilidades imanentes infinitas que traz a existência daquele que crê que Deus existe.

O problema mudaria se fosse um outro plano de imanência. Não que aquele que crê que Deus não existe pudesse então ser vencedor, já que ele pertence ainda ao antigo plano como movimento negativo. Mas, sobre o novo plano, poderia acontecer que o problema dissesse respeito, agora, à existência daquele que crê no mundo, não propriamente na existência do mundo, mas em suas possibilidades em movimentos e em intensidades, para fazer nascer ainda novos modos de existência, mais próximos dos animais e dos rochedos. Pode ocorrer que acreditar neste mundo, nesta vida, se tenha tornado nossa tarefa mais difícil, ou a tarefa de um modo de existência por descobrir, hoje, sobre nosso plano de imanência. É a conversão empirista (temos tantas razões de não crer no mundo dos homens, [73] perdemos o mundo, pior que uma noiva, um filho ou um deus...). Sim, o problema mudou.

O personagem conceitual e o plano de imanência estão em pressuposição recíproca. Ora o personagem parece preceder o plano, ora segui-lo. É que ele aparece duas vezes, intervém duas vezes. Por um lado, ele mergulha no caos, tira daí determinações das quais vai fazer os traços diagramáticos de um plano de imanência: é como se ele se apoderasse de um punhado de dados, no acaso-caos, para lançá-los sobre uma mesa. Por outro lado, para cada dado que cai, faz corresponder os traços intensivos de um conceito que vem ocupar tal ou tal região da mesa, como se esta se fendesse segundo os resultados. Com seus traços personalísticos, o personagem conceitual intervém pois entre o caos e os traços diagramáticos do plano de imanência, mas também entre o plano e os traços intensivos dos conceitos que vêm povoá-lo.

Igitur. Os personagens conceituais constituem os pontos de vista segundo os quais planos de imanência se distinguem ou se aproximam, mas também as condições sob as quais cada plano se vê preenchido por conceitos do mesmo grupo. Todo pensamento é um *Fiat*, emite um lance de dados: construtivismo. Mas é um jogo muito complexo, porque o ato de lançar é feito de movimentos infinitos reversíveis e dobrados uns sobre os outros, de modo que a queda só ocorre em velocidade infinita, criando as formas finitas que correspondem às ordenadas intensivas destes movimentos: todo conceito é uma cifra que não preexistia. Os conceitos não se deduzem do plano, é necessário o personagem conceitual para criá-los sobre o plano, como para traçar o próprio plano, mas as duas operações não se confundem no personagem, que se apresenta ele mesmo como um operador distinto.

Os planos são inumeráveis, cada um com curvatura variável, e se agrupam ou se separam segundo os pontos de vista constituídos pelos personagens. Cada personagem tem vários traços, que podem dar lugar a outros personagens, sobre o mesmo plano ou sobre um outro: há uma proliferação de personagens conceituais. Há uma infinidade de conceitos possíveis sobre um plano: eles ressoam, ligam-se através de pontes móveis, mas é impossível prever o jeito que assumem em função das variações de curvatura. Eles se criam por saraivadas e não cessam *[74]* de bifurcar. O jogo é tanto mais complexo quanto os movimentos *negativos* infinitos são envolvidos nos positivos sobre cada plano, exprimindo os riscos e perigos que o pensamento enfrenta, as falsas percepções e os maus sentimentos que o envolvem; há também personagens conceituais *antipáticos*, que colam estreitamente nos simpáticos e dos quais estes não chegam a se desgrudar (não é somente Zaratustra que está impregnado por "seu" macaco ou seu bufão, Dioniso que não se separa do Cristo, mas Sócrates que não chega a se distinguir de "seu" sofista, o filósofo crítico que não para de conjurar seus maus duplos); há enfim conceitos *repulsivos* enlaçados nos atrativos, mas que desenham, sobre o plano, regiões de intensidade baixa ou vazia, e que não cessam de se isolar, de desconjuntar, de romper as conexões (a transcendência ela mesma não tem "seus" conceitos?). Mas, mais ainda que uma distribuição vetorial, os signos de planos, de personagens e de conceitos são ambíguos, porque se dobram uns nos outros, se enlaçam ou se avizinham. É por isso que a filosofia opera sempre lance por lance.

A filosofia apresenta três elementos, cada um dos quais responde aos dois outros, mas deve ser considerada em si mesma: *o plano pré-filosófico que ela deve traçar (imanência), o ou os personagens pró-filosóficos que ela deve inventar e fazer viver (insistência), os conceitos filosóficos que ela deve criar (consistência)*. Traçar, inventar, criar, esta é a trindade filosófica. Traços diagramáticos, personalísticos e intensivos. Há grupos de conceitos, caso eles ressoem ou lancem pontes móveis, cobrindo um mesmo plano de imanência que os une uns aos outros. Há famílias de planos, caso os movimentos infinitos se dobrem uns nos outros e componham variações de curvatura ou, ao contrário, selecionem variedades não componíveis. Há tipos de personagens segundo suas possibilidades de encontro, mesmo hostil, sobre um mesmo plano e num grupo. Mas é frequentemente difícil determinar se é o mesmo grupo, o mesmo tipo, a mesma família. Para isso é necessário todo um "gosto".

Como nenhum dos elementos se deduz dos outros, é necessário uma coadaptação dos três. Chama-se *gosto* esta faculdade filosófica de coadaptação, e que regra a criação de conceitos. Se se chama Razão ao traçado do plano, Imaginação à invenção dos personagens, Entendimento à criação de conceitos, o gosto *[75]* aparece como a tripla faculdade do conceito ainda indeterminado, do personagem ainda nos limbos, do plano ainda transparente. É por isso que é necessário criar, inventar, traçar, mas o gosto é como que a regra de correspondência das três instâncias que diferem em natureza. Não é certamente uma faculdade de medida. Não se encontrará nenhuma medida nestes movimentos infinitos que compõem o plano de imanência, estas linhas aceleradas sem contorno, estes declives e curvaturas, nem nestes personagens sempre excessivos, por vezes antipáticos, ou nestes conceitos de formas irregulares, de intensidades estridentes, de cores tão vivas e bárbaras que podem inspirar uma espécie de "desgosto" (notadamente nos conceitos repulsivos). Todavia, o que aparece em todos os casos como gosto filosófico é o amor do conceito benfeito, chamando "benfeito" não a uma moderação do conceito, mas a uma espécie de novo lance, de modulação, em que a atividade conceitual não tem limite nela mesma, mas somente nas duas outras atividades sem limites. Se os conceitos preexistissem já prontos, teriam limites a observar; mas mesmo o plano "pré-filosófico" só é assim nomeado porque se o traça como pressuposto, e não porque ele existiria antes de ser traçado. As três atividades são estritamente simultâneas e não têm relações senão incomensuráveis. A criação de conceitos não tem outro limite senão o plano que eles vêm povoar, mas o próprio plano é ilimitado, e seu traçado só se confunde com os conceitos por criar, que deve juntar, ou com os personagens por inventar, que deve entreter. É como em pintura: mesmo para os monstros e os anões, há um gosto segundo o qual eles devem ser benfeitos, o que não quer dizer neutralizados, mas que seus contornos irregulares devem ser postos em relação com uma textura da pele ou um fundo da Terra, como matéria germinal com a qual eles parecem brincar. Há um gosto pela cor que não vem moderar a criação de cores num grande pintor mas, ao contrário, conduz a criação até o ponto em que as cores desposam suas figuras feitas de contornos, e seu plano feito de fundos uniformes,* curvaturas, arabescos. Van Gogh só conduz o

---

* No original, *aplat*. (N. dos T.)

amarelo até o ilimitado inventando o homem-girassol, e traçando o plano das pequenas vírgulas infinitas. O gosto pelas cores testemunha, ao mesmo tempo, o respeito necessário a sua aproximação, a longa espera pela qual é necessário passar, mas também a criação sem limite que as faz existir. O mesmo ocorre com o gosto dos conceitos: o *[76]* filósofo só se aproxima do conceito indeterminado com temor e respeito, hesita muito em se lançar, mas só pode determinar o conceito criando-o sem medida, um plano de imanência tendo como única regra que traça e como único compasso os personagens estranhos que ele faz viver. O gosto filosófico não substitui a criação de conceitos, nem a modera, é, ao contrário, a criação de conceitos que faz apelo a um gosto que a modula. A livre criação de conceitos determinados precisa de um gosto do conceito indeterminado. O gosto é esta potência, este ser-em-potência do conceito: não é certamente por razões "racionais ou razoáveis" que tal conceito é criado, tais componentes escolhidos. Nietzsche pressentiu esta relação da criação de conceitos com um gosto propriamente filosófico, e se o filósofo é aquele que cria conceitos, é graças a uma faculdade de gosto como um "sapere" instintivo, quase animal — um *Fiat* ou um *Fatum* que dá a cada filósofo o direito de aceder a certos problemas, como um sinete marcado sobre seu nome, como uma afinidade da qual suas obras promanam.[11]

Um conceito está privado de sentido enquanto não concorda com outros conceitos, e não está associado a um problema que resolve ou contribui para resolver. Mas importa distinguir os problemas filosóficos e os problemas científicos. Não se ganharia grande coisa, dizendo que a filosofia coloca

---

[11] Nietzsche, *Musarion-Ausgabe*, XVI, p. 35. Nietzsche invoca frequentemente um gosto filosófico, e faz derivar o sábio de "sapere" ("sapiens", o degustador, "sisyphos", o homem de gosto extremamente "sutil"): *La Naissance de la philosophie*, Paris, Gallimard, 1938, p. 46.

Os personagens conceituais

"questões", já que as questões são somente uma palavra para designar problemas irredutíveis aos da ciência. Como os conceitos não são proposicionais, eles não podem remeter a problemas que concerniriam às condições extensionais de proposições assimiláveis às da ciência. Se insistimos, de qualquer modo, em traduzir o conceito filosófico em proposições, só podemos fazê-lo na forma de opiniões mais ou menos verossímeis, e sem valor científico. Mas topamos assim com uma dificuldade, que os gregos já enfrentavam. É mesmo o terceiro caráter pelo qual a filosofia passa por uma coisa grega: a cidade grega promoveu o amigo ou o rival como relação social, ela traça um plano de imanência, mas também faz reinar a *livre opinião* (doxa). A filosofia *[77]* deve então extrair das opiniões um "saber" que as transforma e que também se distingue da ciência. O problema filosófico consiste em encontrar, em cada caso, a instância capaz de medir um valor de verdade das opiniões oponíveis, seja selecionando umas como mais sábias que as outras, seja fixando a parte que cabe a cada uma. Tal foi sempre o sentido do que se chama dialética, e que reduz a filosofia à discussão interminável.[12] Vemo-lo em Platão, no qual os universais de contemplação supostamente medem o valor respectivo das opiniões rivais, para elevá-las ao saber; é verdade que as contradições subsistentes em Platão, nos diálogos ditos aporéticos, forçam já Aristóteles a orientar a pesquisa dialética dos problemas na direção dos universais de comunicação (os tópicos). Em Kant ainda, o problema consistirá na seleção ou na partilha das opiniões opostas, mas graças a universais de reflexão, até que Hegel tenha a ideia de se servir da contradição das opiniões rivais, para delas extrair proposições supra-científicas, capazes de se mover, de se contemplar, se refletir, se comunicar em si mesmas e no absoluto (proposição especulativa, em que as opi-

---

[12] Cf. Émile Bréhier, "La Notion de problème en philosophie", in *Études de philosophie antique*, Paris, PUF, 1955.

niões se tornam os momentos do conceito). Mas, sob as mais altas ambições da dialética, e qualquer que seja o gênio dos grandes dialéticos, recaímos na mais miserável condição, a que Nietzsche diagnosticava como a arte da plebe, ou o mau gosto em filosofia: a redução do conceito a proposições como simples opiniões; a submersão do plano de imanência nas falsas percepções e nos maus sentimentos (ilusões da transcendência ou dos universais); o modelo de um saber que constitui apenas uma opinião pretensamente superior, Urdoxa; a substituição dos personagens conceituais por professores ou chefes de escola. A dialética pretende encontrar uma discursividade propriamente filosófica, mas só pode fazê-lo, encadeando as opiniões umas às outras. Ela pode ultrapassar a opinião na direção do saber, a opinião ressurge e persiste em ressurgir. Mesmo com os recursos de uma Urdoxa, a filosofia permanece uma doxografia. É sempre a mesma melancolia que se eleva das Questões disputadas e dos *Quodlibets* da Idade *[78]* Média, em que se aprende o que cada doutor pensou, sem saber porque ele o pensou (o Acontecimento), e que se encontra em muitas histórias da filosofia nas quais se passa em revista as soluções, sem jamais saber qual é o problema (a substância em Aristóteles, em Descartes, em Leibniz...), já que o problema é somente decalcado das proposições que lhe servem de resposta.

Se a filosofia é paradoxal por natureza, não é porque toma o partido das opiniões menos verossímeis, nem porque mantém as opiniões contraditórias, mas porque se serve das frases de uma língua *standard* para exprimir algo que não é da ordem da opinião, nem mesmo da proposição. O conceito é bem uma solução, mas o problema ao qual ele responde reside em suas condições de consistência intensional, e não, como na ciência, nas condições de referência das proposições extensionais. Se o conceito é uma solução, as condições do problema filosófico estão sobre o plano de imanência que ele supõe (a que movimento infinito ele remete na imagem do pensamento?) e as incógnitas do problema estão nos personagens conceituais que ele mobiliza (que personagem precisamente?). Um conceito como o de conhecimento só tem sentido com relação a uma imagem do pensamento a que ele remete, e a um personagem conceitual de que precisa; uma outra imagem, um outro personagem exigem outros conceitos (a crença, por exemplo, e o Inquiridor). Uma solução não tem sentido independentemente de um problema a determinar em suas condições e em suas incógnitas, mas estas não mais têm sentido independentemente das soluções determináveis como conceitos. As três instâncias estão umas nas outras, mas não são de mesma natureza, coexistem e subsistem sem desaparecer uma na outra. Bergson, que contribuiu tanto para a compreensão do que é um problema filosófico, dizia que um problema bem colocado era um problema resolvido. Mas isso não quer dizer que um problema é somente a sombra ou o epifenômeno de suas soluções, nem que a solução é apenas a redundância ou a consequência analítica do problema. Significa, antes, que as três atividades que compõem o construcionismo não cessam de se alternar, de se recortar, uma precedendo a outra e logo o inverso, uma que consiste em criar conceitos, como caso de solução, outra em traçar um plano e um movimento sobre o plano, [79] como condições de um problema, outra em inventar um personagem, como a incógnita do problema. O conjunto do problema (de que a própria solução faz parte) consiste sempre em construir as duas outras quando a terceira está em curso. Nós vimos como, de Platão a Kant, o pensamento, o "primeiro", o tempo recebiam conceitos diferentes, capazes de determinar soluções, mas em função de pressupostos que determinavam problemas diferentes; pois os mesmos termos podem aparecer duas vezes, e mesmo três vezes, uma vez nas soluções como conceitos, outra vez nos problemas pressupostos, uma outra vez num personagem como intermediário, intercessor, mas a cada vez sob uma forma específica irredutível.

Nenhuma regra e sobretudo nenhuma discussão dirão a princípio se é o bom plano, o bom personagem, o bom conceito, pois é cada um deles que decide se os dois outros deram certo ou não; mas cada um deles deve ser construído por sua conta: um criado, o outro inventado, o outro traçado. Constroem-se problemas e soluções dos quais se pode dizer "Deu certo... Não deu certo...", mas somente na medida de e segundo suas coadaptações. O construtivismo desqualifica toda discussão, que retardaria as construções necessárias, como denuncia todos os universais, a contemplação, a reflexão, a comunicação, como fontes do que se chama de "falsos problemas", que emanam das ilusões que envolvem o plano. É tudo o que se pode dizer de antemão. Pode acontecer que acreditemos ter encontrado uma solução, mas uma nova curvatura do plano, que não tínhamos visto de início, vem relançar o conjunto e colocar novos problemas, uma nova série de problemas, operando por empuxos sucessivos e solicitando conceitos futuros, por criar (nós nem mesmo sabemos se não é antes um novo plano que se destaca do precedente). Inversamente, pode acontecer que um novo conceito venha insinuar-se como uma cunha entre dois conceitos que acreditávamos vizinhos, solicitando por sua vez, sobre a mesa de imanência, a determinação de um problema que surge como uma espécie de ponte. A filosofia vive assim numa crise permanente. O plano opera por abalos, e os conceitos procedem por saraivadas, os personagens por solavancos. O que é problemático, por natureza, é a relação das três instâncias.

Não se pode dizer, de antemão, se um problema está bem colocado, se uma solução convém, se é bem o caso, se um personagem é *[80]* viável. É que cada uma das atividades filosóficas não encontra critério senão nas outras duas, é por isso que a filosofia se desenvolve no paradoxo. A filosofia não consiste em saber, e não é a verdade que inspira a filosofia, mas categorias como as do Interessante, do Notável ou do Importante que decidem sobre o sucesso ou o fracasso. Ora,

Os personagens conceituais

não se pode sabê-lo antes de ter construído. De muitos livros de filosofia, não se dirá que são falsos, pois isso não é dizer nada, mas que são sem importância nem interesse, justamente porque não criam nenhum conceito, nem trazem uma imagem do pensamento ou engendram um personagem que valha a pena. Só os professores podem pôr "errado" à margem, e...; mas os leitores podem ter ainda assim dúvidas sobre a importância e o interesse, isto é, a novidade do que se lhes dá para ler. São categorias do Espírito. Um grande personagem romanesco deve ser um Original, um Único, dizia Melville; um personagem conceitual também. Mesmo antipático, ele deve ser notável; mesmo repulsivo, um conceito deve ser interessante. Quando Nietzsche construía o conceito de má consciência, podia ver nele o que há de mais asqueroso no mundo, nem por isso gritava menos: é aí que o homem começa a se tornar interessante!, e considerava, com efeito, que acabava de criar um novo conceito para o homem, que convinha ao homem, em relação com o novo personagem conceitual (o sacerdote) e com uma nova imagem do pensamento (a vontade de potência apreendida sob o traço negativo do niilismo)...[13]

A crítica implica novos conceitos (da coisa criticada), tanto quanto a criação mais positiva. Os conceitos devem ter contornos irregulares, moldados sobre sua matéria viva. Que é desinteressante por natureza? Os conceitos inconsistentes, o que Nietzsche chamava de os "informes e fluidos borrões de conceitos" — ou então, ao contrário, os conceitos por demais regulares, petrificados, reduzidos a uma ossatura? Os conceitos mais universais, os que são apresentados como formas ou valores eternos são, deste ponto de vista, os mais esqueléticos, os menos interessantes. Não fazemos nada de positivo, mas também nada no domínio da crítica ou da história, quando nos contentamos em agitar velhos conceitos es-

[13] Nietzsche, *Genealogia da moral*, I, par. 6.

tereotipados como [81] esqueletos destinados a intimidar toda criação, sem ver que os antigos filósofos, de que são emprestados, faziam já o que se queria impedir os modernos de fazer: eles criavam seus conceitos e não se contentavam em limpar, em raspar os ossos, como o crítico ou o historiador de nossa época. Mesmo a história da filosofia é inteiramente desinteressante se não se propuser a despertar um conceito adormecido, a relançá-lo numa nova cena, mesmo a preço de voltá-lo contra ele mesmo.

4.
GEOFILOSOFIA
[82]

O sujeito e o objeto oferecem uma má aproximação do pensamento. Pensar não é nem um fio estendido entre um sujeito e um objeto, nem uma revolução de um em torno do outro. Pensar se faz antes na relação entre o território e a terra. Kant é menos prisioneiro que se acredita das categorias de objeto e de sujeito, já que sua ideia de revolução copernicana põe diretamente o pensamento em relação com a terra; Husserl exige um solo para o pensamento, que seria como a terra, na medida em que não se move nem está em repouso, como intuição originária. Vimos, todavia, que a terra não cessa de operar um movimento de desterritorialização *in loco*, pelo qual ultrapassa todo território: ela é desterritorializante e desterritorializada. Ela se confunde com o movimento daqueles que deixam em massa seu território, lagostas que se põem a andar em fila no fundo da água, peregrinos ou cavaleiros que cavalgam numa linha de fuga celeste. A terra não é um elemento entre os outros, ela reúne todos os elementos num mesmo abraço, mas se serve de um ou de outro para desterritorializar o território. Os movimentos de desterritorialização não são separáveis dos territórios que se abrem sobre um alhures, e os processos de reterritorialização não são separáveis da terra que restitui territórios. São dois componentes, o território e a terra, com duas zonas de indiscernibilidade, a desterritorialização (do território à terra) e a reterritorialização (da terra ao território). Não se pode dizer qual é primeiro. Pergunta-se em que sentido a Grécia é o território do filósofo ou a terra da filosofia.

Os Estados e as Cidades têm frequentemente sido definidos como territoriais, *[83]* substituindo o princípio das linhagens pelo princípio territorial. Mas não é exato: os grupos de linhagens podem mudar de território, só se determinam efetivamente desposando um território ou uma residência numa "linhagem local". O Estado e a Cidade, ao contrário, operam uma desterritorialização, porque um justapõe e compara os territórios agrícolas remetendo-os a uma Unidade superior aritmética, e o outro adapta o território a uma extensão geométrica prolongável em circuitos comerciais. O *Spatium imperiale* do Estado, ou a *extensio politica* da cidade, é menos um princípio territorial que uma desterritorialização, que captamos ao vivo quando o Estado se apropria do território dos grupos locais, ou então quando a cidade ignora sua hinterlândia; a reterritorialização se faz num caso sobre o palácio e seus estoques, no outro sobre a ágora e as rotas mercantis.

Nos Estados imperiais, a desterritorialização é de transcendência: ela tende a se fazer em altura, verticalmente, segundo um componente celeste da terra. O território tornou-se terra deserta, mas um Estrangeiro celeste vem refundar o território ou reterritorializar a terra. Na cidade, ao contrário, a desterritorialização é de imanência: ela libera um Autóctone, isto é, uma potência da terra que segue um componente marítimo, que passa por sob as águas para refundar o território (o Erecteion, templo de Atena e de Poseidon). É verdade que as coisas são mais complicadas, porque o Estrangeiro imperial tem ele próprio necessidade de autóctones sobreviventes, e que o Autóctone cidadão apela a estrangeiros em fuga — mas, justamente, não são de modo algum os mesmos tipos psicossociais, do mesmo modo que o politeísmo de império e o politeísmo da cidade não são as mesmas figuras religiosas.[1]

---

[1] Marcel Detienne renovou profundamente estes problemas: sobre a oposição do Estrangeiro fundador e do Autóctone, sobre as misturas com-

Dir-se-ia que a Grécia tem uma estrutura fractal, tão próximo do mar está cada ponto da península, e tão grande é o comprimento das costas. Os povos egeus, as cidades da Grécia antiga, e sobretudo Atenas a autóctone, não são as primeiras cidades comerciantes. Mas são as primeiras a ser ao mesmo tempo bastante próximas e bastante distantes dos impérios arcaicos orientais [84] para poderem aproveitar-se deles sem seguir seu modelo: em lugar de se estabelecer em seus poros, elas banham num novo componente, fazem valer um modo particular de desterritorialização, que procede por imanência, formam um *meio de imanência*. É como um "mercado internacional" nas bordas do Oriente, que se organiza entre uma multiplicidade de cidades independentes ou de sociedades distintas, mas ligadas umas às outras, onde os artesãos e os mercadores encontram uma liberdade, uma mobilidade que os impérios lhes recusam.[2] Esses tipos vêm da borda do mundo grego, estrangeiros em fuga, em ruptura com o império e colonizados por Apolo. Não somente os artesãos e mercadores, mas os filósofos: como diz Faye, é preciso um século para que o nome "filósofo", sem dúvida inventado por Heráclito de Éfeso, encontre seu correlato na palavra "filosofia", sem dúvida inventada por Platão, o Ateniense; "Ásia, Itália, África são as fases odisseanas do percurso que religa o *philósophos* à filosofia".[3] Os filósofos são estrangeiros, mas a

plexas entre estes dois polos, sobre Erecteia, cf. "Qu'est-ce qu'un site?", in *Tracés de fondation*, Louvain/Paris, Peeters, 1990. Cf. também Giulia Sissa e Marcel Detienne, *La Vie quotidienne des dieux grecs*, Paris, Hachette, 1989 (sobre Erecteia, cap. XIV, e sobre a diferença dos dois politeísmos, cap. X).

[2] Gordon Childe, *L'Europe préhistorique*, Paris, Payot, 1962, pp. 110-5.

[3] Jean-Pierre Faye, *La Raison narrative*, Paris, Balland, 1990, pp. 15-8. Cf. Clémence Ramnoux, in *Histoire de la philosophie*, t. I, Paris, Gallimard, 1969, pp. 408-9: a filosofia pré-socrática nasce e cresce "na borda da área helênica tal como a colonização tinha conseguido defini-la por

filosofia é grega. O que é que estes emigrados encontram no meio grego? Três coisas ao menos, que são as condições de fato da filosofia: uma pura sociabilidade como meio de imanência, "natureza intrínseca da associação", que se opõe à soberania imperial, e que não implica nenhum interesse prévio, já que os interesses rivais, ao contrário, a supõem; um certo prazer de se associar, que constitui a amizade, mas também de romper a associação, que constitui a rivalidade (não havia já "sociedades de amigos" formadas pelos emigrados, tais como os Pitagóricos, mas sociedades ainda um pouco secretas, que encontrariam sua abertura na Grécia?); um gosto pela opinião, inconcebível num império, um gosto pela troca de opiniões, pela conversação.[4] *[85]* Imanência, amizade, opinião, nós encontramos sempre estes três traços gregos. Não se verá aí um mundo mais doce, tantas são as crueldades que a sociabilidade implica, as rivalidades da amizade, os antagonismos e as reviravoltas sangrentas da opinião. O milagre grego é Salamina, onde a Grécia escapa ao Império persa, e onde o povo autóctone, que perdeu seu território, o carrega para o mar, reterritorializando-se sobre o mar. A liga de Delos é como que a fractalização da Grécia. O liame mais profundo, durante um período muito curto, existiu entre a cidade democrática, a colonização, o mar e um novo imperialismo, que não via mais no mar um limite de seu território ou

volta do fim do século VII e do início do século VI, e precisamente lá onde os gregos enfrentaram, em relação de comércio e de guerra, os reinos e os impérios do Oriente", depois ganha "o extremo oeste, as colônias da Sicília e da Itália, graças a migrações provocadas pelas invasões iranianas e as revoluções políticas...". Nietzsche, *La Naissance de la philosophie*, Paris, Gallimard, 1938, p. 131: "Imagine que a filosofia seja um emigrado chegado entre os gregos; ocorre assim com os Pré-Platônicos. São de alguma maneira estrangeiros despatriados".

[4] Sobre esta sociabilidade pura, "aquém e além do conteúdo particular", e a democracia, a conversação, cf. Georg Simmel, *Sociologie et épistémologie*, Paris, PUF, 1981, cap. III.

um obstáculo a sua empresa, mas um banho de imanência ampliada. Tudo isso, e principalmente o liame da filosofia com a Grécia, parece fora de dúvida, mas marcado por desvios e por contingência...

Física, psicológica ou social, a desterritorialização é *relativa* na medida em que concerne à relação histórica da terra com os territórios que nela se desenham ou se apagam, sua relação geológica com eras e catástrofes, sua relação astronômica com o cosmos e o sistema estelar do qual faz parte. Mas a desterritorialização é *absoluta* quando a terra entra no puro plano de imanência de um pensamento — Ser, de um pensamento — Natureza com movimentos diagramáticos infinitos. Pensar consiste em estender um plano de imanência que absorve a terra (ou antes a "adsorve"). A desterritorialização de um tal plano não exclui uma reterritorialização, mas a afirma como a criação de uma nova terra por vir. Resta que a desterritorialização absoluta só pode ser pensada segundo certas relações, por determinar, com as desterritorializações relativas, não somente cósmicas, mas geográficas, históricas e psicossociais. Há sempre uma maneira pela qual a desterritorialização absoluta, sobre o plano de imanência, toma o lugar de uma desterritorialização relativa num campo dado.

É aí que uma grande diferença intervém se a desterritorialização relativa é ela própria de imanência ou de transcendência. Quando ela é transcendente, vertical, celeste, operada pela unidade imperial, o elemento transcendente deve inclinar-se ou sofrer uma espécie de rotação para se inscrever sobre o plano do pensamento-Natureza sempre imanente: é segundo uma espiral, que a vertical celeste pousa sobre a horizontal do plano do pensamento. Pensar implica aqui uma projeção do transcendente sobre o plano de imanência. A transcendência pode ser inteiramente *[86]* "vazia" em si mesma, ela se preenche à medida que se inclina e atravessa diferentes níveis hierárquicos, que se projetam em conjunto sobre uma região do plano, isto é, sobre um aspecto correspon-

Geofilosofia

dente a um movimento infinito. E quando a transcendência invade o absoluto, ou quando um monoteísmo substitui a unidade imperial, ocorre o mesmo: o Deus transcendente permanecerá vazio, ou ao menos *absconditus*, se não se projetar sobre um plano de imanência da criação, em que traça as etapas de sua teofania. Em todos estes casos, unidade imperial ou império espiritual, a transcendência que se projeta sobre o plano de imanência o ladrilha ou o povoa de Figuras. É uma sabedoria, ou uma religião, pouco importa. É somente deste ponto de vista que se pode aproximar os hexagramas chineses, as mandalas hindus, as *sefirot* judaicas, os "imaginais" islâmicos, os ícones cristãos: pensar por figuras. Os hexagramas são combinações de traços contínuos e descontínuos, derivando uns dos outros segundo os níveis de uma espiral que figura o conjunto dos momentos sob os quais o transcendente se inclina. A mandala é uma projeção sobre uma superfície, que faz corresponder os níveis divino, cósmico, político, arquitetural, orgânico, como valores de uma mesma transcendência. É por isso que a figura tem uma referência, e uma referência por natureza plurívoca e circular. Ela certamente não se define por uma semelhança exterior, que permanece proibida, mas por uma tensão interna que a remete ao transcendente sobre o plano de imanência do pensamento. Numa palavra, a figura é essencialmente *paradigmática, projetiva, hierárquica, referencial* (as artes e as ciências também erigem poderosas figuras, mas o que as distingue de toda religião não é aspirar à semelhança proibida, é emancipar tal ou tal nível para dele fazer novos planos do pensamento sobre os quais as referências e projeções, como veremos, mudam de natureza).

Precedentemente, para ir rápido, dizíamos que os gregos tinham inventado um plano de imanência absoluto. Mas a originalidade dos gregos, é preciso antes procurá-la na relação entre o relativo e o absoluto. Quando a desterritorialização relativa é ela mesma horizontal, imanente, *ela se conju-*

ga com a desterritorialização absoluta do plano de imanência que leva ao infinito, que leva ao absoluto os movimentos da primeira, transformando-os (o meio, o amigo, a opinião). A imanência é redobrada. É aí que se pensa, não mais por figuras, mas por *[87]* conceitos. É o conceito que vem povoar o plano de imanência. Não há mais projeção numa figura, mas conexão no conceito. É por isso que o conceito, ele mesmo, abandona toda referência para não reter senão conjugações e conexões que constituem sua consistência. O conceito não tem outra regra senão a da vizinhança, interna ou externa. Sua vizinhança ou consistência interna está assegurada pela conexão de seus componentes em zonas de indiscernibilidade; sua vizinhança externa ou exoconsistência está assegurada por pontes que vão de um conceito a um outro, quando os componentes de um estão saturados. E é bem o que significa a criação de conceitos: conectar componentes interiores inseparáveis até o fechamento ou a saturação, de modo que não se pode mais acrescentar ou retirar um deles sem mudar o conceito; conectar o conceito com um outro, de tal maneira que outras conexões mudariam sua natureza. A plurivocidade do conceito depende unicamente da vizinhança (um conceito pode ter muitos outros conceitos vizinhos). Os conceitos são fundos uniformes sem níveis, ordenadas sem hierarquia. Donde a importância das questões na filosofia: que meter num conceito, e com que coinseri-lo? Que conceito é preciso inserir ao lado deste, e que componentes em cada um? São as questões da criação de conceitos. Os pré-socráticos tratam os elementos físicos como conceitos: eles os tomam por si mesmos, independentemente de toda referência, e procuram somente as boas regras de vizinhança entre eles e em seus componentes eventuais. Se variam em suas respostas, é porque não compõem esses conceitos elementares da mesma maneira, por dentro e por fora. O conceito não é paradigmático, mas *sintagmático*; não é projetivo, mas *conectivo*; não é hierárquico, mas *vicinal*; não é referente, mas *consistente*.

Geofilosofia

É forçoso, daí, que a filosofia, a ciência e a arte não se organizem mais como os níveis de uma mesma projeção e, mesmo, que não se diferenciem a partir de uma matriz comum, mas se coloquem ou se reconstituam imediatamente numa independência respectiva, uma divisão do trabalho que suscita entre elas relações de conexão.

É preciso concluir, daí, por uma oposição radical entre as figuras e os conceitos? A maior parte das tentativas de determinar suas diferenças exprimem somente juízos de humor, que se contentam em desvalorizar um dos dois termos: ora se *[88]* dá aos conceitos o prestígio da razão, enquanto as figuras são remetidas à noite do irracional e a seus símbolos; ora se dá às figuras os privilégios da vida espiritual, enquanto que os conceitos são remetidos aos movimentos artificiais de um entendimento morto. E todavia inquietantes afinidades aparecem, sobre um plano de imanência que parece comum.[5] O pensamento chinês inscreve sobre o plano, numa espécie de ir e vir, os movimentos diagramáticos de um pensamento-Natureza, *yin* e *yang*, e os hexagramas são os cortes do plano, as ordenadas intensivas destes movimentos infinitos, com seus componentes em traços contínuos e descontínuos. Mas tais correspondências não excluem uma frontei-

---

[5] Certos autores retomam hoje, sobre novas bases, a questão propriamente filosófica, liberando-se dos estereótipos hegelianos ou heideggerianos: sobre uma filosofia judaica, os trabalhos de Lévinas e em torno de Lévinas (*Les Cahiers de la Nuit Surveillée*, n° 3, Paris, Verdier, 1984); sobre uma filosofia islâmica, em função dos trabalhos de Corbin, cf. Christian Jambet (*La Logique des Orientaux*, Paris, Seuil, 1983) e Guy Lardreau (*Discours philosophique et discours spirituel*, Paris, Seuil, 1985); sobre uma filosofia hindu, em função de Masson-Oursel, cf. a aproximação de Roger-Pol Droit (*L'Oubli de l'Inde*, Paris, PUF, 1989); sobre uma filosofia chinesa, os estudos de François Cheng (*Vide et plein*, Paris, Seuil, 1979) e de François Jullien (*Procès ou création*, Paris, Seuil, 1989); sobre uma filosofia japonesa, cf. René de Ceccaty e Ryoji Nakamura (*Mille ans de littérature japonaise*, Paris, La Différence, 1982, e a tradução comentada do monge Dôgen, *Shobogenzo*, Paris, La Différence, 1980).

ra, mesmo que difícil de discernir. É que as figuras são projeções sobre o plano, que implicam algo de vertical ou de transcendente; os conceitos, em contrapartida, só implicam vizinhanças e conjugações sobre o horizonte. Certamente, o transcendente produz por projeção uma "absolutização da imanência", como François Jullien já o mostrou quanto ao pensamento chinês. Mas inteiramente diferente é a imanência do absoluto que a filosofia reivindica. Tudo o que podemos dizer é que as figuras tendem para conceitos a ponto de se aproximar infinitamente deles. O cristianismo dos séculos XV ao XVII faz da *impresa* o invólucro de um *concetto*, mas o *concetto* não tomou ainda consistência e depende da maneira pela qual é figurado ou mesmo dissimulado. A questão que retorna periodicamente: "há uma filosofia cristã?" significa: o cristianismo é capaz de criar conceitos próprios? A crença, a angústia, o pecado, a liberdade...? Nós o vimos em Pascal e Kierkegaard: talvez a crença não se torne um verdadeiro conceito senão quando ela se faz crença neste mundo, e se conecta em lugar de se projetar. Talvez o pensamento cristão não produza conceito senão por seu ateísmo, pelo [89] ateísmo que ele secreta mais que qualquer outra religião. Para os filósofos, o ateísmo não é um problema, a morte de Deus menos ainda, os problemas só começam a seguir, quando se atingiu o ateísmo do conceito. Estranha-se que tantos filósofos ainda assumam como trágica a morte de Deus. O ateísmo não é um drama, ele é a serenidade do filósofo e a conquista da filosofia. Há sempre um ateísmo por extrair de uma religião. Já era verdade para o pensamento judaico: ele empurra suas figuras até o conceito, mas só o atinge com Espinosa, o ateu. E se as figuras tendem assim para os conceitos, o inverso é igualmente verdadeiro, e os conceitos filosóficos reproduzem figuras toda vez que a imanência é atribuída *a* algo, objetidade de contemplação, sujeito de reflexão, intersubjetividade de comunicação: as três "figuras" da filosofia. É preciso ainda constatar que as religiões não atingem o conceito sem se renegar, tal como as filosofias não atingem a figura sem se trair. Entre as figuras e os conceitos há diferença de natureza, mas também todas as diferenças de grau possíveis.

Pode-se falar de uma "filosofia" chinesa, hindu, judaica, islâmica? Sim, na medida em que o pensar ocorre sobre um plano de imanência que pode ser povoado de figuras tanto quanto de conceitos. Este plano de imanência, todavia, não é exatamente filosófico, mas pré-filosófico. Ele é afetado pelo que o povoa, e que reage sobre ele, de modo que só se torna filosófico sob o efeito do conceito: suposto pela filosofia, ele não é menos instaurado por ela, e se desdobra numa relação filosófica com a não-filosofia. No caso das figuras, ao contrário, o pré-filosófico mostra que o próprio plano de imanência não tinha por destinação inevitável uma criação de conceito ou uma formação filosófica, mas podia se desdobrar em sabedorias e religiões, segundo uma bifurcação que conjurava previamente a filosofia do ponto de vista de sua própria possibilidade. O que negamos é que a filosofia apresente uma necessidade interna, seja em si mesma, seja nos gregos (e a ideia de um milagre grego não seria senão um outro aspecto dessa pseudonecessidade). E, no entanto, a filosofia foi uma coisa grega, embora trazida por migrantes. Para que a filosofia nascesse, foi preciso um *encontro* entre o meio grego e o plano de imanência do pensamento. Foi preciso a conjunção de dois [90] movimentos de desterritorialização muito diferentes, o relativo e o absoluto, o primeiro operando já na imanência. Foi preciso que a desterritorialização absoluta do plano de pensamento se ajustasse ou se conectasse diretamente com a desterritorialização relativa da sociedade grega. Foi preciso o encontro do amigo e do pensamento. Numa palavra, há, de fato, uma razão para a filosofia, mas uma razão sintética, e contingente — um encontro, uma conjunção. Ela não é insuficiente por si mesma, mas contingente em si mesma. Mesmo no conceito, a razão depende de uma conexão dos componentes, que poderia ter sido outra, com outras vizinhanças. O princípio de razão tal como aparece na filosofia é um princípio de razão contingente, e se anuncia: não há boa razão senão contingente, não há história universal senão da contingência.

EXEMPLO VII

É vão procurar, como Hegel ou Heidegger, uma razão analítica e necessária que uniria a filosofia à Grécia. Porque os gregos são homens livres, são os primeiros a captar o Objeto numa relação com o sujeito: tal seria o conceito, segundo Hegel. Mas, já que o objeto permanece *contemplado* como "belo", sem que sua relação com o sujeito seja ainda determinada, é preciso esperar os estágios seguintes para que esta relação seja ela mesma *refletida*, depois posta em movimento ou *comunicada*. Não deixa de ser verdade que os gregos inventaram o primeiro estágio, a partir do qual tudo se desenvolve interiormente ao conceito. O Oriente pensava, sem dúvida, mas pensava o objeto em si como abstração pura, a universalidade vazia idêntica à simples particularidade: faltava-lhe a relação com o sujeito como universalidade concreta ou como individualidade universal. O Oriente ignora o conceito porque se contenta em fazer coexistir o vazio mais abstrato e o ente mais trivial, sem nenhuma mediação. Todavia, não se vê muito bem o que distingue o estágio ante-filosófico do Oriente e o estágio filosófico da Grécia, já que o pensamento grego não é consciente da relação com o sujeito que supõe sem saber refleti-lo ainda.

Também Heidegger desloca o problema, e situa o conceito na diferença entre o Ser e o ente, antes que naquela do sujeito e do objeto. Ele considera o grego como autóctone, antes que como livre cidadão (e toda a reflexão de Heidegger sobre o Ser e o ente se aproxima da Terra e do território, como testemunham os temas do construir, do habitar): o *[91]* próprio do grego é habitar o Ser, e dispor da palavra Ser. Desterritorializado, o grego se reterritorializa sobre sua própria língua e seu tesouro linguístico, o verbo ser. Assim, o Oriente não está antes da filosofia, mas ao lado, porque ele pensa, mas não pensa o Ser.[6] E a filosofia mesma passa menos por graus do sujeito e do objeto, evolui menos do que habita uma estrutura do Ser. Os gregos de Heidegger não chegam a "articular" sua relação com o Ser; os de Hegel não chegam a refletir sua relação com o Sujeito. Mas em Heidegger não se trata de ir mais longe que os gregos; basta retomar seu movimento numa repetição recomeçante, iniciante. É que o Ser, em virtude de sua estrutura, não cessa de se desviar quando se volta, e a história do Ser ou da Terra é a de seu desvio, de sua desterritorialização no desenvolvimento técnico-mundial da civilização ocidental iniciada pelos gregos e reterritorializada sobre o nacional-socialismo... O que permanece comum a Heidegger e a Hegel é terem concebido a relação da Grécia com a filosofia como uma origem e, assim, como o ponto de partida de uma história interior ao Ocidente, de modo que a *filosofia se confunde necessariamente com sua própria história*. Por mais fortemente que se tenha dele aproximado, Heideg-

---

[6] Cf. Jean Beaufret: "A fonte está em toda parte, indeterminada, tanto chinesa, árabe, quanto indiana... Mas eis, há o episódio grego, os gregos tiveram o estranho privilégio de nomear a fonte ser..." (*Ethernité*, n° 1, 1985).

ger trai o movimento da desterritorialização, porque o cristaliza de uma vez por todas entre o ser e o ente, entre o território grego e a Terra ocidental que os gregos teriam nomeado Ser.

Hegel e Heidegger permanecem historicistas, na medida em que tomam a história como uma forma de interioridade, na qual o conceito desenvolve ou desvela necessariamente seu destino. A necessidade repousa sobre a abstração do elemento histórico tornado circular. Compreende-se mal então a imprevisível criação dos conceitos. A filosofia é uma geofilosofia, exatamente como a história é uma geo-história, do ponto de vista de Braudel. Por que a filosofia na Grécia em tal momento? Ocorre o mesmo que para o capitalismo, segundo Braudel: por que o capitalismo em tais lugares e em tais momentos, por que não na China em tal outro momento, já que tantos componentes já estavam presentes lá? A geografia não se contenta em fornecer uma matéria e lugares variáveis para a forma histórica. Ela não é somente física e humana, mas mental, como [92] a paisagem. Ela arranca a história do culto da necessidade, para fazer valer a irredutibilidade da contingência. Ela a arranca do culto das origens, para afirmar a potência de um "meio" (o que a filosofia encontra entre os gregos, dizia Nietzsche, não é uma origem, mas um meio, um ambiente, uma atmosfera ambiente: o filósofo deixa de ser um cometa...). Ela a arranca das estruturas, para traçar as linhas de fuga que passam pelo mundo grego, através do Mediterrâneo. Enfim, ela arranca a história de si mesma, para descobrir os devires, que não são a história, mesmo quando nela recaem: a história da filosofia, na Grécia, não deve esconder que *os gregos sempre tiveram primeiro que se tornar filósofos, do mesmo modo que os filósofos tiveram que se tornar gregos*. O "devir" não é história; hoje ainda a história designa somente o conjunto das condições, por mais recentes que sejam, das quais nos desviamos para um devir, isto é, para criarmos algo de novo. Os gregos o fizeram, mas não há desvio que valha de uma vez por todas. Não se pode reduzir a filosofia a sua própria história, porque a filosofia não cessa de se arrancar dessa história para criar novos conceitos, que recaem na história, mas não provêm dela. Como algo viria da história? Sem a história, o devir permaneceria indeterminado, incondicionado, mas o devir não é histórico. Os tipos psicossociais são da história, mas os personagens conceituais são do devir. O próprio acontecimento tem necessidade do devir como de um elemento não histórico. O elemento não histórico, diz Nietzsche, "assemelha-se a uma atmosfera ambiente sem a qual a vida não pode engendrar-se, vida que desaparece de novo quando essa atmosfera se aniquila". É como um momento de graça, e "onde há atos que o homem foi capaz de realizar sem se ter antes envolvido por esta nuvem não histórica?".[7] Se a filosofia aparece na Grécia, é em função de uma contingência mais do que de uma necessidade, de um ambiente ou de um meio mais do que de uma origem, de um devir mais do que de uma história, de uma geografia mais do que de uma historiografia, de uma graça mais do que de uma natureza.

Por que a filosofia sobrevive à Grécia? Não se pode *[93]* dizer que o capitalismo, através da Idade Média, seja a continuação da cidade grega (mesmo as formas comerciais são pouco comparáveis). Mas, por razões sempre contingentes, o capitalismo arrasta a Europa numa fantástica desterritorialização relativa, que remete de início a vilas-cidades, e *que procede ela também por imanência*. As produções territoriais se reportam a uma forma comum imanente, capaz de percorrer os mares: a "riqueza em geral", o "trabalho simplesmen-

---

[7] Friedrich Nietzsche, *Considérations intempestives*, "De l'utilité et des inconvénients des études historiques", par. 1. Sobre o filósofo-cometa e o "meio" que ele encontra na Grécia, *La Naissance de la philosophie*, Paris, Gallimard, 1938, p. 37.

te", e o encontro entre os dois como mercadoria. Marx constrói exatamente um conceito de capitalismo, determinando os dois componentes principais, trabalho nu e riqueza pura, com sua zona de indiscernibilidade, quando a riqueza compra o trabalho. Por que o capitalismo no Ocidente e não na China do século III, ou mesmo no século VIII?[8] É que o Ocidente monta e ajusta lentamente estes componentes, ao passo que o Oriente os impede de vir a termo. *Só o Ocidente estende e propaga seus focos de imanência.* O campo social não remete mais, como nos impérios, a um limite exterior que o limita de cima, mas a limites interiores imanentes, que não cessam de se deslocar, alargando o sistema, e que se reconstituem deslocando-se.[9] Os obstáculos exteriores são apenas tecnológicos, e só subsistem as rivalidades internas. Mercado mundial que se estende até os confins da terra, antes de passar para a galáxia: mesmo os ares se tornam horizontais. Não é uma continuação da tentativa grega, mas uma retomada, numa escala anteriormente desconhecida, sob uma outra forma e com outros meios, que relança todavia a combinação da qual os gregos tiveram a iniciativa, o imperialismo democrático, a democracia colonizadora. O europeu pode pois se considerar, não como um tipo psicossocial entre os outros, mas como o Homem por excelência, assim como o grego já o fizera, mas com muito mais força expansiva e vontade missionária que o grego. Husserl dizia que os povos, mesmo em sua hostilidade, se agrupam em tipos que têm um "lar" territorial e um parentesco familiar, tal como os *[94]* povos da

---

[8] Cf. Étienne Balazs, *La Bureaucratie céleste*, Paris, Gallimard, 1968, cap. XIII.

[9] Karl Marx, *O capital*, III, 3, conclusões: "A produção capitalista tende sem cessar a ultrapassar estes limites que lhe são imanentes, mas ela não chega a isso senão empregando meios que, novamente e numa escala mais imponente, erguem ante ela as mesmas barreiras. A verdadeira barreira da produção capitalista é o capital ele mesmo...".

Índia; mas só a Europa, malgrado a rivalidade de suas nações, proporia a si mesma e aos outros povos "uma incitação a se europeizar cada vez mais", de modo que é a humanidade inteira que se aparenta a si neste Ocidente, como o fizera outrora na Grécia.[10] Todavia, é difícil acreditar que seja a ascensão "da filosofia e das ciências coinclusas" o que explica este privilégio de um sujeito transcendental propriamente europeu. É preciso que o movimento infinito do pensamento, o que Husserl chama de Telos, entre em conjunção com o grande movimento relativo do capital, que não cessa de se desterritorializar, para assegurar o poder da Europa sobre todos os outros povos e sua reterritorialização sobre a Europa. O liame da filosofia moderna com o capitalismo é pois do mesmo gênero que o da filosofia antiga com a Grécia: *a conexão de um plano de imanência absoluto com um meio social relativo que procede também por imanência*. Não é uma continuidade necessária, que vai da Grécia à Europa, do ponto de vista do desenvolvimento da filosofia, por intermédio do cristianismo; é o recomeço contingente de um mesmo processo contingente, com outros dados.

A imensa desterritorialização relativa do capitalismo mundial precisa se reterritorializar sobre o Estado nacional moderno, que culmina na democracia, nova sociedade de "irmãos", versão capitalista da sociedade dos amigos. Como mostra Braudel, o capitalismo partiu das vilas-cidades, mas estas levaram tão longe a desterritorialização que foi necessário que os Estados modernos imanentes moderassem a loucura delas, as recuperassem e as investissem, para operar as reterritorializações necessárias como novos limites internos.[11]

---

[10] Edmund Husserl, *La Crise des sciences européennes...*, Paris, Gallimard, 1976, pp. 353-5 (cf. os comentários de R.-P. Droit, *L'Oubli de l'Inde*, Paris, PUF, 1989, pp. 203-4).

[11] Fernand Braudel, *Civilisation matérielle, économie et capitalisme*, t. I, Paris, Armand Colin, 1967, pp. 391-400.

O capitalismo reativa o mundo grego sobre estas bases econômicas, políticas e sociais. É a nova Atenas. O homem do capitalismo não é Robinson, mas Ulisses, o plebeu astucioso, o homem médio qualquer, habitante das grandes cidades, Proletário autóctone ou Migrante estrangeiro, que se lançam no movimento infinito — a revolução. Não é um grito, mas dois gritos que atravessam o capitalismo e vão ao encalço da mesma [95] decepção: Emigrados de todos os países, univos... Proletários de todos os países... Nos dois polos do Ocidente, a América e a Rússia, o pragmatismo e o socialismo representam o retorno de Ulisses, a nova sociedade de irmãos ou de camaradas que retoma o sonho grego e reconstitui a "dignidade democrática".

Com efeito, a conexão da filosofia antiga com a cidade grega, a conexão da filosofia moderna com o capitalismo não são ideológicos, e não se contentam em levar ao infinito determinações históricas e sociais para extrair daí figuras espirituais. Certamente, pode ser tentador ver na filosofia um comércio agradável do espírito, que encontraria no conceito sua mercadoria própria, ou antes seu valor de troca, do ponto de vista de uma sociabilidade desinteressada, nutrida pela conversação democrática ocidental, capaz de engendrar um consenso de opinião, e de fornecer uma ética para a comunicação, como a arte lhe forneceria uma estética. Se é isso que se chama filosofia, compreende-se que o marketing se apodere do conceito, e que o publicitário se apresente como o conceituador por excelência, poeta e pensador: o deplorável não está nesta apropriação desavergonhada mas, antes de mais nada, na concepção da filosofia que a tornou possível. Guardadas todas as proporções, os gregos tinham passado por vergonhas semelhantes, com certos sofistas. Mas, para o bem da filosofia moderna, esta não é mais amiga do capitalismo do que a filosofia antiga era da cidade. A filosofia leva ao absoluto a desterritorialização relativa do capital, ela o faz passar sobre o plano de imanência como movimento do infi-

Geofilosofia   119

nito e o suprime enquanto limite interior, *voltando-o contra si, para chamá-lo a uma nova terra, a um novo povo.* Mas assim ela atinge a forma não proposicional do conceito em que se aniquilam a comunicação, a troca, o consenso e a opinião. Está pois mais próximo daquilo que Adorno chamava de "dialética negativa", e do que a escola de Frankfurt designava como "utopia". Com efeito, *é a utopia que faz a junção* da filosofia com sua época, capitalismo europeu, mas já também cidade grega. É sempre com a utopia que a filosofia se torna política, e leva ao mais alto ponto a crítica de sua época. A utopia não se separa do movimento infinito: ela designa etimologicamente a desterritorialização *[96]* absoluta, mas sempre no ponto crítico em que esta se conecta com o meio relativo presente e, sobretudo, com as forças abafadas neste meio. A palavra empregada pelo utopista Samuel Butler, "Erewhon", não remete somente a "No-Where", ou a parte-Nenhuma, mas a "Now-Here", aqui-agora. O que conta não é a pretensa distinção de um socialismo utópico e de um socialismo científico; são antes os diversos tipos de utopia, dentre os quais a revolução. Há sempre, na utopia (como na filosofia), o risco de uma restauração da transcendência, e por vezes sua orgulhosa afirmação, de modo que é preciso distinguir as utopias autoritárias ou de transcendência, e as utopias libertárias, revolucionárias, imanentes.[12] Mas, justamente, dizer que a revolução é, ela mesma, utopia de imanência não é dizer que é um sonho, algo que não se realiza ou que só se realiza traindo-se. Pelo contrário, é colocar a revolução como plano de imanência, movimento infinito, sobrevoo absoluto, mas enquanto estes traços se conectam com o que há de real aqui e agora, na luta contra o capitalismo, e relançam

---

[12] Sobre estes tipos de utopias, cf. Ernst Bloch, *Le Principe espérance*, t. II, Paris, Gallimard, 1982. E os comentários de René Schérer sobre a utopia de Fourier em suas relações com o movimento, *Pari sur l'impossible*, Saint-Denis, Presses Universitaires de Vincennes, 1989.

novas lutas sempre que a precedente é traída. A palavra utopia designa portanto *esta conjunção da filosofia ou do conceito com o meio presente*: filosofia política (embora talvez a utopia não seja a melhor palavra, em razão do sentido mutilado que a opinião lhe deu).

Não é falso dizer que a revolução "é culpa dos filósofos" (embora não sejam os filósofos que a conduzam). Que as duas grandes revoluções modernas, a americana e a soviética, tenham dado no que deram, não impede o conceito de prosseguir sua via imanente. Como mostrava Kant, o conceito de revolução não está na maneira pela qual esta pode ser conduzida num campo social necessariamente relativo, mas no "entusiasmo" com o qual ela é pensada sobre um plano de imanência absoluto, como uma apresentação do infinito no aqui-agora, que não comporta nada de racional ou mesmo de razoável.[13] O conceito *[97]* libera a imanência de todos os limites que o capital lhe impunha ainda (ou que ela se impunha a si mesma, sob a forma do capital, aparecendo como algo de transcendente). Neste entusiasmo trata-se, todavia, menos de uma separação entre o espectador e o ator, que de uma distinção, na ação mesma, entre os fatores históricos e "a névoa não histórica", entre o estado de coisas e o acontecimento. A título de conceito e como acontecimento, a revolução é autorreferencial ou goza de uma autoposição que se deixa apreender num entusiasmo imanente, sem que nada, nos estados de coisas ou no vivido, possa atenuá-la, sequer as decepções da razão. A revolução é desterritorialização absoluta no ponto mesmo em que esta faz apelo à nova terra, ao novo povo.

A desterritorialização absoluta não existe sem reterritorialização. A filosofia se reterritorializa sobre o conceito. O

---

[13] Immanuel Kant, *O conflito das faculdades*, II, par. 6 (este texto reencontrou toda a sua importância hoje pelos comentários muito diferentes de Foucault, Habermas e Lyotard).

conceito não é objeto, mas território. Não há Objeto, mas um território. Precisamente por isso, ele tem uma forma passada, presente e talvez por vir. A filosofia moderna se reterritorializa sobre a Grécia como forma de seu próprio passado. São os filósofos alemães, sobretudo, que viveram a relação com a Grécia como uma relação pessoal. Mas, justamente, eles se viviam a si mesmos como o avesso ou o contrário dos gregos, o simétrico inverso: os gregos mantinham bem o plano de imanência que eles construíam no entusiasmo e na embriaguez, mas eles precisavam procurar com quais conceitos preenchê--lo, para não recair nas figuras do Oriente; enquanto que nós, nós temos conceitos, nós acreditamos tê-los, depois de tantos séculos de pensamento ocidental, mas não sabemos de modo algum onde colocá-los, porque carecemos de um verdadeiro plano, desviados que somos pela transcendência cristã. Numa palavra, sob sua forma passada, o conceito é o que não era ainda. Nós, hoje, temos os conceitos, mas os gregos não tinham ainda; eles tinham o plano, que nós não temos mais. É por isso que os gregos de Platão *contemplam* o conceito, como algo que está ainda muito longe e acima, enquanto que nós, nós temos o conceito, nós o temos no espírito de uma maneira inata, basta *refletir*. É o que Hölderlin exprimia tão profundamente: o "chão natal" dos gregos é nosso "estrangeiro", o que nós devemos adquirir; enquanto os gregos, ao contrário, *[98]* tinham de adquirir nosso chão natal como seu estrangeiro.[14] Ou então Schelling: os gregos viviam e

[14] Hölderlin: os gregos possuem o grande Plano pânico, que eles partilhavam com o Oriente, mas eles devem adquirir o conceito ou a composição orgânica ocidental; "entre nós, é o contrário" (carta a Böhlendorf, 4 de dezembro de 1801, e os comentários de Jean Beaufret, in Friedrich Hölderlin, *Remarques sur Oedipe*, Paris, UGE/10-18, 1965, pp. 8-11; cf. também Philippe Lacoue-Labarthe, *L'Imitation des modernes*, Paris, Galilée, 1986). Mesmo o texto célebre de Renan sobre o "milagre" grego tem um movimento complexo análogo: o que os gregos tinham por natureza, nós

pensavam na Natureza, mas deixavam o Espírito nos "mistérios", enquanto que nós, nós vivemos, sentimos e pensamos no Espírito, na reflexão, mas deixamos a Natureza num profundo mistério alquímico, que não cessamos de profanar. O autóctone e o estrangeiro não se separam mais como dois personagens distintos, mas se distribuem como um só e mesmo personagem duplo, que se desdobra por sua vez em duas versões, presente e passada: o que era estrangeiro se torna autóctone. Hölderlin conclama, com todas as suas forças, uma "sociedade de amigos" como condição do pensamento, mas é como se esta sociedade tivesse atravessado uma catástrofe que muda a natureza da amizade. Nós nos reterritorializamos entre os gregos, mas em função do que eles não tinham e não eram ainda, de modo que nós os reterritorializamos sobre nós mesmos.

A reterritorialização filosófica tem, pois, também uma forma presente. Pode-se dizer que a filosofia se reterritorializa sobre o Estado democrático moderno e os direitos do homem? Mas, como não há Estado democrático universal, este movimento implica a particularidade de um Estado, de um direito, ou o espírito de um povo, capaz de exprimir os direitos do homem em "seu" Estado, e de desenhar a moderna sociedade de amigos. Com efeito, não é somente o filósofo que tem uma nação, enquanto homem, é a filosofia que se reterritorializa sobre o Estado nacional e o espírito do povo (o mais frequentemente aqueles do filósofo, mas nem sempre). Assim, Nietzsche fundou a geofilosofia, procurando determinar os caracteres nacionais da filosofia francesa, inglesa e alemã. Mas por que três países somente foram coletivamente capazes de produzir filosofia no mundo capitalista? Por que não a Espanha, por que não a Itália? A Itália, nota-

não podemos reencontrá-lo senão pela reflexão, confrontando um esquecimento e um tédio fundamentais; nós não somos mais gregos, nós somos bretões (Ernest Renan, *Souvenirs d'enfance et de jeunesse*, 1883).

Geofilosofia 123

damente, *[99]* apresentava um conjunto de cidades desterritorializadas e uma potência marítima, capazes de renovar as condições de um "milagre", e marcou o começo de uma filosofia inigualável, mas que abortou, e cuja herança passa antes para a Alemanha (com Leibniz e Schelling). Talvez a Espanha fosse por demais submissa à Igreja, e a Itália por demais "próxima" da Santa Sé; o que salvou espiritualmente a Inglaterra e a Alemanha foi talvez a ruptura com o catolicismo, e a França, o galicanismo... À Itália e à Espanha faltava um "meio" para a filosofia, de modo que seus pensadores permaneceram "cometas", e elas estavam dispostas a queimar seus cometas. A Itália e a Espanha foram os dois países ocidentais capazes de desenvolver poderosamente o conceitismo, isto é, o compromisso católico do conceito e da figura, que tinha um grande valor estético, mas mascarava a filosofia, desviava a filosofia para uma retórica e impedia uma plena posse do conceito.

A forma presente se enuncia assim: nós temos os conceitos! Enquanto que os gregos não os "tinham" ainda, e os contemplavam de longe, ou os pressentiam: daí decorre a diferença entre a reminiscência platônica e o inatismo cartesiano ou o *a priori* kantiano. Mas a posse do conceito não parece coincidir com a revolução, o Estado democrático e os direitos do homem. Se é verdade que, na América, a empresa filosófica do pragmatismo, tão subestimada na França, está em continuidade com a revolução democrática e a nova sociedade de irmãos, não ocorre o mesmo com a idade de ouro da filosofia francesa no século XVII, nem com a Inglaterra no século XVIII, nem com a Alemanha no século XIX. Mas isto significa somente que a história dos homens e a história da filosofia não têm o mesmo ritmo. E a filosofia francesa já exige uma república de espíritos e uma capacidade de pensar como "a coisa melhor partilhada", que terminará por se exprimir num cogito revolucionário; a Inglaterra não cessará de refletir sobre sua experiência revolucionária e será a primeira a perguntar por que as revoluções dão errado nos fatos, quando tanto prometem em espírito. A Inglaterra, a América e a França vivem a si mesmas como as três terras dos direitos do homem. Quanto à Alemanha, ela não cessa, de sua parte, de refletir sobre a revolução francesa, como aquilo que ela não pode fazer (faltam-lhe cidades suficientemente desterritorializadas, *[100]* ela sofre o peso de uma hinterlândia, o *Land*). Mas o que ela não pode fazer, ela se dá por tarefa pensar. É sempre em conformidade com o espírito de um povo e sua concepção do direito que a filosofia se reterritorializa no mundo moderno. A história da filosofia é, pois, marcada por caracteres nacionais, ou antes nacionalitários, que são como "opiniões" filosóficas.

EXEMPLO VIII

Se é verdade que nós, homens modernos, temos o conceito, mas perdemos de vista o plano de imanência, o caráter francês em filosofia tem a tendência a se aproveitar desta situação, sustentando os conceitos por uma simples ordem do conhecimento reflexivo, uma ordem de razões, uma "epistemologia". É como o recenseamento das terras habitáveis, civilizáveis, conhecíveis ou conhecidas, que se medem por uma "tomada" de consciência ou cogito, mesmo se o cogito deve tornar-se pré-reflexivo, e esta consciência, não-tética, para cultivar as terras mais ingratas. Os franceses são como proprietários rurais cuja renda é o cogito. Eles são sempre reterritorializados sobre a consciência. A Alemanha, pelo contrário, não renuncia ao absoluto: ela se serve da consciência, mas como de um meio de desterritorialização. Ela quer reconquistar o plano de imanência grego, a terra desconhecida que ela sente

Geofilosofia

agora como sua própria *barbárie*, sua própria *anarquia* deixada aos *nômades* depois da desaparição dos gregos.[15] Também lhe é necessário, sem cessar, limpar e consolidar este solo, isto é, fundar. Uma mania de fundar, de conquistar, inspira esta filosofia; o que os gregos tinham por autoctonia, ela o terá por conquista e fundação, de modo que ela tornará a imanência imanente *a* algo, a seu próprio Ato de filosofar, a sua própria subjetividade *[101]* filosofante (o cogito toma, pois, um sentido inteiramente diferente, já que ele conquista e fixa o solo).

Deste ponto de vista, a Inglaterra é a obsessão da Alemanha; pois os ingleses são precisamente esses nômades que tratam o plano de imanência como um solo móvel e movente, um campo de experiência radical, um mundo em arquipélago onde eles se contentam em plantar suas tendas, de ilha em ilha e sobre o mar. Os ingleses nomadizam sobre a velha terra grega fraturada, fractalizada, estendida a

---

[15] Devemo-nos remeter às primeiras linhas do prefácio da primeira edição da *Crítica da razão pura*: "O *terreno* onde se travam os combates se chama a Metafísica... No início, sob o reino dos dogmáticos, seu poder era despótico. Mas, como sua legislação levava ainda a marca da antiga *barbárie*, esta metafísica cai pouco a pouco, em consequência de guerras intestinas, numa completa *anarquia*, e os céticos, espécies de *nômades* que têm horror de se estabelecer definitivamente sobre uma *terra*, rompiam, de tempos em tempos, o liame social. Todavia, como não eram felizmente senão um pequeno número, eles não puderam impedir seus adversários de tentar sempre novamente, mas de resto sem nenhum *plano* entre eles previamente concertado, restabelecer este liame quebrado...". E sobre *a ilha da fundação*, o grande texto da "Analítica dos princípios", no começo do capítulo III. As Críticas não compõem somente uma "história", mas sobretudo uma geografia da Razão, segundo a qual se distingue um "campo", um "território" e um "domínio" do conceito (*Crítica do juízo*, introdução, par. 2). Jean-Clet Martin fez uma bela análise desta geografia da Razão pura em Kant: *Variations*, no prelo [Paris, Payot, 1993].

todo o universo. Não se pode sequer dizer que eles tenham os conceitos, como os franceses ou os alemães; mas eles os adquirem, não creem senão no adquirido. Não porque tudo viria dos sentidos, mas porque se adquire um conceito habitando, plantando sua tenda, contraindo um hábito. Na trindade Fundar-Construir-Habitar são os franceses que constroem, e os alemães que fundam, mas os ingleses habitam. Basta-lhes uma tenda. Eles forjam para si uma concepção extraordinária do hábito: adquirimos hábitos contemplando, e contraindo o que contemplamos. O hábito é criador. A planta contempla a água, a terra, o azoto, o carbono, os cloros e os sulfatos, e os contrai para adquirir seu próprio conceito, e se sacia com ele (*enjoyment*). O conceito é um hábito adquirido contemplando os elementos dos quais se procede (de onde a grecidade muito especial da filosofia inglesa, seu neoplatonismo empírico), Nós somos todos contemplações, portanto hábitos. *Eu* é um hábito. Há conceito em toda a parte onde há hábito, e os hábitos se fundam e se desfazem sobre o plano de imanência da experiência radical: são "convenções".[16] É por isso que a filosofia inglesa é uma livre e selvagem criação de conceitos. Uma proposição sendo dada, a qual convenção remete ela, qual é o hábito que constitui seu conceito? É a questão do pragmatismo. O direito inglês é de costume ou de convenção, como o francês de contrato (sistema dedutivo), e o alemão de instituição (totalidade orgânica). Quando a filosofia se

---

[16] David Hume, *Traité de la nature humaine*, t. II, Paris, Aubier-Montaigne, 1946, p. 608: "Dois homens que manejam os remos de um barco fazem-no segundo um acordo ou uma convenção, embora jamais tenham feito promessas".

reterritorializa sobre o Estado de direito, o filósofo se torna professor de filosofia, mas o alemão o é por instituição e fundamento, o francês o é por contrato, o inglês não o é senão por convenção.

Se não há Estado democrático universal, malgrado o sonho de fundação da filosofia alemã, é porque a única coisa que é universal no capitalismo é o *[102]* mercado. Por oposição aos impérios arcaicos que operavam sobrecodificações transcendentes, o capitalismo funciona como uma axiomática imanente de fluxos decodificados (fluxo de dinheiro, de trabalho, de produtos...). Os Estados nacionais não são mais paradigmas de sobrecodificação, mas constituem os "modelos de realização" dessa axiomática imanente. Numa axiomática, os modelos não remetem a uma transcendência, ao contrário. É como se a desterritorialização dos Estados moderasse a do capital, e fornecesse a este as reterritorializações compensatórias. Ora, os modelos de realização podem ser muito diversos (democráticos, ditatoriais, totalitários...), podem ser realmente heterogêneos, não são menos isomorfos em relação ao mercado mundial, enquanto este não supõe somente, mas produz desigualdades de desenvolvimento determinantes. É por isso que, como se observou frequentemente, os Estados democráticos são ligados de tal maneira, e comprometidos, com os Estados ditatoriais que a defesa dos direitos do homem deve necessariamente passar pela crítica interna de toda democracia. Todo democrata é também "o outro Tartufo" de Beaumarchais, o Tartufo humanitário como dizia Péguy. Certamente, não há razão para acreditar que não podemos mais pensar depois de Auschwitz, e que somos todos responsáveis pelo nazismo, numa culpabilidade malsã que, aliás, só afetaria as vítimas. Primo Levi diz: não nos obrigarão a tomar as vítimas por algozes. Mas o que o nazismo e os campos nos inspiram, diz ele, é bem mais ou bem menos: "a vergonha de ser um homem" (porque mesmo os sobreviven-

128　　　　　　　　　　　　　　　　　　　　　Filosofia

tes precisaram compactuar, se comprometer...).[17] Não são somente nossos Estados, é cada um de nós, cada democrata, que se acha, não responsável pelo nazismo, mas maculado por ele. Há catástrofe, mas a catástrofe consiste em que a sociedade de irmãos ou de amigos passou por uma tal prova que eles não podem mais se olhar um ao outro, ou cada um a si mesmo, sem uma "fadiga", talvez uma desconfiança, que se tornam movimentos infinitos do pensamento, que não suprimem a amizade, mas lhe dão [103] sua cor moderna, e substituem a simples "rivalidade" dos gregos. Não somos mais gregos, e a amizade não é mais a mesma: Blanchot, Mascolo viram a importância desta mutação para o próprio pensamento.

Os direitos do homem são axiomas: eles podem coexistir no mercado com muitos outros axiomas, especialmente na segurança da propriedade, que os ignoram ou ainda os suspendem, mais do que os contradizem: "a impura mistura ou o impuro lado a lado", dizia Nietzsche. Quem pode manter e gerar a miséria, e a desterritorialização-reterritorialização das favelas, salvo polícias e exércitos poderosos que coexistem com as democracias? Que social-democracia não dá a ordem de atirar quando a miséria sai de seu território ou gueto? Os direitos não salvam nem os homens, nem uma filosofia que se reterritorializa sobre o Estado democrático. Os direitos do homem não nos farão abençoar o capitalismo. E é preciso muita inocência, ou safadeza, a uma filosofia da comunicação que pretende restaurar a sociedade de amigos ou mesmo de sábios, formando uma opinião universal como "consenso" capaz de moralizar as nações, os Estados e o

---

[17] É um sentimento "composto" que Primo Levi descreve assim: vergonha que homens tenham podido fazer isso, vergonha que nós não tenhamos podido impedi-lo, vergonha de ter sobrevivido a isto, vergonha de ter sido envilecido ou diminuído. Cf. Primo Levi, *Les Naufragés et les rescapés*, Paris, Gallimard, 1989 (e, sobre "a zona cinza", "de contornos mal-definidos, que separa e liga ao mesmo tempo os dois campos de senhores e de escravos...", p. 42).

mercado.[18] Os direitos do homem não dizem nada sobre os modos de existência imanentes do homem provido de direitos. E a vergonha de ser um homem, nós não a experimentamos somente nas situações extremas descritas por Primo Levi, mas nas condições insignificantes, ante a baixeza e a vulgaridade da existência que impregnam as democracias, ante a propagação desses modos de existência e de pensamento-para-o-mercado, ante os valores, os ideais e as opiniões de nossa época. A ignomínia das possibilidades de vida que nos são oferecidas aparecem de dentro. Não nos sentimos fora de nossa época, ao contrário, não cessamos de estabelecer com ela compromissos vergonhosos. Este sentimento de vergonha é um dos mais poderosos motivos da filosofia. Não somos responsáveis pelas vítimas, mas diante das vítimas. E não há outro meio senão fazer como o animal (rosnar, escavar o chão, nitrir, convulsionar-se) para escapar ao ignóbil: o pensamento mesmo está por vezes mais próximo de um animal que morre do que de um homem vivo, mesmo democrata.

Se a filosofia se reterritorializa sobre o conceito, ela não [104] encontra sua condição na forma presente do Estado democrático, ou num cogito de comunicação mais duvidoso ainda que o cogito da reflexão. Não nos falta comunicação, ao contrário, nós temos comunicação demais, falta-nos criação. *Falta-nos resistência ao presente.* A criação de conceitos faz apelo por si mesma a uma forma futura, invoca uma nova terra e um povo que não existe ainda. A europeização não constitui um devir, constitui somente a história do capitalismo que impede o devir dos povos sujeitados. A arte e a filosofia juntam-se neste ponto, a constituição de uma terra e de um povo ausentes, como correlato da criação. Não são au-

[18] Sobre a crítica da "opinião democrática", seu modelo americano, e as mistificações dos direitos do homem ou do Estado de direito internacional, uma das mais fortes análises é a de Michel Butel, em *L'Autre Journal*, n° 10, mar. 1991, pp. 21-5.

tores populistas, mas os mais aristocráticos que exigem esse porvir. Esse povo e essa terra não serão reencontrados em nossas democracias. As democracias são maiorias, mas um devir é por natureza o que se subtrai sempre à maioria. É uma posição complexa, ambígua, a de muitos autores com relação à democracia. O caso Heidegger veio complicar as coisas: foi necessário que um grande filósofo se reterritorializasse efetivamente sobre o nazismo, para que os comentários mais estranhos se cruzassem, ora para pôr em causa sua filosofia, ora para absolvê-la em nome de argumentos tão complicados e alambicados que nos deixam perturbados. Nem sempre é fácil ser heideggeriano. Ter-se-ia compreendido melhor que um grande pintor, um grande músico caíssem assim na vergonha (mas justamente eles não o fizeram). Precisou ter sido um filósofo, como se a vergonha devesse entrar na própria filosofia. Ele quis reencontrar os gregos pelos alemães, no pior momento de sua história: que há de pior, dizia Nietzsche, do que se encontrar ante um alemão quando se esperava um grego? Como os conceitos (de Heidegger) não seriam intrinsecamente maculados por uma reterritorialização abjeta? A menos que todos os conceitos comportem esta zona cinza e de indiscernibilidade, onde os lutadores se confundem um instante sobre o solo, e onde o olho cansado do pensador toma um pelo outro: não somente o alemão por um grego, mas o fascista por um criador de existência e de liberdade. Heidegger se perdeu nos caminhos da reterritorialização, pois são caminhos sem baliza nem parapeito. Talvez este rigoroso professor fosse mais louco do que parecia. Ele se enganou de povo, de terra, de sangue. Pois a raça invocada pela arte ou a filosofia *[105]* não é a que se pretende pura, mas uma raça oprimida, bastarda, inferior, anárquica, nômade, irremediavelmente menor — aqueles que Kant excluía das vias da nova Crítica... Artaud dizia: escrever *para* os analfabetos — falar para os afásicos, pensar para os acéfalos. Mas que significa "para"? Não é "com vistas a...". Nem mesmo "em lugar de...". É "diante". É uma questão de devir. O pensador não é acéfalo, afásico ou analfabeto, mas se torna. Torna-se índio, não para de se tornar, talvez "para que" o índio, que é índio, se torne ele mesmo outra coisa e possa escapar a sua agonia. Pensamos e escrevemos para os animais. Tornamo--nos animal, para que o animal também se torne outra coisa. A agonia de um rato ou a execução de um bezerro permanecem presentes no pensamento, não por piedade, mas como a zona de troca entre o homem e o animal, em que algo de um passa ao outro. É a relação constitutiva da filosofia com a não-filosofia. O devir é sempre duplo, e é este duplo devir que constitui o povo por vir e a nova terra. O filósofo deve tornar-se não filósofo, para que a não-filosofia se torne a terra e o povo da filosofia. Mesmo um filósofo tão bem considerado como o bispo Berkeley não para de dizer: nós, os irlandeses, o populacho... O povo é interior ao pensador, porque é um "devir-povo", na medida em que o pensador é interior ao povo, como devir não menos ilimitado. O artista ou o filósofo são bem incapazes de criar um povo, só podem invocá-lo, com todas as suas forças. Um povo só pode ser criado em sofrimentos abomináveis, e tampouco pode cuidar de arte ou de filosofia. Mas os livros de filosofia e as obras de arte contêm também sua soma inimaginável de sofrimento que faz pressentir o advento de um povo. Eles têm em comum resistir, resistir à morte, à servidão, ao intolerável, à vergonha, ao presente.

A desterritorialização e a reterritorialização se cruzam no duplo devir. Não se pode mais distinguir o autóctone e o estrangeiro, porque o estrangeiro se torna autóctone no outro que não o é, ao mesmo tempo que o autóctone se torna estrangeiro a si mesmo, a sua própria classe, a sua própria nação, a sua própria língua: nós falamos a mesma língua, e todavia eu não entendo você... Tornar-se estrangeiro a si mesmo, e a sua própria língua e nação, não é próprio do filósofo *[106]* e da filosofia, seu "estilo", o que se chama um galimatias filosófico? *Em resumo, a filosofia se reterritorializa três vezes*, uma vez no passado sobre os gregos, uma vez no presente sobre o Estado democrático, uma vez no porvir sobre o novo povo e a nova terra. Os gregos e os democratas se deformam singularmente neste espelho do porvir.

A utopia não é um bom conceito porque, mesmo quando se opõe à História, refere-se a ela ainda e se inscreve nela, como um ideal ou como uma motivação. Mas o devir é o próprio conceito. Nasce na História, e nela recai, mas não pertence a ela. Não tem em si mesmo nem início nem fim, mas somente um meio. Assim, é mais geográfico que histórico. Tais são as revoluções e as sociedades de amigos, sociedades de resistência, pois criar é resistir: puros devires, puros acontecimentos sobre um plano de imanência. O que a História capta do acontecimento é sua efetuação em estados de coisas ou no vivido, mas o acontecimento em seu devir, em sua consistência própria, em sua autoposição como conceito, escapa à História. Os tipos psicossociais são históricos, mas os personagens conceituais são acontecimentos. Ora envelhecemos segundo a História, e com ela, ora nos tornamos velhos num acontecimento muito discreto (talvez o mesmo acontecimento que permite colocar o problema "o que é a filosofia?"). E é a mesma coisa para os que morrem jovens, há muitas maneiras de morrer assim. Pensar é experimentar, mas a experimentação é sempre o que se está fazendo — o novo, o notável, o interessante, que substituem a aparência de verdade e que são mais exigentes que ela. O que se está fazendo não é o que acaba, mas menos ainda o que começa. A história não é experimentação, ela é somente o conjunto das condições quase negativas que tornam possível a experimentação de algo que escapa à história. Sem história, a experimentação permaneceria indeterminada, incondicionada, mas a experimentação não é histórica, ela é filosófica.

Geofilosofia   133

EXEMPLO IX

É num grande livro de filosofia que Péguy explica que há duas maneiras de considerar o acontecimento, uma que consiste em passar ao longo do acontecimento, em recolher sua efetuação na história, o condicionamento e o apodrecimento na história, mas a outra em remontar ao acontecimento, em instalar-se *[107]* nele como num devir, em rejuvenescer e em envelhecer nele de uma só vez, em passar por todos os seus componentes ou singularidades. Pode ser que nada mude ou pareça mudar na história, mas tudo muda no acontecimento, e nós mudamos no acontecimento: "Não houve nada. E um problema do qual não se via o fim, um problema sem saída... de repente não existe mais e perguntamos de que falávamos"; ele passou a outros problemas; "nada houve e estávamos num novo povo, num novo mundo, num novo homem".[19] Não é mais o histórico, nem é o eterno, diz Péguy, é o *Internal*. Eis um nome que Péguy precisou criar para designar um novo conceito, e os componentes, as intensidades deste conceito. E não é algo de semelhante que um pensador, distante de Péguy, tinha designado pelo nome *Intempestivo* ou *Inatual*: a névoa não histórica que nada tem a ver com o eterno, o devir sem o qual nada se faria na história, mas não se confunde com ela. Por sob os gregos e os Estados, ele lança um povo, uma terra, como a flecha e o disco de um novo mundo que não acaba, sempre se fazendo: "agir contra o tempo, e assim sobre o tempo, em favor (eu espero) de um tempo por vir". Agir

[19] Charles Péguy, *Clio*, Paris, Gallimard, 1932, pp. 266-9.

contra o passado, e assim sobre o presente, em favor (eu espero) de um porvir — mas o porvir não é um futuro da história, mesmo utópico, é o infinito Agora, o *Nûn* que Platão já distinguia de todo presente, o Intensivo ou o Intempestivo, não um instante, mas um devir. Não é ainda o que Foucault chamava de *Atual*? Mas como o conceito receberia agora o nome de atual, enquanto Nietzsche o chamava de inatual? É que, para Foucault, o que conta é a diferença do presente e do atual. O novo, o interessante, é o atual. O atual não é o que somos, mas antes o que nos tornamos, o que estamos nos tornando, isto é, o Outro, nosso devir-outro. O presente, ao contrário, é o que somos e, por isso mesmo, o que já deixamos de ser. Devemos distinguir não somente a parte do passado e a do presente, mas, mais profundamente, a do presente e a do atual.[20] Não que o atual seja a prefiguração, mesmo utópica, de um porvir de nossa história, mas ele é o agora de nosso devir. Quando Foucault admira Kant por ter colocado o problema da filosofia não remetendo ao eterno mas remetendo ao Agora, ele quer dizer que a filosofia não tem como objeto *[108]* contemplar o eterno, nem refletir a história, mas diagnosticar nossos devires atuais: um devir-revolucionário que, segundo o próprio Kant, não se confunde com o passado, o presente nem o porvir das revoluções. Um devir-democrático que não se confunde com o que são os Estados de direito, ou mesmo um devir-grego que não se confunde com o que foram os gregos. *Diagnosticar* os devires, em cada presente que passa, é o que Nietzsche atribuía ao fi-

---

[20] Michel Foucault, *Archéologie du savoir*, Paris, Gallimard, 1969, p. 172.

lósofo como médico, "médico da civilização" ou inventor de novos modos de existência imanentes. A filosofia eterna, mas também a história da filosofia, cedem lugar a um devir-filosófico. Que devires nos atravessam hoje, que recaem na história, mas que dela não provêm, ou antes, que só vêm dela para dela sair? O Internal, o Intempestivo, o Atual, eis exemplos de conceitos em filosofia; conceitos exemplares... E se um chama Atual o que o outro chamava de Inatual, é somente em virtude de uma cifra do conceito, em virtude de suas proximidades e componentes, cujos ligeiros deslocamentos podem engendrar, como dizia Péguy, a modificação de um problema (o Temporalmente-Eterno em Péguy, a Eternidade do devir segundo Nietzsche, o Fora-Interior com Foucault).

II
FILOSOFIA,
CIÊNCIA LÓGICA E ARTE

5.
FUNCTIVOS E CONCEITOS
[111]

A ciência não tem por objeto conceitos, mas funções que se apresentam como proposições nos sistemas discursivos. Os elementos das funções se chamam *functivos*. Uma noção científica é determinada não por conceitos, mas por funções ou proposições. É uma ideia muito variada, muito complexa, como se pode ver já no uso que dela fazem respectivamente a matemática e a biologia; porém, é essa ideia de função que permite às ciências refletir e comunicar. A ciência não tem nenhuma necessidade da filosofia para essas tarefas. Em contrapartida, quando um objeto é cientificamente construído por funções, por exemplo um espaço geométrico, resta buscar seu conceito filosófico que não é de maneira alguma dado na função. Mais ainda, um conceito pode tomar por componentes os functivos de toda função possível, sem por isso ter o menor valor científico, mas com a finalidade de marcar as diferenças de natureza entre conceitos e funções.

Sob estas condições, a primeira diferença está na atitude respectiva da ciência e da filosofia com relação ao caos. Define-se o caos menos por sua desordem que pela velocidade infinita com a qual se dissipa toda forma que nele se esboça. É um vazio que não é um nada, mas um *virtual*, contendo todas as partículas possíveis e suscitando todas as formas possíveis que surgem para desaparecer logo em seguida, sem consistência nem referência, sem consequência.[1] É uma velocida-

---

[1] Ilya Prigogine e Isabelle Stengers, *Entre le temps et l'éternité*, Pa-

de *[112]* infinita de nascimento e de esvanescimento. Ora, a filosofia pergunta como guardar as velocidades infinitas, ganhando ao mesmo tempo consistência, dando *uma consistência própria ao virtual*. O crivo filosófico, como plano de imanência que recorta o caos, seleciona movimentos infinitos do pensamento e se mobilia com conceitos formados como partículas consistentes que se movimentam tão rápido como o pensamento. A ciência tem uma maneira inteiramente diferente de abordar o caos, quase inversa: ela renuncia ao infinito, à velocidade infinita, para ganhar *uma referência capaz de atualizar o virtual*. Guardando o infinito, a filosofia dá uma consistência ao virtual por conceitos; renunciando ao infinito, a ciência dá ao virtual uma referência que o atualiza, por funções. A filosofia procede por um plano de imanência ou de consistência; a ciência, por um plano de referência. No caso da ciência, é como uma parada da imagem. É uma fantástica *desaceleração*,* e é por desaceleração que a matéria se atualiza, como também o pensamento científico, capaz de penetrá-la por proposições. Uma função é uma Desacelerada. Certamente, a ciência não cessa de promover acelerações, não somente nas catálises, mas nos aceleradores de partículas, nas expansões que distanciam as galáxias. Estes fenômenos, contudo, não encontram na desaceleração primordial um instante-zero com o qual rompem, mas antes uma condição coextensiva a seu desenvolvimento integral. Desacelerar é colocar um limite no caos, sob o qual todas as velocidades passam, de modo que formam uma variável determinada como abcissa, ao mesmo tempo que o limite forma uma constante

---

ris, Fayard, 1988, pp. 162-3 (os autores tomam o exemplo da cristalização de um líquido superfundido, líquido a uma temperatura inferior a sua temperatura de cristalização: "Num tal líquido formam-se pequenos germes de cristais, mas estes germes aparecem e depois se dissolvem sem gerar consequências.").

* No original, *ralentissement*. (N. dos T.)

universal que não se pode ultrapassar (por exemplo, um máximo de contração). Os primeiros functivos são, pois, o limite e a variável, e a referência é uma relação entre valores da variável ou, mais profundamente, a relação da variável, como abcissa das velocidades, com o limite.

Acontece que a constante-limite aparece ela própria como uma relação no conjunto do universo, ao qual todas as partes são submetidas sob uma condição finita (quantidade de movimento, de força, de energia...). Ainda é preciso que sistemas de coordenadas existam, aos quais remetem os termos da relação: é, pois, um segundo sentido do limite, um enquadramento externo ou uma exorreferência. Pois os protolimites, fora de todas as coordenadas, geram de início abcissas de velocidades sobre as quais se erguerão os eixos coordenáveis. Uma partícula [113] terá uma posição, uma energia, uma massa, um valor de spin, mas sob a condição de receber uma existência ou uma atualidade física, ou de "aterrissar" nas trajetórias que os sistemas de coordenadas poderão captar. São esses limites primeiros que constituem a desaceleração no caos ou o limiar de suspensão do infinito, que servem de endorreferência e operam uma contagem: não são relações, mas números, e toda a teoria das funções depende de números. Invocar-se-á a velocidade da luz, o zero absoluto, o quantum de ação, o Big Bang: o zero absoluto das temperaturas é de -273,15 graus; a velocidade da luz, 299.796 km/s, lá onde os comprimentos se contraem a zero e onde os relógios param. Tais limites só valem pelo valor empírico que eles assumem apenas no sistema de coordenadas, agem de início como a condição de desaceleração primordial, que se estende com relação ao infinito sobre toda a escala das velocidades correspondentes, sobre suas acelerações ou desacelerações condicionadas. E não é somente a diversidade desses limites que autoriza duvidar da vocação unitária da ciência; é cada um, com efeito, que gera por sua conta sistemas de coordenadas heterogêneas irredutíveis, e impõe limiares de descontinuidade, segundo a proximidade ou o distanciamento da variável (por exemplo, o distanciamento das galáxias). A ciência não é impregnada por sua própria unidade, mas pelo plano de referência constituído por todos os limites ou bordas sob as quais ela enfrenta o caos. São estas bordas que dão ao plano suas referências; quanto aos sistemas de coordenadas, eles povoam ou mobiliam o próprio plano de referência.

EXEMPLO X

É difícil compreender como o limite corrói imediatamente o infinito, o ilimitado. E todavia não é a coisa limitada que impõe um limite ao infinito, é o limite que torna possível uma coisa limitada. Pitágoras, Anaximandro, Platão mesmo o pensaram: um corpo a corpo do limite com o infinito, de onde sairão as coisas. Todo limite é ilusório, e toda determinação é negação, se a determinação não está numa relação imediata com o indeterminado. A teoria da ciência e das funções depende disso. Mais tarde, é Cantor quem dá à teoria suas fórmulas matemáticas, de um duplo ponto de vista, intrínseco e extrínseco. Segundo *[114]* o primeiro, um conjunto é dito infinito se apresenta uma correspondência termo a termo com uma de suas partes ou subconjuntos, o conjunto e o subconjunto tendo a mesma potência ou o mesmo número de elementos designáveis por "alef 0": assim ocorre com o conjunto dos números inteiros. De acordo com a segunda determinação, o conjunto dos subconjuntos de um conjunto dado é necessariamente maior que o conjunto de partida: o conjunto dos alef 0 subconjuntos remete pois a um outro número transfinito, alef 1, que possui a potência do contínuo ou corresponde ao conjunto dos números reais (continua-se em seguida com alef 2, etc.). Ora, é estranho que se tenha tão frequentemente visto nesta concepção uma reintrodução do infinito na matemática: é antes a extrema consequência da definição do limite por um número, este sendo o primeiro número inteiro que segue todos os números inteiros finitos dos quais nenhum é máximo. O que a teoria dos conjuntos faz é inscrever o limite no infinito mesmo, sem o que não haveria jamais limite: em sua severa hierarquização, ela instaura uma desaceleração, ou antes, como diz o próprio Cantor, uma parada, um "princípio de parada" segundo o qual só se cria um novo número inteiro "se a reunião de todos os números precedentes tem a potência de uma classe de números definida, já dada em toda a sua extensão".[2] Sem este princípio de parada ou de desaceleração, haveria um conjunto de todos os conjuntos, que Cantor já recusa, e que não poderia ser senão o caos, como o mostra Russell. A teoria dos conjuntos é a constituição de um plano de referência, que não comporta somente uma *endorreferência* (determinação intrínseca de um conjunto infinito), mas já uma *exorreferência* (determinação extrínseca). Malgrado o esforço explícito de Cantor para reunir o conceito filosófico e a função científica, a diferença característica subsiste, já que um se desenvolve sobre um plano de imanência ou de consistência sem referência, mas a outra sobre um plano de referência desprovido de consistência (Gödel).

[2] Georg Cantor, "Fondements d'une théorie générale des ensembles" (1883), *Cahiers pour l'Analyse*, nº 10, Paris, 1969. Desde o começo do texto Cantor invoca o Limite platônico.

Quando o limite gera, pela desaceleração, uma abcissa das velocidades, as formas virtuais do caos tendem a se atualizar segundo uma ordenada. E certamente o plano de referência opera já uma pré-seleção que emparelha as formas aos limites, ou mesmo às regiões de abcissas consideradas. Mas as formas não deixam de *[115]* constituir variáveis independentes daquelas que se deslocam na abcissa. É muito diferente do conceito filosófico: as ordenadas intensivas não designam mais componentes inseparáveis aglomerados no conceito enquanto sobrevoo absoluto (variações), mas determinações distintas que devem emparelhar-se, numa formação discursiva, com outras determinações tomadas em extensão (variáveis). As ordenadas intensivas de formas devem se coordenar às abcissas extensivas de velocidade, de tal maneira que as velocidades de desenvolvimento e a atualização das formas se remetam umas às outras, como determinações distintas, extrínsecas.[3] É sob este segundo aspecto que o limite é agora a origem de um sistema de coordenadas composto de duas variáveis independentes ao menos; mas estas entram numa relação da qual depende uma terceira variável, a título de estado de coisas ou de matéria formada no sistema (tais estados de coisas podem ser matemáticos, físicos, biológicos...). É bem o novo sentido da referência como forma da proposição, a relação de um estado de coisas ao sistema. O estado de coisas é uma função: é uma variável complexa que depende de uma relação entre duas variáveis independentes ao menos.

A independência respectiva das variáveis aparece na matemática quando uma está numa potência mais elevada que a primeira. É por isso que Hegel mostra que a variabilidade na

---

[3] Sobre a instauração das coordenadas por Nicolau Oresmo, as ordenadas intensivas e seu relacionamento com linhas extensivas, cf. Pierre Duhem, *Le Système du monde*, t. VII, Paris, Hermann, cap. 6. E Gilles Châtelet, "La toile, le spectre, le pendule", *Les Enjeux du mobile*, no prelo [Paris, Seuil, 1993]: sobre a associação de um "espectro contínuo e de uma sequência discreta" e os diagramas de Oresmo.

função não se contenta com valores que se pode mudar ($2/3$ e $4/6$) nem com que se os deixe indeterminados ($a=2b$), mas exige que uma das variáveis esteja numa potência superior ($y^2/_x=P$). Pois é então que uma relação pode ser diretamente determinada como relação diferencial $dy/_{dx}$, sob a qual o valor das variáveis não tem mais outra determinação senão evanescer-se ou nascer, embora ele seja extraído das velocidades infinitas. De uma *[116]* tal relação depende um estado de coisas ou uma função "derivada": fez-se uma operação de despotenciação que permite comparar potências distintas, a partir das quais poderão mesmo desenvolver-se uma coisa ou um corpo (integração).[4] Em geral, um estado de coisas não atualiza um virtual caótico sem lhe emprestar um *potencial* que se distribui no sistema de coordenadas. Ele recolhe, no virtual que atualiza, um potencial de que se apropria. O sistema mais fechado tem ainda um fio que sobe até o virtual, e de onde desce a aranha. Mas a questão de saber se o potencial pode ser recriado no atual, se pode ser renovado e alargado, permite distinguir mais estritamente os estados de coisas, as coisas e os corpos. Quando passamos do estado de coisas para a *coisa* mesma, vemos que uma coisa se relaciona sempre, ao mesmo tempo, a muitos eixos, segundo variáveis que são funções umas das outras, mesmo se a unidade interna permanece indeterminada. Mas, quando a coisa passa, ela mesma, por mudanças de coordenadas, ela se torna, falando propriamente, um *corpo*, e a função não toma por referência o limite e a variável, mas antes um invariante e um grupo de transformações (o corpo euclidiano da geometria, por exemplo, será constituído por invariantes em relação ao grupo dos movimentos). O "corpo", com efeito, não é aqui uma especialidade biológica, e encontra uma determinação

---

[4] G. W. F. Hegel, *Science de la logique*, t. II, Paris, Aubier-Montaigne, p. 277 (e sobre as operações de despotenciação e de potenciação da função segundo Lagrange).

matemática a partir de um mínimo absoluto, representado pelos números racionais, operando extensões independentes deste corpo de base, que limitam cada vez mais as substituições possíveis até uma perfeita individuação. A diferença entre o corpo e o estado das coisas (ou da coisa) diz respeito à individuação do corpo, que procede por uma cascata de atualizações. Com os corpos, a relação entre variáveis independentes completa suficientemente sua razão, sob a condição de se prover de um potencial ou de uma potência que lhe renova a individuação. Notadamente, quando o corpo é um vivente, que procede por diferenciação e não mais por extensão ou adjunção, é ainda um novo tipo de variáveis que surge, variáveis internas, determinando funções propriamente biológicas em relação com meios interiores (endorreferência), mas também entrando em funções [117] probabilísticas com as variáveis externas do meio exterior (exorreferência).[5]

Encontramo-nos, pois, ante uma nova sequência de functivos, sistemas de coordenadas, potenciais, estados de coisas, coisas, corpos. Os estados de coisas são misturas ordenadas, de tipos muito diversos, que podem mesmo não concernir senão a trajetórias. Mas as coisas são interações, e os corpos, comunicações. Os estados de coisas remetem às coordenadas geométricas de sistemas supostos como fechados, as coisas, às coordenadas energéticas de sistemas acoplados, os corpos, às coordenadas informáticas de sistemas separados, não ligados. A história das ciências é inseparável da construção de eixos, de sua natureza, de suas dimensões, de sua proliferação. A ciência não opera nenhuma unificação do Referente, mas todas as espécies de bifurcações sobre um plano de referência que não preexiste a seus desvios ou a seu traçado. É

---

[5] Pierre Vendryès, *Déterminisme et autonomie*, Paris, Armand Colin, 1956. O interesse dos trabalhos de Vendryès não reside numa matematização da biologia, mas antes numa homogeneização da função matemática e da função biológica.

Filosofia, ciência lógica e arte

como se a bifurcação fosse procurar, no infinito caos do virtual, novas formas por atualizar, operando uma espécie de potenciação da matéria: o carbono introduz, na tabela de Mendeleiev, uma bifurcação que faz dele, por suas propriedades plásticas, o estado de uma matéria orgânica. O problema da unidade ou da multiplicidade da ciência não deve, pois, ser colocado em função de um sistema de coordenadas eventualmente único num momento dado; como para o plano de imanência em filosofia, é preciso perguntar qual estatuto tomam o antes e o depois, simultaneamente, sobre um plano de referência de dimensão e evolução temporais. Há um só ou vários planos de referência? A resposta só será a mesma para o plano de imanência filosófico, suas camadas ou suas folhas superpostas. É que a referência, implicando uma renúncia ao infinito, só pode montar cadeias de functivos que se quebram necessariamente em certo momento. As bifurcações, as desacelerações e acelerações produzem buracos, cortes e rupturas, que remetem a outras variáveis, outras relações e outras referências. Segundo exemplos sumários, diz-se que o número fracionário rompe com o número inteiro, o número irracional, com os racionais, a geometria riemanniana, com a euclidiana. *[118]* Mas noutro sentido simultâneo, do depois ao antes, o número inteiro aparece como um caso particular de número fracionário, ou o racional, um caso particular de "corte" num conjunto linear de pontos. É verdade que este processo unificante, que opera no sentido retroativo, faz intervir necessariamente outras referências, cujas variáveis são submetidas não somente a condições de restrição para dar o caso particular, mas em si mesmas, a novas rupturas e bifurcações que mudarão suas próprias referências. É o que acontece quando se deriva Newton de Einstein, ou então os números reais da ruptura, ou a geometria euclidiana de uma geometria métrica abstrata. O que é o mesmo que dizer, com Kuhn, que a ciência é *paradigmática*, enquanto que a filosofia é sintagmática.

Functivos e conceitos

Como a filosofia, a ciência não se satisfaz com uma sucessão temporal linear. Mas, em lugar de um tempo estratigráfico, que exprime o antes e o depois numa ordem de superposições, a ciência desdobra um tempo propriamente serial, ramificado, em que o antes (o precedente) designa sempre bifurcações e rupturas por vir, e depois, reencadeamentos retroativos: de onde um ritmo inteiramente diferente do progresso científico. E os nomes próprios dos cientistas se escrevem neste outro tempo, este outro elemento, marcando os pontos de ruptura e os pontos de reencadeamento. Certamente, é sempre possível, e por vezes frutífero, interpretar a história da filosofia segundo este ritmo científico. Mas dizer que Kant rompe com Descartes, e que o cogito cartesiano se torna um caso particular do cogito kantiano, não é plenamente satisfatório, já que precisamente é fazer da filosofia uma ciência. (Inversamente, não seria mais satisfatório estabelecer entre Newton e Einstein uma ordem de superposição.) Longe de nos fazer repassar pelos mesmos componentes, o nome próprio do cientista tem por função evitar que façamos isso, e persuadir-nos de que não se trata de percorrer novamente um trajeto já percorrido: não passamos por uma equação nomeada, servimo-nos dela. Longe de distribuir pontos cardeais, que organizam os sintagmas sobre um plano de imanência, o nome próprio do cientista edifica paradigmas, que se projetam nos sistemas de referências necessariamente orientados. Finalmente, o que é problemático é menos a relação da ciência com a filosofia do que a relação ainda mais passional da ciência com a religião, como se vê [119] em todas as tentativas de uniformização e de universalização científicas, à procura de uma lei única, de uma força única, de uma única interação. O que aproxima a ciência da religião é que os functivos não são conceitos, mas figuras, que se definem por uma tensão espiritual mais que por uma intuição espacial. Há algo de figural nos functivos, que forma uma *ideografia* própria à ciência, e que faz já da visão uma leitura. Mas o que não cessa de reafirmar a oposição da ciência a toda religião e, ao mesmo tempo, de tornar felizmente impossível a unificação da ciência é a substituição de toda transcendência pela referência, é a correspondência funcional do paradigma com um sistema de referência, que proíbe todo uso infinito religioso da figura, determinando uma maneira exclusivamente científica pela qual esta deve ser *construída, vista e lida*, por functivos.[6]

A primeira diferença entre a filosofia e a ciência reside no pressuposto respectivo do conceito e da função: aqui um plano de imanência ou de consistência, lá um plano de referência. O plano de referência é, ao mesmo tempo, uno e múltiplo, mas de uma maneira diferente da do plano de imanência. A segunda diferença concerne mais diretamente ao conceito e à função: a inseparabilidade das variações é o próprio do conceito incondicionado, ao passo que a independência das variáveis, em relações condicionáveis, pertence à função. Num caso, temos um conjunto de *variações inseparáveis* sob "uma razão contingente" que constitui o conceito de variações; no outro caso, um conjunto de *variáveis independentes* sob uma "razão necessária" que constitui a função das variáveis. É por isso que, deste último ponto de vista, a teoria das funções apresenta dois polos, no caso de n variáveis serem dadas, uma talvez considerada como função de n-1 variáveis independentes, com n-1 derivadas parciais e uma diferencial total da função; ou, no caso de n-1 grandezas serem, ao contrário, funções de uma mesma variável independente, sem diferencial total da função composta. Da mesma forma, o

---

[6] Sobre o sentido que toma a palavra *figura* (ou imagem, *Bild*) numa teoria das funções, cf. a análise de Vuillemin a propósito de Riemann: na projeção de uma função complexa, a figura "dá a ver o curso da função e suas diferentes afecções", "faz ver imediatamente a correspondência funcional" da variável e da função (Jules Vuillemin, *La Philosophie de l'algèbre*, Paris, PUF, 1962, pp. 320-6).

problema das tangentes (diferenciação) mobiliza *[120]* tantas variáveis quantas curvas há, e a derivada, para cada uma, é a tangente qualquer num ponto qualquer; mas o problema inverso das tangentes (integração) não considera mais que uma variável única, que é a própria curva tangente a todas as curvas de mesma ordenada, sob a condição de uma mudança de coordenadas.[7] Uma dualidade análoga concerne à descrição dinâmica de um sistema de n partículas independentes: o estado instantâneo pode ser representado por n pontos e n vetores de velocidade num espaço de três dimensões, mas também por um único ponto num espaço de fases.

Dir-se-ia que a ciência e a filosofia seguem duas vias opostas, porque os conceitos filosóficos têm por consistência acontecimentos, ao passo que as funções científicas têm por referência estados de coisas ou misturas: a filosofia não para de extrair, por conceitos, do estado de coisas, um acontecimento consistente, de algum modo um sorriso sem gato, ao passo que a ciência não cessa de atualizar, por funções, o acontecimento num estado de coisas, uma coisa ou um corpo referíveis. Deste ponto de vista, os Pré-Socráticos detinham já o essencial de uma determinação da ciência, válida até nossos dias, quando faziam da física uma teoria das misturas e de seus diferentes tipos.[8] E os Estoicos levarão ao mais

---

[7] Gottfried Leibniz, *D'une ligne issue de lignes*, e *Nouvelle application du calcul* (trad. fr. *Oeuvre concernant le calcul infinitésimal*, Paris, Blanchard, 1983). Estes textos de Leibniz são considerados como bases da teoria das funções.

[8] Tendo descrito a "mistura íntima" das trajetórias de tipos diferentes em toda região do espaço de fases de um sistema de estabilidade fraca, Prigogine e Stengers concluem: "Pode-se pensar numa situação familiar, a dos números sobre o eixo em que cada racional está cercado de irracionais, e cada irracional, de racionais. Pode-se igualmente pensar na maneira pela qual Anaxágoras [mostra como] toda coisa contém em todas as suas partes, até as mais ínfimas, uma multiplicidade infinita de germes qualitativamente diferentes intimamente misturados" (*La Nouvelle alliance*, Paris, Gallimard, 1979, p. 241).

alto ponto a distinção fundamental entre os estados de coisas ou misturas de corpos nas quais se atualiza o acontecimento, e os acontecimentos incorporais, que se elevam como uma fumaça dos próprios estados de coisas. É, pois, por duas características ligadas que o conceito filosófico e a função científica se distinguem: variações inseparáveis, variáveis independentes; acontecimentos sobre um plano de imanência, estados de coisas num sistema de referência (disso decorre o estatuto das ordenadas intensivas, diferentes nos dois casos, já que *[121]* são os componentes interiores do conceito, mas são somente coordenadas às abcissas extensivas nas funções, quando a variação não é mais que um estado de variável). *Os conceitos e as funções se apresentam assim como dois tipos de multiplicidades ou variedades que diferem em natureza.* E, embora os tipos de multiplicidades científicos tenham por si mesmos uma grande diversidade, eles deixam de fora as multiplicidades propriamente filosóficas, para as quais Bergson exigia um estatuto particular definido pela duração, "multiplicidade de fusão" que exprimia a inseparabilidade das variações, por oposição às multiplicidades de espaço, número e tempo, que ordenavam misturas e remetiam à variável ou às variáveis independentes.[9] É verdade que esta oposição mesma, entre as multiplicidades científicas e filosóficas, discursivas e intuitivas, extensionais e intensivas, está apta a julgar também a correspondência entre a ciência e a filosofia, sua eventual colaboração, sua mútua inspiração.

[9] A teoria das duas espécies de "multiplicidades" aparece em Bergson desde *Les Données immédiates*, cap. II: as multiplicidades de consciência se definem pela "fusão", a "penetração", termos que se encontra igualmente em Husserl desde a *Filosofia da aritmética*. A semelhança entre os dois autores é extrema com relação a isto. Bergson não cessará de definir o objeto da ciência por mistos de espaço-tempo, e seu ato principal pela tendência a tomar o tempo como "variável independente", ao passo que a duração, no outro polo, passa por todas as variações.

Functivos e conceitos

Há enfim uma terceira grande diferença, que não concerne mais ao pressuposto respectivo nem ao elemento como conceito ou como função, mas ao *modo de enunciação*. Com certeza, há tanta experimentação como experiência do pensamento em filosofia quanto na ciência, e nos dois casos a experiência pode ser perturbadora, estando próxima do caos. Mas também há tanta criação em ciência quanto na filosofia ou nas artes. Nenhuma criação existe sem experiência. Quaisquer que sejam as diferenças entre a linguagem científica, a linguagem filosófica e suas relações com as línguas ditas naturais, os functivos (entre eles os eixos de coordenadas) não preexistem inteiramente prontos, não mais que os conceitos; Granger pôde mostrar que "estilos", que remetem a nomes próprios, estavam presentes nos sistemas científicos, não como determinação extrínseca, mas pelo menos como dimensão de sua criação e mesmo em contato com uma experiência ou um vivido.[10] As *[122]* coordenadas, as funções e equações, as leis, os fenômenos ou efeitos permanecem ligados a nomes próprios, como uma doença permanece designada pelo nome do médico que soube isolá-la, agrupar ou reagrupar os signos variáveis. Ver, ver o que se passa, teve sempre uma importância essencial, maior que as demonstrações, mesmo na matemática pura, que pode ser dita visual, figural, independentemente de suas aplicações: muitos matemáticos pensam hoje que um computador é mais precioso que uma axiomática, e o estudo das funções não lineares passa por demoras e acelerações em séries de números observáveis. Que a ciência seja discursiva não significa, de maneira alguma, que ela seja dedutiva. Ao contrário, em suas bifurcações, ela passa por muitas catástrofes, rupturas e reencadeamentos, marcados por nomes próprios. Se a ciência guarda, com a filoso-

[10] Gilles-Gaston Granger, *Essai d'une philosophie du style*, Paris, Odile Jacob, 1988, pp. 10-1 e 102-5.

fia, uma diferença impossível de apagar, é que os nomes próprios marcam, num caso, uma justaposição de referência e, no outro, uma superposição de folhas: elas se opõem por todas as características das referências e da consistência. Mas a filosofia e a ciência comportam dois lados (como a arte ela mesma, com seu terceiro lado), um *eu não sei* tornado positivo e criador, condição da criação mesma, e que consiste em determinar *pelo* que não se sabe — como dizia Galois: "indicar a marcha dos cálculos e prever os resultados, sem jamais poder efetuá-los".[11]

É que nós nos remetemos a um outro aspecto da enunciação, que não se endereça mais ao nome próprio de um cientista ou de um filósofo, mas a seus intercessores ideais, interiores aos domínios considerados: vimos precedentemente o papel filosófico dos *personagens conceituais*, com relação aos conceitos fragmentários sobre um plano de imanência, mas agora a ciência faz aparecer *observadores parciais* com relação às funções nos sistemas de referência. Que não haja observador total, como seria o "demônio" de Laplace, capaz de calcular o porvir e o passado a partir de um estado de coisas dado, significa somente que Deus não é nem um observador científico, nem um personagem filosófico. Mas o nome de demônio permanece excelente em filosofia, como também na *[123]* ciência, para indicar, não algo que ultrapassaria nossas possibilidades, mas um gênero comum desses intercessores necessários como "sujeitos" de enunciação respectivos: o amigo filosófico, o pretendente, o idiota, o super-homem... são demônios, não menos que o demônio de Maxwell, o observador de Einstein ou de Heisenberg. A questão não é de saber o que eles podem fazer ou não, mas a maneira pela qual são perfeitamente positivos, do ponto de vista do con-

---

[11] Cf. os grandes textos de Galois sobre a enunciação matemática, André Dalmas, *Evariste Galois*, Paris, Fasquelle, 1956, pp. 117-32.

ceito ou da função, mesmo no que não sabem ou não podem. Em cada um desses dois casos, a variedade é imensa, mas não a ponto de fazer esquecer a diferença de natureza entre os dois grandes tipos.

Para compreender o que são os observadores parciais que proliferam em todas as ciências e todos os sistemas de referência, é preciso evitar dar-lhes o papel de um limite do conhecimento, ou de uma subjetividade da enunciação. Pôde-se observar que as coordenadas cartesianas privilegiavam os pontos situados perto da origem, ao passo que as da geometria projetiva davam "uma imagem finita de todos os valores da variável e da função". Mas a perspectiva liga um observador parcial como um olho ao vértice de um cone, e assim capta contornos, sem captar os relevos ou a qualidade da superfície que remetem a uma outra posição do observador. Como regra geral, o observador não é nem insuficiente, nem subjetivo: mesmo na física quântica, o demônio de Heisenberg não exprime a impossibilidade de medir ao mesmo tempo a velocidade e a posição de uma partícula, sob pretexto de uma interferência subjetiva da medida com o mensurado, mas mede exatamente um estado de coisas objetivo que deixa fora do campo de sua atualização a posição respectiva de duas de suas partículas, o número de variáveis independentes sendo reduzido e os valores das coordenadas tendo a mesma probabilidade. As interpretações subjetivistas da termodinâmica, da relatividade, da física quântica testemunham as mesmas insuficiências. O perspectivismo ou relativismo científico não é mais relativo a um sujeito: ele não constitui uma relatividade do verdadeiro, mas ao contrário uma verdade do relativo, isto é, das variáveis das quais ele ordena os casos, segundo os valores que revela em seu sistema de coordenadas (como a ordem das cônicas segundo as secções do cone cujo vértice é ocupado pelo olho). E, com certeza, um observador bem definido revela tudo o que ele pode [124] revelar, tudo o que pode ser revelado no sistema correspondente. Numa palavra, o papel de um observador parcial é de *perceber* e de *experimentar*, embora essas percepções e afecções não sejam as de um homem, no sentido correntemente admitido, mas pertençam às coisas que ele estuda. O homem não deixa de sentir o efeito dessas percepções e afecções (que matemático não experimenta plenamente o efeito de uma secção, de uma ablação, de uma adjunção), mas só recebe este efeito do observador ideal que ele mesmo instalou como um *golem* no sistema de referência. Esses observadores parciais estão na vizinhança das singularidades de uma curva, de um sistema físico, de um organismo vivo; e mesmo o animismo está menos longe da ciência biológica do que se diz, quando multiplica as pequenas almas imanentes aos órgãos e às funções, com a condição de lhes retirar qualquer papel ativo ou eficiente, para fazer deles somente focos de percepção e de afecção moleculares: os corpos são assim povoados de uma infinidade de pequenas mônadas. Chamar-se-á sítio à região de um estado de coisas ou de um corpo apreendido por um observador parcial. Os observadores parciais são forças, mas a força não é o que age, é, como sabiam Leibniz e Nietzsche, o que percebe e experimenta.

Há observadores em toda parte em que aparecem propriedades puramente funcionais de reconhecimento ou de seleção, sem ação direta: assim ocorre em toda a biologia molecular, em imunologia, ou com as enzimas alostéricas.[12] Já Maxwell supunha um demônio capaz de distinguir, numa mistura, moléculas rápidas e lentas, de alta e de baixa energia. É verdade que, num sistema em estado de equilíbrio, o

---

[12] Jacques Monod, *Le Hasard et la nécessité*, Paris, Seuil, 1970, p. 91: "As interações alostéricas são indiretas, devidas exclusivamente às propriedades diferenciais de reconhecimento estereoespecífico da proteína nos dois ou mais estados que lhe são acessíveis". Um processo de reconhecimento molecular pode fazer intervir mecanismos, limites, sítios e observadores muito diferentes, como no reconhecimento macho-fêmea nas plantas.

demônio de Maxwell, associado ao gás, seria necessariamente tomado por uma afecção de atordoamento; ele pode todavia passar muito tempo num estado metaestável, próximo de uma enzima. A física das partículas precisa de inúmeros observadores infinitamente sutis. Pode-se conceber observadores cujo sítio é tanto menor quanto o estado de coisas atravessar mudanças de coordenadas. Finalmente, *os observadores parciais [125] ideais são as percepções ou afecções sensíveis dos próprios functivos*. Mesmo as figuras geométricas têm afecções e percepções (patemas e sintomas, dizia Proclus) sem os quais os problemas mais simples permaneceriam ininteligíveis. Os observadores parciais são *sensibilia* que duplicam os functivos. Ao invés de opor conhecimento sensível e conhecimento científico, é preciso revelar estes *sensibilia* que povoam os sistemas de coordenadas e que são próprios à ciência. Russell não fazia outra coisa quando evocava essas qualidades despidas de toda subjetividade, dados sensoriais distintos de toda sensação, sítios estabelecidos nos estados de coisas, perspectivas vazias pertencendo às coisas mesmas, pedaços contraídos de espaço-tempo, que correspondem ao conjunto ou às partes de uma função. Ele os compara a aparelhos e instrumentos, interferômetro de Michelson, ou, mais simplesmente, placa fotográfica, câmera, espelho, que captam o que ninguém está lá para ver, e fazem flamejar estes *sensibilia* não sentidos.[13] Mas, longe destes *sensibilia* se definirem pelos instrumentos, já que estes estão à espera de um observador real que poderá ver, são os instrumentos que supõem o observador parcial ideal, situado num bom ponto de vista nas coisas: o observador não subjetivo é precisamente o sensível que qualifica (por vezes por milhares) um estado de coisas, uma coisa ou um corpo cientificamente determinados.

[13] Bertrand Russell, "The Relation of Sense-Data to Physics", in *Mysticism and Logic*, Londres, Penguin, 1953.

Por seu turno, os personagens conceituais são os *sensibilia* filosóficos, as percepções e afecções dos conceitos fragmentários eles mesmos: por eles, os conceitos não são somente pensados, mas percebidos e sentidos. Não podemos todavia contentar-nos em dizer que eles se distinguem dos observadores científicos, como os conceitos se distinguem dos functivos, já que não trariam então nenhuma determinação suplementar: os dois agentes de enunciação devem distinguir--se, não somente pelo percebido, mas pelo modo de percepção (não-natural nos dois casos). Não basta, com Bergson, assimilar o observador científico (por exemplo, o viajante cósmico da relatividade) a um simples *símbolo*, que marcaria estados de variáveis, ao passo que o personagem filosófico teria o privilégio do *vivido* (um ser que dura), *[126]* porque ele passaria pelas variações elas mesmas.[14] Um não é vivido, como o outro não é simbólico. Há, nos dois casos, percepção e afecção ideais, mas muito diferentes. Os personagens conceituais estão sempre e já no horizonte, e operam sobre fundo de velocidade infinita, as diferenças anergéticas entre o rápido e o lento vindo somente das superfícies que eles sobrevoam ou dos componentes pelos quais passam num só instante; a percepção não transmite assim informação, mas circunscreve um afeto (simpático ou antipático). Os observadores científicos, ao contrário, são pontos de vista nas coisas mesmas, que supõem um escalonamento de horizontes e uma sucessão de enquadramentos sobre fundo de desacelerações e de acelerações: os afetos aí se tornam relações energéticas, e a própria percepção uma quantidade de informação. Não podemos, de modo algum, desenvolver estas determinações, porque o estatuto de perceptos e de afectos puros ainda nos es-

---

[14] Em toda a sua obra, Bergson opõe o observador científico ao personagem filosófico que "passa" pela duração; e sobretudo tenta mostrar que o primeiro supõe o segundo, não somente na física newtoniana (*Données immédiates*, cap. III), mas na Relatividade (*Durée et simultanéité*).

capa, remetendo à existência das artes. Mas, justamente, que haja percepções e funções propriamente filosóficas, e propriamente científicas, numa palavra, *sensibilia* de conceito e de função, indica já o fundamento de uma relação entre a ciência e a filosofia de um lado, a arte de outro, de tal maneira que se pode dizer de uma função que ela é bela, de um conceito que ele é belo. Tanto as percepções quanto as afecções especiais da filosofia ou da ciência se ligarão necessariamente aos perceptos e afectos da arte.

Quanto à confrontação direta da ciência e da filosofia, ela se faz sob três instâncias de oposição principais, que agrupam as séries de functivos de um lado, e as pertenças de conceitos de outro. É, primeiro, o sistema de referência e o plano de imanência; em seguida, as variáveis independentes e as variações inseparáveis; enfim, os observadores parciais e os personagens conceituais. São dois tipos de multiplicidade. Uma função pode ser dada sem que o conceito seja ele mesmo dado, embora possa e deva sê-lo; uma função do espaço pode ser dada sem que seja ainda dado o conceito deste espaço. A função, na ciência, determina um estado de *[127]* coisas, uma coisa ou um corpo que atualizam o virtual sobre um plano de referência e num sistema de coordenadas; o conceito, na filosofia, exprime um acontecimento que dá ao virtual uma consistência sobre um plano de imanência e numa forma ordenada. O campo de criação respectivo se encontra, pois, balizado por entidades muito diferentes nos dois casos, mas que não deixam de apresentar uma certa analogia em suas tarefas: um *problema*, em ciência ou em filosofia, não consiste em responder a uma questão, mas em adaptar, coadaptar, com um "gosto" superior, como faculdade problemática, os elementos correspondentes em curso de determinação (por exemplo, para a ciência, escolher boas variáveis independentes, instalar o observador parcial eficaz sobre um tal percurso, construir as melhores coordenadas de uma equação ou de uma função). Esta analogia impõe duas tarefas ainda. Como conceber as passagens práticas entre as duas espécies de problemas? Mas sobretudo, teoricamente, as instâncias de oposição impedem qualquer uniformização, e mesmo qualquer redução de conceitos aos functivos ou o inverso? E, se toda redução é impossível, como pensar um conjunto de relações positivas entre as duas?

6.
PROSPECTOS E CONCEITOS
[128]

A lógica é reducionista, não por acidente, mas por essência e necessariamente: ela quer fazer do conceito uma função, segundo a via traçada por Frege e Russell. Mas, para tanto, é necessário, de início, que a função não se defina somente numa proposição matemática ou científica, mas caracterize uma ordem mais geral de proposição, como o exprimido das frases de uma língua natural. É preciso, pois, inventar um novo tipo de função, propriamente lógica. A função proposicional "x é humano" marca bem a posição de uma variável independente que não pertence à função como tal, mas sem a qual a função está incompleta. A função completa é feita de um ou vários "pares ordenados". É uma relação de dependência ou de correspondência (razão necessária) que define a função, tal que "ser humano" não é mesmo a função, mas o valor de f(a) para uma variável x. Pouco importa que a maior parte das proposições tenha várias variáveis independentes; e mesmo que a noção de variável, enquanto ligada a um número indeterminado, seja substituída pela do argumento, que implica numa suposição disjuntiva nos limites ou um intervalo. A referência à variável, ou ao argumento independente da função proposicional, define a *referência* da proposição, ou o valor-de-verdade ("verdadeiro" e "falso") da função para o argumento: João é um homem, mas Bill é um gato... O conjunto dos valores de verdade de uma função que determinam proposições afirmativas verdadeiras, constitui a *extensão* de um conceito: os objetos do conceito ocupam o lugar das variáveis ou argumentos da função proposicional, para as quais a proposição é verdadeira, *[129]* ou sua referência preenchida. O conceito ele mesmo é assim função para o conjunto dos objetos que constituem sua extensão. Todo conceito completo é um conjunto neste sentido, e tem um número determinado; os objetos do conceito são os *elementos* do conjunto.[1]

É preciso ainda fixar condições da referência que deem os limites ou intervalos nos quais uma variável entra numa proposição verdadeira: X é um homem, João é um homem, porque ele fez isto, porque ele se apresenta assim... Tais condições de referências constituem não a compreensão, mas a intensão do conceito. São apresentações ou descrições lógicas, intervalos, potenciais ou "mundos possíveis", como dizem os lógicos, eixos de coordenadas, estados de coisas ou situações, *subconjuntos* do conceito: a estrela da tarde e a estrela da manhã. Por exemplo, um conceito de um só elemento, o conceito de Napoleão I, tem por intensão "o vencedor de Iena", "o vencido de Waterloo"... Vê-se bem que nenhuma diferença de natureza separa aqui a intensão da extensão, já que ambas dizem respeito à referência, a intensão sendo somente condição de referência e constituindo uma endorreferência da proposição, a extensão constituindo a exorreferência. Não se sai da referência elevando-se até sua condição; permanece-se na extensionalidade. A questão é antes a de saber como se chega, através destas apresentações intencionais, a uma determinação unívoca dos objetos ou ele-

---

[1] Cf. Bertrand Russell, "Principes de la mathématique", in *Écrits de logique philosophique*, Paris, PUF, 1989, sobretudo apêndice A, e Gottlob Frege, *Les Fondements de l'arithmétique*, Paris, Seuil, 1969, par. 48 e 54, e *Écrits logiques et philosophiques*, Paris, Seuil, 1971, sobretudo "Fonction et concept", "Concept et objet", e para a crítica da variável, "Qu'est-ce qu'une fonction?". Cf. os comentários de Claude Imbert nestes dois livros, e Philippe de Rouilhan, *Frege, les paradoxes de la représentation*, Paris, Minuit, 1988.

mentos do conceito, variáveis proposicionais, argumentos da função do ponto de vista da exorreferência (ou da representação): é o problema do nome próprio, e a tarefa de uma identificação ou individuação lógica, que nos faz passar dos estados de coisas à coisa ou ao corpo (objeto), por operações de quantificação que permitem tanto atribuir os predicados essenciais da coisa, como o que constitui enfim a *compreensão* do conceito. Vênus (a estrela da tarde e a estrela da manhã) é um planeta cujo tempo de revolução é inferior ao da *[130]* terra... "Vencedor de Iena" é uma descrição ou apresentação, ao passo que "general" é um predicado de Bonaparte, "imperador" um predicado de Napoleão, embora ser nomeado general ou sagrado imperador sejam descrições. O "conceito proposicional" evolui pois inteiramente no círculo da referência, na medida em que opera uma logicização dos functivos, que se tornam assim os prospectos de uma proposição (passagem da proposição científica à proposição lógica).

As frases não têm autorreferência, como o mostra o paradoxo do "eu minto". Mesmo os performativos não são autorreferenciais, mas implicam numa exorreferência da proposição (a ação que lhe está ligada por convenção, e que realizamos enunciando a proposição) e uma endorreferência (o título ou o estado de coisas sob o qual se é habilitado a formular o enunciado: por exemplo, a intensão do conceito no enunciado "eu juro" é testemunho no tribunal, criança à qual se censura algo, enamorado que se declara, etc.).[2] Em contrapartida, se emprestamos à frase uma autoconsistência, esta só pode residir na não contradição formal da proposição ou das proposições entre si. Mas quer dizer que as proposições não gozam materialmente de qualquer endoconsistência, nem de exoconsistência. Na medida em que um número car-

---

[2] Oswald Ducrot criticou o caráter autorreferencial que se empresta aos enunciados performativos (o que se faz dizendo: eu juro, eu prometo, eu ordeno...). *Dire et ne pas dire*, Paris, Hermann, 1972, pp. 72 ss.

Prospectos e conceitos

dinal pertence ao conceito proposicional, a lógica das proposições precisa de uma demostração científica da consistência da aritmética dos números inteiros, a partir de axiomas; ora, segundo os dois aspectos do teorema de Gödel, a demonstração de consistência da aritmética não pode ser representada no interior do sistema (não há endoconsistência), e o sistema se choca necessariamente com enunciados verdadeiros que não são todavia demonstráveis, que permanecem indecidíveis (não há exoconsistência, ou o sistema consistente não pode ser completo). Em resumo, *tornando-se proposicional, o conceito perde todos os caráteres que possuía como conceito filosófico*, sua autorreferência, sua endoconsistência e sua exoconsistência. É que um regime de independência substituiu o da inseparabilidade (independência das variáveis, dos axiomas, e das proposições indecidíveis). Mesmo os mundos possíveis, como condições *[131]* de referência, são cortados do conceito de Outrem que lhes daria consistência (de modo que a lógica se acha estranhamente desarmada diante do solipsismo). O conceito em geral não tem mais uma cifra, mas um número aritmético; o indecidível não marca mais a inseparabilidade dos componentes intencionais (zona de indiscernibilidade) mas, ao contrário, a necessidade de distingui-los, segundo a exigência da referência, que torna toda consistência (a autoconsistência) "incerta". O próprio número marca um princípio geral de separação: "o conceito *letra da palavra Zahl* separa Z de a, a de h, etc.". As funções tiram toda sua potência da referência, seja a estados de coisas, seja a coisas, seja a outras proposições: é fatal que a redução do conceito à função o prive de todos seus caráteres próprios, que remetem a uma outra dimensão.

Os atos de referência são movimentos finitos do pensamento, pelos quais a ciência constitui ou modifica estados de coisas e de corpos. Pode-se dizer, também, que o homem histórico opera tais modificações, mas em condições que são as do vivido, em que os functivos são substituídos por percepções, afecções e ações. Não ocorre o mesmo com a lógica: como ela considera a referência vazia nela mesma, como simples valor de verdade, só pode aplicá-la a estados de coisas ou a corpos já constituídos, seja nas proposições adquiridas da ciência, seja nas proposições de fato (Napoleão é o vencido de Waterloo), seja em simples opiniões ("X acredita que..."). Todos esses tipos de proposições são *prospectos*, com valor de informação. A lógica tem pois um paradigma, ela é mesmo o terceiro caso de paradigma, que não é mais o da religião nem da ciência, e que é como que *a recognição do verdadeiro* nos prospectos ou nas proposições informativas. A expressão técnica "metamatemática" mostra bem a passagem do enunciado científico à proposição lógica, sob uma forma de recognição. É a projeção deste paradigma que faz que os conceitos lógicos não sejam, por sua vez, senão figuras, e que a lógica seja uma ideografia. A lógica das proposições precisa de um método de projeção, e o próprio teorema de Gödel inventa um modelo projetivo.[3] É como uma deformação regrada, *[132]* oblíqua, da referência com relação a seu estatuto científico. A lógica tem o ar de se debater eternamente na questão complexa de sua diferença com a psicologia; todavia, é-lhe concedido facilmente que ela erige, em modelo, uma imagem de direito do pensamento, que não é de maneira alguma psicológica (sem por isso ser normativa). A questão reside antes no valor desta imagem de direito, e no que ela pretende nos ensinar sobre os mecanismos de um pensamento puro.

De todos os movimentos, mesmo finitos, do pensamento, a forma da recognição é certamente a que vai o menos longe, a mais pobre e a mais infantil. Em todos os tempos a filosofia correu este perigo, que consiste em medir o pensamento com ocorrências tão desinteressantes quanto dizer "bom dia, Teodoro", quando é Teeteto que passa; a imagem clás-

---

[3] Sobre a projeção e o método de Gödel, Nagel e Newman, *Le Théorème de Gödel*, Paris, Seuil, 1989, pp. 61-9.

Prospectos e conceitos

sica do pensamento não está ao abrigo destas aventuras que se devem à recognição do verdadeiro. Ter-se-á dificuldade em acreditar que os problemas do pensamento, tanto em ciência como em filosofia, tenham a ver com tais casos: um problema, enquanto criação de pensamento, nada tem a ver com uma interrogação, que não é senão uma proposição suspensa, o pálido duplo de uma afirmativa que se supõe servir-lhe de resposta ("qual é o autor de *Waverley*?", "Scott é o autor de *Waverley*?") A lógica é sempre vencida por si mesma, isto é, pela insignificância dos casos de que se alimenta. Em seu desejo de suplantar a filosofia, a lógica desliga a proposição de todas suas dimensões psicológicas, mas não deixa de conservar o conjunto dos postulados que limitava e submetia o pensamento às coerções de uma recognição do verdadeiro na proposição.[4] E quando a lógica se aventura num cálculo de problemas, é decalcando o cálculo de proposições, em isomorfismo com ele. Dir-se-ia menos um jogo de xadrez ou de linguagem, que um jogo de questões para programas de televisão. Mas os problemas não são jamais proposicionais.

Ao invés de um encadeamento de proposições, valeria mais a pena revelar o fluxo do monólogo interior, ou as estranhas bifurcações da conversação mais ordinária, desligando-as, *[133]* também elas, de suas aderências psicológicas e sociológicas, para poder mostrar como o pensamento, como tal, produz algo de *interessante*, quando acede ao movimento infinito que o libera do verdadeiro como paradigma suposto e reconquista um poder imanente de criação. Mas, para isto, seria necessário que o pensamento fosse até o interior dos estados de coisas ou dos corpos científicos em vias de constitui-

---

[4] Sobre a concepção da proposição interrogativa por Frege, "Recherches logiques" (*Écrits logiques et philosophiques*, Paris, Seuil, 1971, p. 175). O mesmo vale para os três elementos: a captação do pensamento ou o ato de pensar; a recognição da verdade de um pensamento, ou o juízo; a manifestação do juízo ou a afirmação. E Russell, *Principes de la mathématique*, par. 477.

ção, a fim de penetrar na consistência, isto é, na esfera do virtual, que nada faz senão atualizar-se neles. *Seria preciso subir de novo o caminho que a ciência desce*, e em baixo do qual a lógica instala seus campos. (O mesmo vale para a História, em que é preciso atingir a névoa não histórica que ultrapassa os fatores atuais em proveito de uma criação de novidade.) Mas esta esfera do virtual, este Pensamento-Natureza, é o que a lógica só é capaz de *mostrar*, segundo uma frase famosa, sem poder jamais apreendê-lo em suas proposições, nem remetê-lo a uma referência. Então, a lógica se cala, e ela só é interessante quando se cala. Paradigma por paradigma, ela se identifica, então, com uma espécie de budismo zen.

Confundindo os conceitos com funções, a lógica faz como se a ciência se ocupasse já com conceitos, ou formasse conceitos de primeira zona. Mas ela própria deve dobrar as funções científicas com funções lógicas, que, se supõe, formam uma nova classe de conceitos puramente lógicos, ou de segunda zona. É um verdadeiro ódio que anima a lógica, na sua rivalidade ou sua vontade de suplantar a filosofia. Ela mata o conceito duas vezes. Todavia o conceito renasce, porque não é uma função científica, e porque não é uma proposição lógica: ele não pertence a nenhum sistema discursivo, não tem referência. O conceito se mostra, e nada mais faz que se mostrar. Os conceitos são monstros que renascem de seus pedaços.

A própria lógica deixa por vezes renascer os conceitos filosóficos, mas sob que forma e em que estado? Como os conceitos em geral encontraram um estatuto pseudorrigoroso nas funções científicas e lógicas, a filosofia herda *conceitos de terceira zona*, que escapam ao número e não constituem mais conjuntos bem definidos, bem recortados, relacionáveis a misturas determináveis como estados de coisas físico-matemáticos. São antes conjuntos vagos ou confusos, simples agregados de percepções e de afecções, *[134]* que se formam no vivido como imanente a um sujeito, a uma consciência. São multiplicidades qualitativas ou intensivas, tal co-

Prospectos e conceitos

mo o "vermelho", o "calvo", em que não se pode decidir se certos elementos pertencem ou não ao conjunto. Esses conjuntos vividos exprimem-se numa terceira espécie de prospectos, não mais de enunciados científicos ou de proposições lógicas, mas de puras e simples opiniões do sujeito, avaliações subjetivas ou juízos de gosto: já é vermelho, está quase calvo... Entretanto, mesmo para um inimigo da filosofia, não é nesses juízos empíricos que se encontra imediatamente o refúgio dos conceitos filosóficos. É preciso descobrir funções, de que esses conjuntos confusos, esses conteúdos vividos são somente variáveis. E, neste ponto, encontramo-nos ante uma alternativa: *ou* se chegará a reconstituir, para estas variáveis, funções científicas ou lógicas, que tornarão definitivamente inútil o apelo a conceitos filosóficos;[5] *ou então* deveremos inventar um novo tipo de função propriamente filosófica, terceira zona em que tudo parece inverter-se bizarramente, já que ela será encarregada de suportar as duas outras.

Se o mundo do vivido é como a terra, que deve fundar ou suportar a ciência e a lógica dos estados de coisas, é claro que conceitos aparentemente filosóficos são requeridos para operar essa fundação primeira. O conceito filosófico requer, então, uma "pertença" a um sujeito, e não mais uma pertença a um conjunto. Não que o conceito filosófico se confunda com o simples vivido, mesmo definido como uma multiplicidade de fusão, ou como imanência de um fluxo ao sujeito; o vivido só fornece variáveis, ao passo que os conceitos devem

---

[5] Por exemplo, introduz-se graus de verdade entre o verdadeiro e o falso (1 e 0), que não são probabilidades, mas operam uma espécie de fractalização das cristas de verdade e dos baixios de falsidade, de modo que os conjuntos confusos tornem-se novamente numéricos, mas sob um número fracionário entre 0 e 1. A condição todavia é que o conjunto confuso seja o subconjunto de um conjunto normal, remetendo a uma função regular. Cf. Arnold Kaufmann, *Introduction à la théorie des sous-ensembles flous*, Paris, Masson, 1973. E Pascal Engel, *La Norme du vrai*, Paris, Gallimard, 1989, que consagra um capítulo ao "vago".

ainda definir verdadeiras funções. Essas funções terão somente referência ao vivido, como as funções científicas aos estados de coisas. Os conceitos filosóficos serão funções do vivido, como os conceitos científicos são funções de estados de coisas; mas agora *[135]* a ordem ou a derivação mudam de sentido, já que essas funções do vivido se tornam primeiras. É uma lógica transcendental (pode-se chamá-la também de dialética), que esposa a terra e tudo o que ela carrega, e que serve de solo primordial para a lógica formal e para as ciências regionais derivadas. Será preciso que, no seio mesmo da imanência do vivido a um sujeito, se descubram atos de transcendência do sujeito, *capazes de constituir as novas funções de variáveis ou as referências conceituais*: o sujeito, neste sentido, não é mais solipsista e empírico, mas transcendental. Vimos que Kant tinha começado a realizar essa tarefa, mostrando como os conceitos filosóficos remetiam necessariamente à experiência vivida por proposições ou juízo *a priori*, como funções de um todo da experiência possível. Mas é Husserl que vai até o fim descobrindo, nas multiplicidades não numéricas ou nos conjuntos fusionais imanentes perceptivo-afetivos, a tríplice raiz dos atos de transcendência (pensamento), pelos quais o sujeito constitui, de início, um mundo sensível povoado de objetos, depois um mundo intersubjetivo povoado de outrem, enfim um mundo ideal comum que as formações científicas, matemáticas e lógicas povoarão. Os numerosos conceitos fenomenológicos ou filosóficos (tais como "o ser no mundo", "a carne", "a idealidade", etc.) serão a expressão desses atos. Não são somente vividos imanentes ao sujeito solipsista, mas as referências do sujeito transcendental ao vivido; não são variáveis, perceptivo-afetivas, mas as grandes funções que encontram nestas variáveis seu percurso respectivo de verdade. Não são conjuntos vagos ou confusos, subconjuntos, mas totalizações que excedem toda potência dos conjuntos. Não são somente juízos ou opiniões empíricas, mas protocrenças, Urdoxa, *opiniões originárias como proposições.*[6] Não são os conteúdos sucessivos do fluxo de imanência, mas os atos de transcendência, que o atravessam e o carregam, determinando as "significações" da totalidade potencial do vivido. O conceito como significação é tudo isso ao mesmo tempo, imanência do vivido ao sujeito, *[136]* ato de transcendência do sujeito com relação às variações do vivido, totalização do vivido ou função destes atos. Dir-se-ia que os conceitos filosóficos só se salvam ao aceitar tornarem--se funções especiais, e desnaturalizando a imanência de que ainda carecem: como a imanência não é mais que a do vivido, ela é forçosamente imanência a um sujeito, cujos atos (funções) serão os conceitos relativos a este vivido — como vimos, seguindo a longa desnaturação do plano de imanência.

Embora seja perigoso para a filosofia depender da generosidade dos lógicos, ou de seus remorsos, podemos perguntar se não podemos encontrar um equilíbrio precário entre os conceitos científico-lógicos e os conceitos fenomenológico-filosóficos. Gilles-Gaston Granger pôde propor uma repartição em que o conceito, sendo de início determinado como função científica e lógica, deixa todavia um lugar de terceira zona, mas autônomo, a funções filosóficas, funções ou significações do vivido, como totalidade virtual (os conjuntos confusos parecem desempenhar um papel de eixo articulador entre as duas formas de conceitos).[7] A ciência arrogou o conceito a

---

[6] Sobre as três transcendências que aparecem no campo de imanência, a primordial, a intersubjetiva e a objetiva, cf. Husserl, *Méditations cartésiennes*, Paris, Vrin, 1966, notadamente par. 55-6. Sobre a Urdoxa, *Idées directrices pour une phénoménologie*, Paris, Gallimard, 1950, notadamente par. 103-4, e *Expérience et jugement*, Paris, PUF, 1970.

[7] Gilles-Gaston Granger, *Pour la connaissance philosophique*, Paris, Odile Jacob, 1988, caps. VI e VII. O conhecimento do conceito filosófico reduz-se à referência ao vivido, na medida em que esta o constitui como "totalidade virtual": o que implica um sujeito transcendental, e Granger não parece dar ao "virtual" outro sentido senão o sentido kantiano de um todo da experiência possível (pp. 174-5). Observar-se-á o papel hipotéti-

si mesma, mas há também conceitos não científicos, que suportamos em doses homeopáticas, isto é, fenomenológicas. Donde os mais estranhos híbridos que se vê nascer hoje, do frege-husserlianismo ou mesmo de wittgenstein-heideggerianismo. Não era já, há muito tempo, a situação da filosofia na América, com um grande departamento de lógica e um minúsculo de fenomenologia, embora os dois partidos estivessem quase sempre em guerra? É como patê de cotovia, mas a parte da cotovia fenomenológica nem sequer é a mais refinada, é a que o cavalo lógico concede, às vezes, à filosofia. É antes como o rinoceronte e o pássaro que vive de seus parasitas.

É uma longa série de malentendidos sobre o conceito. É verdade que o conceito é confuso, vago, mas não porque não tem [137] contorno: é porque ele é vagabundo, não discursivo, em deslocamento sobre um plano de imanência. É intencional ou modular, não porque tem condições de referência, mas porque é composto de variações inseparáveis que passam por zonas de indiscernibilidade, e lhe mudam o contorno. Não há de maneira nenhuma referência, nem ao vivido, nem aos estados de coisas, mas uma consistência definida por seus componentes internos: nem denotação de estado de coisas, nem significação do vivido, o conceito é o acontecimento como puro sentido que percorre imediatamente os componentes. Não há número, inteiro nem fracionário, para contar as coisas que apresentam suas propriedades, mas uma cifra que as condensa, lhes acumula os componentes percorridos e sobrevoados. O conceito é uma forma ou uma força, jamais uma função em qualquer sentido possível. Em resumo, não há conceito senão filosófico sobre o plano de imanência, e as funções científicas ou as proposições lógicas não são conceitos.

Prospectos designam, de início, os elementos da proposição (função proposicional, variáveis, valor de verdade...),

co que Granger atribui aos "conceitos confusos" na passagem dos conceitos científicos aos conceitos filosóficos.

Prospectos e conceitos

mas também os diversos tipos de proposições ou modalidades do juízo. Se o conceito filosófico é confundido com uma função ou uma proposição, não será sob uma espécie científica ou mesmo lógica, mas por analogia, como uma função do vivido ou uma proposição de opinião (terceiro tipo). Assim, deve-se produzir um conceito que dê conta desta situação: o que a *opinião* propõe é uma certa relação entre uma percepção exterior como estado de um sujeito e uma afecção interior como passagem de um estado a um outro (exo e endorreferência). Nós destacamos uma qualidade suposta comum a vários objetos que percebemos, e uma afecção suposta comum a vários sujeitos que a experimentam e apreendem conosco esta qualidade. A opinião é a regra de correspondência de uma a outra, *é uma função ou uma proposição cujos argumentos são percepções e afecções* e, nesse sentido, função do vivido. Por exemplo, apreendemos uma qualidade perceptiva comum aos gatos, ou aos cães, e um certo sentimento que nos faz amar, ou odiar, uns ou outros: para um grupo de objetos, pode-se extrair muitas qualidades diversas, e formar muitos grupos de sujeitos muito diferentes, atrativos ou repulsivos ("sociedade" dos que amam os gatos, ou dos que os detestam...), de modo que as opiniões [138] são essencialmente o objeto de uma luta ou de uma troca. É a concepção popular democrática ocidental da filosofia, onde esta se propõe a oferecer agradáveis ou agressivas conversações de jantar com M. Rorty. Opiniões rivalizam na mesa do banquete: não é a Atenas eterna, nossa maneira de ser ainda gregos? As três características que remetiam a filosofia à cidade grega eram precisamente a sociedade de amigos, a mesa da imanência e as opiniões que se enfrentavam. Objetar-se-á que os filósofos gregos não cessaram de denunciar a doxa, e de lhe opor uma episteme, como único saber adequado à filosofia. Mas é um negócio complicado, e os filósofos, sendo amigos e não sábios, têm bastante dificuldade em abandonar a doxa.

A *doxa* é um tipo de proposição que se apresenta da seguinte maneira: sendo dada uma situação vivida perceptivo-afetiva (por exemplo, traz-se queijo à mesa do banquete), alguém extrai dele uma qualidade pura (por exemplo, mau cheiro); mas ao mesmo tempo que abstrai a qualidade, ele mesmo se identifica com um sujeito genérico, experimentando uma afecção comum (a sociedade daqueles que detestam o queijo — rivalizando assim com aqueles que o adoram, o mais das vezes em função de uma outra qualidade). A "discussão" versa, pois, sobre a escolha da qualidade perceptiva abstrata, e sobre a potência do sujeito genérico afetado. Por exemplo, detestar o queijo, é privar-se de ser um *bon vivant*? Mas "bon vivant" é uma afecção genericamente invejável? Não é necessário dizer que os que adoram o queijo, e todos os *bons vivants*, eles mesmos cheiram mal? A menos que sejam os inimigos do queijo que cheiram mal. É como a história que contava Hegel, a vendedora a quem se disse: "Seus ovos estão podres, velha", e que responde: "Podre é você, sua mãe, sua avó": a opinião é um pensamento abstrato, e a injúria desempenha um papel eficaz nesta abstração, porque a opinião exprime funções gerais de estados particulares.[8] A opinião retira da percepção uma qualidade abstrata e da afecção uma potência geral: toda opinião já é política neste sentido. É por isso que tantas discussões podem se enunciar assim: "eu, enquanto homem, considero que todas as mulheres são infiéis", *[139]* "eu, enquanto mulher, penso que todos os homens são mentirosos".

A opinião é um pensamento que se molda estreitamente sobre a forma da recognição: recognição de uma qualidade na percepção (contemplação), recognição de um grupo na afecção (reflexão), recognição de um rival na possibilidade de outros grupos e outras qualidades (comunicação). Ela dá à

---

[8] Sobre o pensamento abstrato e o juízo popular, cf. o texto curto de Hegel, "Quem pensa abstrato?" (*Sämtliche Werke*, XX, pp. 445-50).

recognição do verdadeiro uma extensão e critérios que são, por natureza, os de uma "ortodoxia": será verdadeira uma opinião que coincida com a do grupo ao qual se pertencerá ao enunciá-la. Vê-se bem isso em certos concursos: você deve dizer sua opinião, mas você "ganha" (você disse a verdade) se você disse a mesma coisa que a maioria dos que participam desse concurso. A opinião, em sua essência, é vontade de maioria, e já fala em nome de uma maioria. Mesmo o homem do "paradoxo" só se exprime com tantas piscadelas, e tanta bobagem segura de si, porque pretende exprimir a opinião secreta de todo mundo, e ser o porta-voz do que os outros não ousam dizer. Mas este é apenas o primeiro passo no reino da opinião: esta triunfa quando a qualidade retida deixa de ser a condição da constituição de um grupo, quando não é mais do que a imagem ou a "marca" do grupo constituído, que determina ele mesmo o modelo perceptivo e afetivo, a qualidade e a afecção, que cada um deve adquirir. Então, o marketing aparece como o próprio conceito: "nós, os conceituadores...". Estamos na idade da comunicação, mas qualquer alma bem-nascida foge e se esquiva, cada vez que lhe é proposta uma pequena discussão, um colóquio, uma simples conversa. Em toda conversa, é sempre do destino da filosofia que se trata, e muitas discussões filosóficas, enquanto tais, não vão mais longe do que aquela sobre o queijo, com suas injúrias e confrontos de concepções do mundo. A filosofia da comunicação se esgota na procura de uma opinião universal liberal como consenso, sob o qual encontramos as percepções e afecções cínicas do capitalista em pessoa.

EXEMPLO XI

Em que esta situação concerne aos gregos? Diz-se frequentemente que, desde Platão, os gregos opõem a filosofia como um *saber*, que compreende ainda as ciências, e a *opinião-doxa*, *[140]* que remetem aos sofistas e retores. Mas descobrimos que não era uma oposição simples tão clara. Como os filósofos possuiriam o saber, eles que não podem, nem querem, restaurar o saber dos sábios, e são apenas amigos? E como a opinião seria inteiramente o negócio dos sofistas, já que ela recebe um valor-de--verdade?[9]

Mais ainda, parece que os gregos se faziam da ciência uma ideia bastante clara, que não se confundia com a filosofia: era um conhecimento da causa, da definição, uma espécie de função já. Então, todo o problema era: como pode-se chegar às definições, a estas premissas do silogismo científico ou lógico? Era graças à dialética: uma pesquisa que tendia, sobre um termo dado, a determinar, entre as opiniões, aquelas que eram mais verossímeis, pela qualidade que extraíam, as mais sábias, pelos sujeitos que as proferiam. Mesmo em Aristóteles, a dialética das opiniões era necessária para determinar as proposições científicas possíveis, e em Platão a "opinião verdadeira" era o requisito do saber e das ciências. Já Parmênides não colocava o saber e a opinião como duas vias disjuntivas.[10] Democratas ou não, os gregos opunham menos o saber e a opinião, do que se debatiam entre as opiniões, e se opunham uns aos outros, rivalizavam uns com os outros no elemento da opinião pura. O que os filósofos criti-

[9] Marcel Detienne mostra que os filósofos se arrogam a um saber que não se confunde com a velha sabedoria e a uma opinião que não se confunde com a dos sofistas: *Les Maîtres de vérité dans la Grèce archaïque*, Paris, Maspero, 1967, cap. VI, pp. 131 ss.

[10] Cf. a análise célebre de Heidegger e a de Jean Beaufret (*Le Poème de Parménide*, PUF, 1955, pp. 31-4).

Prospectos e conceitos

cavam nos sofistas não era o fato de se ater à doxa, mas de escolher mal a qualidade a extrair das percepções, e o sujeito genérico a depurar das afecções, de modo que os sofistas não podiam atingir o que havia de "verdadeiro" numa opinião: permaneciam prisioneiros das variações do vivido. Os filósofos criticavam os sofistas, por se aterem a não importa que qualidade sensível, com relação a um homem individual, ou com relação ao gênero humano, ou com relação ao *nomos* da cidade (três interpretações do Homem como potência, ou "medida de todas as coisas"). Mas eles, os filósofos platônicos, tinham uma extraordinária resposta que lhes permitia, pensavam eles, selecionar opiniões. *Era preciso escolher a qualidade que era como o desdobramento do Belo em tal situação vivida*, e tomar por sujeito genérico o Homem inspirado pelo [141] Bem. Era preciso que as coisas se desdobrassem no belo, e que seus utilizadores se inspirassem no bem, para que a opinião atingisse o Verdadeiro. Não era fácil em cada caso. É o belo na Natureza e o bem nos espíritos que definiria a filosofia como função da vida variável. Assim, a filosofia grega é o momento do belo; o belo e o bem são as funções das quais opinião é o valor de verdade. Era preciso levar a percepção até a beleza do percebido *(dokounta)* e a afecção até a prova do bem *(dokimôs)* para atingir a opinião verdadeira: esta não seria mais a opinião mutável e arbitrária, mas *uma opinião originária, uma proto- -opinião* que nos recolocaria na pátria esquecida do conceito, como, na grande trilogia platônica, o amor do *Banquete*, o delírio do *Fedro*, a morte do *Fédon*. Pelo contrário, lá onde o sensível se apresenta sem beleza, reduzido à ilusão, e o espírito sem o bem, deixado ao simples prazer, a opinião permanece sofística e falsa — o queijo talvez, a lama, o pelo... Todavia, esta pesquisa apaixonada da opinião verdadeira não conduz os Platônicos a uma aporia, a mesma que se exprime no mais surpreendente diálogo, o *Teeteto*? É preciso que o saber seja transcendente, que ele se acrescente à opinião e se distinga dela, para torná-la verdadeira, mas é preciso que ele seja imanente para que ela seja verdadeira como opinião. A filosofia grega permanece ainda atada a esta velha Sabedoria, inteiramente disposta a redesdobrar novamente sua transcendência, embora não tenha mais senão sua amizade, a afecção. É preciso a imanência, é também preciso que ela seja imanente a algo de transcendente, a idealidade. O belo e o bem não cessam de nos reconduzir à transcendência. É como se a opinião verdadeira exigisse ainda um saber que ela todavia destituiu.

A fenomenologia não recomeça uma tentativa análoga? Pois ela também parte à procura das opiniões originárias que nos ligam ao mundo, como a nossa pátria (Terra). E ela precisa do belo e do bem, para que elas não se confundam com a opinião empírica variável, e que a percepção e a afecção atinjam seu valor de verdade: trata-se, desta vez, do belo na arte e da constituição da humanidade na história. A fenomenologia precisa da arte, como a lógica da ciência; Erwin Straus, Merleau-Ponty ou Maldiney precisam de Cézanne ou da pintura chinesa. O vivido não faz do conceito outra coisa senão uma opinião empírica como tipo psicossociológico. É preciso pois que a imanência do vivido a um sujeito transcendental faça da opinião uma proto-opinião na constituição da qual entram a arte e a cultura, e que se exprime como um ato de transcendência *[142]* deste sujeito no vivido (comunicação), de modo a formar uma comunidade de amigos. Mas o sujeito transcendental husserliano não esconde o homem europeu cujo privilégio é de "europeizar" sem cessar, como o grego "grecizava", isto é, de ultrapassar os limites das outras culturas, mantidas como tipos psicossociais? Não somos então reconduzidos à simples opinião do Capitalista médio, o grande Maior, o Ulisses moderno cujas percepções são clichês, e cujas afecções são marcas, num mundo de comunicação tornado marketing, do qual mesmo Cézanne ou Van Gogh não podiam escapar? A distinção do originário e do derivado não basta, por si mesma, para nos fazer sair do simples domínio da opinião, e a Urdoxa não nos eleva até o conceito. Como na aporia platônica, a fenomenologia não teve jamais tanta necessidade de uma sabedoria superior, de uma "ciência rigorosa", quanto no momento em que, no entanto, nos convidava a renunciar a ela. A fenomenologia queria renovar nossos conceitos, dando-nos percepções e afecções que nos fariam nascer no mundo: não como bebês ou como hominídeos, mas como seres de direito cujas proto-opiniões seriam as fundações deste mundo. Mas não se luta contra os clichês perceptivos e afetivos se não se luta também contra a máquina que os produz. Invocando o vivido primordial, fazendo da imanência uma imanência num sujeito, a fenomenologia não podia impedir o sujeito de formar somente opiniões que já reproduziriam o clichê das novas percepções e afecções prometidas. Nós continuaríamos a evoluir na forma da recognição; nós invocaríamos a arte, mas sem atingir os conceitos capazes de enfrentar o afecto e o percepto artísticos. Os gregos com suas cidades, a fenomenologia com nossas sociedades ocidentais, tem certamente razão de supor a opinião como uma das condições da filosofia. Mas a filosofia encontrará a via que conduz ao conceito, invocando a arte como o meio de aprofundar a opinião, e de descobrir opiniões originárias, ou ao contrário é preciso, com a arte, subverter a opinião, elevá-la ao movimento infinito que a substitui precisamente pelo conceito?

A confusão do conceito com a função é ruinosa sob vários aspectos para o conceito filosófico. Ela faz da ciência o conceito por excelência, que se exprime na proposição científica (o primeiro prospecto). Ela substitui o conceito filosófico por um conceito lógico, que se exprime nas proposições de fato (segundo prospecto). Ela deixa ao conceito [143] filosófico uma parte reduzida ou degenerada, que ela se reserva no domínio da opinião (terceiro prospecto), servindo-se de sua amizade por uma sabedoria superior ou uma ciência rigorosa. Mas o conceito não tem seu lugar em nenhum destes três sistemas discursivos. O conceito não é uma função do vivido, nem uma função científica ou lógica. A irredutibilidade dos conceitos às funções só se descobre se, ao invés de confrontá-las de maneira indeterminada, se compara o que constitui a referência de umas e o que faz a consistência das outras. Os *estados de coisas*, os *objetos* ou *corpos*, os *estados vividos* formam as referências de função, ao passo que os *acontecimentos* são a consistência de conceito. São esses termos que é preciso considerar do ponto de vista de uma redução possível.

EXEMPLO XII

Uma tal comparação parece corresponder à empresa de Badiou, particularmente interessante no pensamento contemporâneo. Ele se propõe a escalonar, sobre uma linha ascendente, uma série de fatores que vão das funções aos conceitos. Ele se dá uma base, neutralizada com relação aos conceitos, tanto quanto às funções: uma multiplicidade qualquer, apresentada como Conjunto elevável ao infinito. A primeira instância é a *situação*, quando o conjunto é remetido a elementos que são sem dúvida multiplicidades, mas que são submetidos a um regime do "contar por um" (corpos ou objetos, unidades da situação). Em segundo lugar, os *estados de situação* são os subconjuntos, sempre em excesso sobre os elementos do conjunto ou os objetos da situação; mas este excesso do estado não se deixa mais hierarquizar como em Cantor, ele é "indeterminável", numa "linha de errância", conforme ao desenvolvimento da teoria dos conjuntos. Resta que ele deve ser representado na situação, desta vez como "indiscernível" ao mesmo tempo que a situação se torna quase completa: a linha de errância forma aqui quatro figuras, quatro laços como *funções genéricas* (científica, artística, política ou dóxica, amorosa ou vivida), às quais correspondem produções de "verdades". Mas atinge-se, talvez, então uma conversão de imanência da situação, conversão do excesso ao vazio que vai reintroduzir o transcendente: é o *sítio acontecimental*, que se mantém à borda do vazio na situação, e não comporta mais unidades, mas singularidades, como elementos que dependem das funções precedentes. Enfim, o *acontecimento*, ele mesmo, aparece (ou desaparece), menos como uma singularidade que como um ponto aleatório separado, que se acrescenta ou se subtrai ao sítio, na transcendência do vazio *[144]* ou A verdade como vazio, sem que se possa decidir sobre a pertença do acontecimento à situação na qual se encontra seu sítio (o indecidível). Talvez, em contrapar-

Filosofia, ciência lógica e arte

tida, haja uma intervenção como um lance de dados sobre o sítio, que qualifica o acontecimento e o faz entrar na situação, uma potência de "fazer" o acontecimento. É que o acontecimento é o conceito, ou a filosofia como conceito, que se distingue das quatro funções precedentes, embora receba delas condições, e lhes imponha por sua vez — que a arte seja fundamentalmente "poema", e a ciência, conjuntista, que o amor seja o inconsciente de Lacan, e que a política escape à opinião-doxa.[11]

Falando de uma base neutralizada, o conjunto, que marca *uma* multiplicidade qualquer, Badiou traça uma linha, única embora muito complexa, sobre a qual as funções e o conceito vão escalonar-se, este sobre aquelas: a filosofia parece pois flutuar numa transcendência vazia, conceito incondicionado que encontra nas funções a totalidade de suas condições genéricas (ciência, poesia, política e amor). Não é, sob a aparência do múltiplo, o retorno a uma velha concepção da filosofia superior? Parece-nos que a teoria das multiplicidades não suporta a hipótese de uma multiplicidade qualquer (mesmo as matemáticas estão fartas do conjuntismo). *As* multiplicidades: é preciso pelo menos duas, dois tipos desde o início. Não que o dualismo valha mais que a unidade; mas a multiplicidade é precisamente o que se passa entre os dois. Assim, os dois tipos não estarão certamente um acima do outro, mas um ao lado do outro, um contra o outro, face a face ou costas contra costas. As funções e os conceitos, os estados de coisas atuais e os acontecimentos virtuais

---

[11] Alain Badiou, *L'Être et l'événement* e *Manifeste pour la philosophie*, Paris, Seuil, 1988 e 1989, respectivamente. A teoria de Badiou é muito complexa; tememos ter-lhe feito sofrer simplificações excessivas.

Prospectos e conceitos

são dois tipos de multiplicidades que não se distribuem numa linha de errância mas se reportam a dois vetores que se cruzam, um segundo o qual os estados de coisas atualizam os acontecimentos, o outro segundo o qual os acontecimentos absorvem (ou antes adsorvem) os estados de coisas.

Os estados de coisas saem do caos virtual, sob condições constituídas pelo limite (referência): são atualidades, embora não sejam ainda corpos nem mesmo coisas, unidades ou conjuntos. São massas de variáveis independentes, partículas-trajetórias ou signos-velocidades. São *misturas*. Essas variáveis determinam singularidades *[145]* na medida em que entram em coordenadas e são tomadas em relações segundo as quais uma dentre elas depende de um grande número de outras, ou inversamente muitas dentre elas dependem de uma. A um tal estado de coisas, encontra-se associado um potencial ou uma potência (a importância da fórmula leibniziana mv^2 vem de que ela introduz um potencial no estado de coisas). É que o estado de coisas atualiza uma virtualidade caótica, carregando consigo um espaço que, sem dúvida, deixou de ser virtual, mas mostra ainda sua origem e serve de correlato propriamente indispensável ao estado. Por exemplo, na atualidade do núcleo atômico, o núcleon está ainda próximo do caos e se encontra cercado por uma nuvem de partículas virtuais constantemente emitidas e reabsorvidas; mas, num nível mais avançado da atualização, o elétron está em relação com um fóton potencial que interage com o núcleon, para dar um novo estado da matéria nuclear. *Não se pode separar um estado de coisas do potencial através do qual ele opera*, e sem o qual não haveria atividade ou evolução (por exemplo, catálise). É através desse potencial que ele pode enfrentar acidentes, adjunções, ablações ou mesmo projeções, como já se vê nas figuras geométricas; ou, então, perder e ganhar variáveis, estender singularidades até a vizinhança de novas;

ou seguir bifurcações que o transformam; ou passar por um espaço de fases cujo número de dimensões aumenta com as variáveis suplementares; ou, sobretudo, individuar corpos no campo que ele forma com o potencial. Nenhuma destas operações se faz por si mesma, todas elas constituem "problemas". O privilégio do ser vivo é reproduzir de dentro o potencial associado, no qual atualiza seu estado e individualiza seu corpo. Mas, em qualquer domínio, a passagem de um estado de coisas ao corpo, por intermédio de um potencial ou de uma potência, ou antes a divisão dos corpos individuados no estado de coisas subsistente, representa um momento essencial. Passa-se aqui da mistura à *interação*. E, enfim, as interações dos corpos condicionam uma sensibilidade, uma protoperceptibilidade e uma protoafetividade, que se exprimem já nos observadores parciais, ligados ao estado de coisas, embora só completem sua atualização no ser vivo. O que se chama "percepção" não é mais um estado de coisas, mas um estado do corpo enquanto induzido por um outro corpo, e "afecção" é a passagem deste *[146]* estado a um outro, como aumento ou diminuição do potencial-potência, sob a ação de outros corpos: nenhum é passivo, mas tudo é interação, mesmo o peso. Era a definição que Espinosa dava da *affectio* e do *affectus* para os corpos tomados num estado de coisas, e que Whitehead reencontrava, quando fazia de cada coisa uma "preensão" de outras, e da passagem de uma preensão a uma outra, um *feeling* positivo ou negativo. A interação se torna *comunicação*. O estado de coisas ("público") era a mistura dos dados atualizados pelo mundo em seu estado anterior, ao passo que os corpos são novas atualizações, cujos estados "privados" reproduzem estados de coisas para novos corpos.[12] Mesmo não-viventes, ou antes não-orgânicas, as coisas têm um vivido, porque são percepções e afecções.

[12] Cf. Alfred North Whitehead, *Process and Reality*, Nova York, Free Press, 1979, pp. 22-6.

Prospectos e conceitos

Quando a filosofia se compara com a ciência, ocorre que proponha uma imagem simples demais da ciência, que faz os cientistas rirem. Todavia, mesmo se a filosofia tem o direito de apresentar da ciência uma imagem despida de valor científico (por conceitos), não tem nada a ganhar impondo-lhe limites que os cientistas não param de ultrapassar nos procedimentos mais elementares. Assim, quando a filosofia remete a ciência ao "já pronto", e guarda para si o "fazendo--se", como Bergson ou como a fenomenologia, notadamente em Erwin Straus, não se corre somente o perigo de aproximar a filosofia de um simpes vivido, mas se oferece da ciência uma má caricatura: Paul Klee tem certamente uma visão mais correta quando diz que consagrando-se ao funcional a matemática e a física tomam por objeto a própria formação, e não a forma acabada.[13] Muito mais, quando se comparam as multiplicidades filosóficas e as multiplicidades científicas, as multiplicidades conceituais e as multiplicidades funcionais, pode ser sumário demais definir estas últimas por conjuntos. Os conjuntos, já vimos, só têm interesse como atualização do limite; eles dependem das funções e não o contrário, e a função é o verdadeiro objeto da ciência.

Em primeiro lugar, as funções são funções de estados de coisas, e constituem, então, proposições científicas, *[147]* como primeiro tipo de prospectos: seus argumentos são variáveis independentes, sobre as quais se exercem operações de coordenação e potencializações, que determinam suas relações necessárias. Em segundo lugar, as funções são funções de coisas, objetos ou corpos individuados, que constituem proposições lógicas: seus argumentos são termos singulares, tomados como átomos lógicos independentes, sobre os quais se exercem descrições (estado de coisas lógico) que determinam seus predicados. Em terceiro lugar, as funções de vivi-

---

[13] Paul Klee, *Théorie de l'art moderne*, Paris, Gonthier, 1964, pp. 48-9.

do têm, como argumentos, percepções e afecções, e constituem opiniões (doxa, como terceiro tipo de prospecto): temos opiniões sobre qualquer coisa que percebemos ou que nos afeta, a ponto de as ciências do homem poderem ser consideradas como uma vasta doxologia — mas as coisas mesmas são opiniões genéricas, na medida em que têm percepções e afecções moleculares, no sentido em que o organismo mais elementar tem uma proto-opinião sobre a água, o carbono e os sais de que dependem seu estado e sua potência. Essa é a via que desce do virtual aos estados de coisas e às outras atualidades: não encontramos conceito nesta via, mas funções. *A ciência desce da virtualidade caótica aos estados de coisas e corpos que a atualizam*; todavia, ela é menos inspirada pela preocupação de se unificar num sistema atual ordenado, do que por um desejo de não se afastar demais do caos, de escavar os potenciais para apreender e domesticar uma parte do que a impregna, o segredo do caos por detrás dela, a pressão do virtual.[14]

Ora, se remontamos a linha na direção contrária, se vamos dos estados de coisas ao virtual, não se trata da mesma linha, porque não é o mesmo virtual (podemos, pois, também descê-la, sem que ela se confunda com a precedente). O virtual não mais é a virtualidade caótica, mas a virtualidade tornada consistente, entidade que se forma sobre um plano de imanência que corta o caos. É o que se chama o Acontecimento, ou a parte do que escapa à sua própria atualização em tudo o que acontece. O acontecimento não é de maneira nenhuma o estado de coisas, ele se atualiza num estado de coisas, num corpo, num vivido, mas ele tem *[148]* uma parte

[14] A ciência não sente somente a necessidade de ordenar o caos, mas de vê-lo, de tocá-lo, de fazê-lo: cf. James Gleick, *La Théorie du chaos*, Paris, Albin Michel, 1989. Gilles Châtelet mostra como a matemática e a física tentam reter algo de uma esfera do virtual: *Les Enjeux du mobile*, a sair [Paris, Seuil, 1993].

Prospectos e conceitos

sombria e secreta que não para de se subtrair ou de se acrescentar à sua atualização: contrariamente ao estado de coisas, ele não começa nem acaba, mas ganhou ou guardou o movimento infinito ao qual dá consistência. É o virtual que se distingue do atual, mas um virtual que não mais é caótico, tornado consistente ou real sobre o plano de imanência que o arranca do caos. Real sem ser atual, ideal sem ser abstrato. Diríamos que ele é transcendente, porque sobrevoa o estado de coisas, mas é a imanência pura que lhe dá a capacidade de sobrevoar-se a si mesmo, em si mesmo e sobre o plano. O que é transcendente, transdescendente, é antes o estado de coisas no qual ele se atualiza, mas, até neste estado de coisas, é pura imanência do que não se atualiza ou do que permanece indiferente à atualização, já que sua realidade não depende dela. O acontecimento é imaterial, incorporal, invivível: a pura *reserva*. Dos dois pensadores que mais penetraram no acontecimento, Péguy e Blanchot, um diz que é preciso distinguir, por um lado, o estado de coisas, realizado ou em potência de realização, em relação pelo menos potencial com meu corpo, comigo mesmo e, por outro lado, o acontecimento, que sua realidade mesma não pode realizar, o interminável que não acaba nem começa, que não termina nem acontece, que permanece sem relação comigo, como meu corpo com ele, o movimento infinito — e o outro diz, por um lado, o estado de coisas ao longo do qual passamos, nós mesmos e nosso corpo e, por outro lado, o acontecimento no qual mergulhamos ou ascendemos, o que recomeça sem ter jamais começado nem acabado, o interno imanente.[15]

Ao longo de um estado de coisas, mesmo uma nuvem ou um fluxo, procuramos isolar variáveis em tal ou tal instante, ver quando intervêm novas variáveis a partir de um poten-

---

[15] Charles Péguy, *Clio*, Paris, Gallimard, 1932, pp. 230 e 265. Maurice Blanchot, *L'Espace littéraire*, Paris, Gallimard, 1955, pp. 104, 155 e 160.

cial, em que relações de dependência elas podem entrar, por quais singularidades passam, quais limiares cruzam, quais bifurcações tomam. Traçamos as funções do estado de coisas: as diferenças entre o local e o global são interiores ao domínio das funções (por exemplo, se todas as variáveis independentes podem ser eliminadas, salvo uma). *As diferenças entre o físico-matemático, o lógico e o vivido* pertencem também às funções (segundo os *[149]* corpos sejam tomados em singularidades de estados de coisas, ou como termos singulares eles mesmos, ou segundo os limiares singulares de percepção e de afecção de um ao outro). Um sistema atual, um estado de coisas ou um domínio de função, se definem, de qualquer maneira, como um tempo entre dois instantes, ou tempos entre muitos instantes. É por isso que, quando Bergson diz que entre dois instantes, por mais próximos que sejam, há sempre tempo, ele ainda não sai do domínio das funções e somente introduz nele um pouco de vivido.

Mas, quando subimos para o virtual, quando nos voltamos para a virtualidade, que se atualiza no estado de coisas, descobrimos uma realidade inteiramente diferente, onde não temos mais de cuidar do que ocorre de um ponto a outro, de um instante ao outro, porque ela transborda toda função possível. De acordo com os termos familiares, que se pôde emprestar de um cientista, o acontecimento "não se preocupa com o lugar em que ele está, e pouco se importa em saber desde quando ele existe", de modo que a arte, e mesmo a filosofia, podem apreendê-lo melhor que a ciência.[16] Não mais é o tempo que está entre dois instantes, é o acontecimento que é um entre-tempo: o entre-tempo não é eterno, mas também não é tempo, é devir. O entre-tempo, o acontecimento, é sempre um tempo morto, lá onde nada se passa, uma espera infinita que já passou infinitamente, espera e reserva.

[16] James Gleick, *La Théorie du chaos*, Paris, Albin Michel, 1989, p. 236.

Prospectos e conceitos

Este tempo morto não sucede ao que acontece, coexiste com o instante ou o tempo do acidente, mas como a imensidade do tempo vazio, em que o vemos ainda por vir e já chegado, na estranha indiferença de uma intuição intelectual. Todos os entre-tempos se superpõem, enquanto que os tempos se sucedem. Em cada acontecimento, há muitos componentes heterogêneos, sempre simultâneos, já que são cada um um entre-tempo, todos no entre-tempo que os faz comunicar por zonas de indiscernibilidade, de indecidibilidade: são variações, modulações, *inter-mezzi*, singularidades de uma nova ordem infinita. Cada componente de acontecimento *se atualiza ou se efetua* num instante, e o acontecimento, no tempo que passa entre estes instantes; mas nada se passa na *virtualidade*, que só tem entre-tempos como componentes, e um acontecimento como devir composto. Nada se passa aí, mas tudo se torna, de tal maneira que o acontecimento tem o privilégio de [150] recomeçar quando o tempo passou.[17] Nada se passa, e todavia tudo muda, porque o devir não para de repassar por seus componentes e de conduzir o acontecimento que se atualiza alhures, a um outro momento. Quando o tempo passa e leva o instante, há sempre um entre-tempo para trazer o acontecimento. É um *conceito* que apreende o acontecimento, seu devir, suas variações inseparáveis, ao passo que uma função apreende um estado de coisas, um tempo e variáveis, com suas relações segundo o tempo. O conceito tem uma potência de repetição, que se distingue da potência discursiva da função. Em sua produção e sua reprodução, o conceito tem a realidade de um virtual, de um incorporal, de um impassível, contrariamente às funções de estado atual, às funções de

---

[17] Sobre o entre-tempo, conferir a um artigo muito intenso de Bernard Groethuysen, "De quelques aspects du temps", *Recherches Philosophiques*, nº 5, 1935-36: "Todo acontecimento está, por assim dizer, no tempo em que nada se passa...". Toda a obra romanesca de Lernet-Holenia se passa em entre-tempos.

corpo e de vivido. Erigir um conceito não é a mesma coisa que traçar uma função, embora haja movimento dos dois lados, embora haja transformações e criações num caso como no outro: os dois tipos de multiplicidades se entrecruzam.

Sem dúvida, o acontecimento não é feito somente de variações inseparáveis, ele mesmo é inseparável do estado de coisas, dos corpos e do vivido nos quais se atualiza ou se efetua. Mas diremos o inverso também: o estado de coisas também não é separável do acontecimento, que transborda contudo sua atualização por toda parte. É preciso ascender de novo até o acontecimento, que dá sua consistência virtual ao conceito, bem como descer até o estado de coisas atual que dá suas referências à função. De tudo o que um sujeito pode viver, do corpo que lhe pertence, dos corpos e objetos que se distinguem do seu, e do estado de coisas ou do campo físico-matemático que os determinam, ergue-se um vapor que não se assemelha a eles, e que investe o campo de batalha, a batalha e o ferimento, como componentes ou variações de um acontecimento puro, onde subsiste somente uma alusão ao que diz respeito aos nossos estados. A filosofia como gigantesca alusão. Atualizamos ou efetuamos o acontecimento todas as vezes que o investimos, de bom ou mau grado, num estado de coisas, mas o *contra-efetuamos*, cada vez que o abstraímos dos estados de coisas, para liberar seu [151] conceito. Há como que uma dignidade do acontecimento, que foi sempre inseparável da filosofia como "amor fati": igualar-se ao acontecimento, ou tornar-se o filho de seus próprios acontecimentos — "meu ferimento existia antes de mim, nasci para encarná-lo".[18] Nasci para encarná-lo como acontecimento, porque soube desencarná-lo como estado de coisas ou situação vivida. Não há ética diferente daquela do *amor fati* da filosofia. A filosofia é sempre entre-tempo. Aquele que

[18] Joë Bousquet, *Les Capitales*, Paris, Le Cercle du Livre, 1955, p. 103.

contra-efetua o acontecimento, Mallarmé o chama de o Mímico, porque ele esquiva o estado de coisas e "se limita a uma alusão perpétua, sem quebrar o gelo".[19] Um mímico como este não reproduz o estado de coisas, como também não imita o vivido, não dá uma imagem, mas constrói um conceito. Ele não procura a função do que acontece, mas extrai o acontecimento ou a parte do que não se deixa atualizar, a realidade do conceito. Não querer o que acontece, com esta falsa vontade que se queixa e se defende, e se perde em mímica, mas levar a queixa e o furor ao ponto em que eles se voltam contra o que acontece, para erigir o acontecimento, depurá-lo, extraí-lo no conceito vivo. A filosofia não tem outro objetivo além de tornar-se digna do acontecimento, e aquele que contra-efetua o acontecimento é precisamente o personagem conceitual. Mímico é um nome ambíguo. Ele é, o personagem conceitual que opera o movimento infinito. Querer a guerra contra as guerras por vir e passadas, a agonia contra todas as mortes, e o ferimento contra todas as cicatrizes, em nome do devir e não do eterno: é neste sentido somente que o conceito reúne.

Descemos dos virtuais aos estados de coisas atuais, subimos dos estados de coisas aos virtuais, sem podermos isolá-los uns dos outros. Mas não é a mesma linha que subimos e que descemos assim: a atualização e a contra-efetuação não são dois segmentos da mesma linha, mas linhas diferentes. Se nos ativermos às funções científicas de estados de coisas, diremos que elas não se deixam isolar de um virtual que atualizam; este virtual se apresenta de início como uma névoa ou uma neblina, ou mesmo como um caos, uma virtualidade caótica, mais do que como a realidade de um acontecimento ordenado no conceito. É por isso que a filosofia *[152]* frequentemente parece, para a ciência, recobrir um simples caos,

---

[19] Stéphane Mallarmé, "Mimique", in *Oeuvres complètes*, Paris, Gallimard/La Pléiade, p. 310.

que faz com que esta diga: você só tem escolha entre o caos e eu, a ciência. A linha de atualidade traça um plano de referência que recorta o caos: retira dele estados de coisas que, certamente, atualizam também em suas coordenadas os acontecimentos virtuais, mas só retêm, dele, potênciais já em vias de atualização, fazendo parte das funções. Inversamente, se consideramos os conceitos filosóficos de acontecimentos, sua virtualidade remete ao caos, mas sobre um plano de imanência que o recobre por sua vez, e só dele extrai a consistência ou realidade do virtual. Quanto aos estados de coisas densos demais, são sem dúvida adsorvidos, contra-efetuados pelo acontecimento, mas a eles só encontramos alusões sobre o plano de imanência e no acontecimento. As duas linhas são pois inseparáveis, mas independentes, cada uma completa em si mesma: como os invólucros dos dois planos tão diversos. A filosofia só pode falar da ciência por alusão, e a ciência só pode falar da filosofia como de uma nuvem. Se as duas linhas são inseparáveis, é em sua suficiência respectiva, e os conceitos filosóficos não intervêm mais na constituição das funções científicas, do que as funções na dos conceitos. É em sua plena maturidade, e não no processo de sua constituição, que os conceitos e as funções se cruzam necessariamente, cada um só sendo criado por seus meios próprios — em cada caso um plano, elementos, agentes. É por isso que é sempre desagradável que os cientistas façam filosofia sem meio realmente filosófico, ou que os filósofos façam ciência sem meio efetivamente científico (e nós não pretendemos fazê-lo).

O conceito não reflete sobre a função, nem a função se aplica ao conceito. Conceito e função devem se cruzar, cada um seguindo sua linha. As funções riemannianas de espaço, por exemplo, não nos dizem nada de um conceito de espaço riemanniano próprio à filosofia: é na medida em que a filosofia está apta a criá-lo, que temos o conceito de uma função. O número irracional, igualmente, define-se por uma função como limite comum de duas séries de racionais, das quais

Prospectos e conceitos

191

uma não tem máximo, ou a outra não tem mínimo; o conceito, em contrapartida, não remete a séries de números, mas a sequências de ideias que se reencadeiam por sobre uma lacuna (em lugar de se encadear por prolongamento). *[153]* A morte pode ser assimilada a um estado de coisas cientificamente determinável, como função de variáveis independentes, ou mesmo como função do estado vivido, mas aparece também como um acontecimento puro, cujas variações são coextensivas à vida: os dois aspectos muito diferentes se encontram em Bichat. Goethe construiu um grandioso conceito de cor, com as variações inseparáveis de luz e de sombra, as zonas de indiscernibilidade, os processos de intensificação que mostram até que ponto também em filosofia há experimentações, enquanto que Newton tinha contruído a função de variáveis independentes ou a frequência. Se a filosofia precisa fundamentalmente da ciência que lhe é contemporânea, é porque a ciência cruza sem cessar a possibilidade de conceitos, e porque os conceitos comportam necessariamente alusões à ciência, que não são nem exemplos, nem aplicações, nem mesmo reflexões. Há inversamente funções de conceitos, funções propriamente científicas? É o mesmo que perguntar se a ciência, como acreditamos, precisa igual e intensamente da filosofia. Mas só os cientistas estão aptos a responder a esta questão.

7.
PERCEPTO, AFECTO E CONCEITO
[154]

O jovem sorri na tela enquanto ela dura. O sangue lateja sob a pele deste rosto de mulher, e o vento agita um ramo, um grupo de homens se apressa em partir. Num romance ou num filme, o jovem deixa de sorrir, mas começará outra vez, se voltarmos a tal página ou a tal momento. A arte conserva, e é a única coisa no mundo que se conserva. Conserva e se conserva em si (*quid juris?*), embora, de fato, não dure mais que seu suporte e seus materiais (*quid facti?*), pedra, tela, cor química, etc. A moça guarda a pose que tinha há cinco mil anos, gesto que não depende mais daquela que o fez. O ar guarda a agitação, o sopro e a luz que tinha, tal dia do ano passado, e não depende mais de quem o respirava naquela manhã. Se a arte conserva, não é à maneira da indústria, que acrescenta uma substância para fazer durar a coisa. A coisa tornou-se, desde o início, independente de seu "modelo", mas ela é independente também de outros personagens eventuais, que são eles próprios coisas-artistas, personagens de pintura respirando este ar de pintura. E ela não é dependente do espectador ou do auditor atuais, que se limitam a experimentá-la, num segundo momento, se têm força suficiente. E o criador, então? Ela é independente do criador, pela autoposição do criado, que se conserva em si. O que se conserva, a coisa ou a obra de arte, é *um bloco de sensações, isto é, um composto de perceptos e afectos.*

Os perceptos não mais são percepções, são independentes do estado daqueles que os experimentam; os afectos não são mais sentimentos ou afecções, transbordam a força daqueles que são atravessados por eles. As sensações, perceptos e afectos, são *[155] seres* que valem por si mesmos e excedem qualquer vivido. Existem na ausência do homem, podemos dizer, porque o homem, tal como ele é fixado na pedra, sobre a tela ou ao longo das palavras, é ele próprio um composto de perceptos e de afectos. A obra de arte é um ser de sensação, e nada mais: ela existe em si.

Os acordes são afectos. Consoantes e dissonantes, os acordes de tons ou de cores são os afectos de música ou de pintura. Rameau sublinhava a identidade entre o acorde e o afecto. O artista cria blocos de perceptos e de afectos, mas a única lei da criação é que o composto deve ficar de pé sozinho. O mais difícil é que o artista o faça *manter-se de pé sozinho*. Para isso, é preciso por vezes muita inverossimilhança geométrica, imperfeição física, anomalia orgânica, do ponto de vista de um modelo suposto, do ponto de vista das percepções e afecções vividas; mas estes erros sublimes acedem à necessidade da arte, se são os meios interiores de manter de pé (ou sentado, ou deitado). Há uma possibilidade pictural que nada tem a ver com a possibilidade física, e que dá às posturas mais acrobáticas a força da verticalidade. Em contrapartida, tantas obras que aspiram à arte não se mantêm de pé um só instante. Manter-se de pé sozinho não é ter um alto e um baixo, não é ser reto (pois mesmo as casas são bêbadas e tortas), é somente o ato pelo qual o composto de sensações criado se conserva em si mesmo. Um monumento, mas o monumento pode sustentar-se em alguns traços ou em algumas linhas, como um poema de Emily Dickinson. Do croqui de um velho burro exausto, "que maravilha! é feito com dois traços, mas postos sobre bases imutáveis", onde a sensação melhor testemunha anos de "trabalho persistente, tenaz, desdenhoso".[1] O modo menor em música é uma prova tan-

---

[1] Edith Wharton, *Les Metteurs en scène*, Paris, Éditions 10-18, 1983,

to mais essencial, quanto lança ao músico o desafio de roubá-lo a suas combinações efêmeras, para torná-lo sólido e durável, autoconservante, mesmo em posições acrobáticas. O som deve tanto ser mantido em sua extinção, quanto em sua produção e seu desenvolvimento. Através de sua admiração por Pissarro, por Monet, o que Cézanne criticava, nos impressionistas, era que a mistura óptica das cores não bastava *[156]* para fazer um composto suficientemente "sólido e durável como a arte dos museus", como "a perpetuidade do sangue" em Rubens.[2] É uma maneira de falar, porque Cézanne não acrescenta algo que conservaria o impressionismo, ele procura uma outra solidez, outras bases e outros blocos.

A questão de saber se as drogas ajudam o artista a criar esses seres de sensação, se fazem parte dos meios interiores, se nos conduzem realmente às "portas da percepção", se nos entregam aos perceptos e aos afectos, recebe uma resposta geral, na medida em que o que foi composto sob efeito de droga é o mais das vezes extraordinariamente friável, incapaz de se conservar por si mesmo, desfazendo-se ao mesmo tempo que se faz ou que o olhamos. Podemos também admirar os desenhos de crianças, ou antes comovermo-nos com eles; é raro que se mantenham de pé, e só parecem com coisa de Klee ou de Miró, se não os olhamos muito tempo. As pinturas dos loucos, ao contrário, sustentam-se quase sempre, mas sob a condição de serem saturadas e de não deixarem subsistir vazio. Todavia, os blocos precisam de bolsões de ar e de vazio, pois mesmo o vazio é uma sensação, toda sensação se compõe com o vazio, compondo-se consigo, tudo se mantém sobre a

---

p. 263 (trata-se de um pintor acadêmico e mundano, que renuncia a pintar depois de ter descoberto um pequeno quadro de um contemporâneo desconhecido: "E eu, eu não tinha criado nenhuma de minhas obras, eu as tinha simplesmente adotado...").

[2] Joachim Gasquet, *Conversations avec Cézanne*, Paris, Éditions Macula, 1978, p. 121.

Percepto, afecto e conceito

terra e no ar, e conserva o vazio, se conserva no vazio conservando-se a si mesmo. Uma tela pode ser inteiramente preenchida, a ponto de que mesmo o ar não passe mais por ela; mas algo só é uma obra de arte se, como diz o pintor chinês, guarda vazios suficientes para permitir que neles saltem cavalos (quando mais não seja, pela variedade de planos).[3]

Pintamos, esculpimos, compomos, escrevemos com sensações. Pintamos, esculpimos, compomos, escrevemos sensações. As sensações, como perceptos, não são percepções que remeteriam a um objeto (referência): se se assemelham a algo, é uma semelhança produzida por seus próprios meios, e o sorriso sobre a tela é somente feito de cores, de traços, de sombra e de luz. Se a semelhança pode impregnar a obra de arte, é porque a sensação só remete a seu material: ela é o percepto ou o afecto do material mesmo, o sorriso de óleo, o gesto de terra cozida, o *élan* de metal, o acocorado da pedra romana e o elevado da pedra gótica. E o material é tão diverso em cada caso (o *[157]* suporte da tela, o agente do pincel ou da brocha, a cor no tubo), que é difícil dizer onde acaba e onde começa a sensação, de fato; a preparação da tela, o traço do pelo do pincel fazem evidentemente parte da sensação, e muitas outras coisas antes de tudo isso. Como a sensação poderia conservar-se, sem um material capaz de durar, e, por mais curto que seja o tempo, este tempo é considerado como uma duração; veremos como o plano do material sobe irresistivelmente e invade o plano de composição das sensações mesmas, até fazer parte dele ou ser dele indiscernível. Diz-se, neste sentido, que o pintor é pintor, e nada além de um pintor, "com a cor captada como sai fora do tubo, com a marca, um depois do outro, dos pelos do pincel", com este azul que não é um azul de água mas "um azul de pintura líquida". E, todavia, a sensação não é idêntica ao material, ao menos

---

[3] Cf. François Cheng, *Vide et plein*, Paris, Seuil, 1979, p. 63 (citação do pintor Huang Pin-Hung).

de direito. O que se conserva, de direito, não é o material, que constitui somente a condição de fato; mas, enquanto é preenchida esta condição (enquanto a tela, a cor ou a pedra não virem pó), o que se conserva em si é o percepto ou o afecto. Mesmo se o material só durasse alguns segundos, daria à sensação o poder de existir e de se conservar em si, *na eternidade que coexiste com esta curta duração*. Enquanto dura o material, é de uma eternidade que a sensação desfruta nesses mesmos momentos. A sensação não se realiza no material, sem que o material entre inteiramente na sensação, no percepto ou no afecto. Toda a matéria se torna expressiva. É o afecto que é metálico, cristalino, pétreo, etc., e a sensação não é colorida, ela é colorante, como diz Cézanne. É por isso que quem só é pintor é também mais que pintor, porque ele "faz vir diante de nós, na frente da tela fixa", não a semelhança, mas a pura sensação "da flor torturada, da paisagem cortada, sulcada e comprida", devolvendo "a água da pintura à natureza".[4] Só passamos de um material a outro, como do violão ao piano, do pincel à brocha, do óleo ao pastel, se o composto de *[158]* sensações o exigir. E, por mais fortemente que um artista se interesse pela ciência, jamais um composto de sensações se confundirá com as "misturas" do material que a ciência determina em estados de coisas, como mostra eminentemente a "mistura óptica" dos impressionistas.

O objetivo da arte, com os meios do material, é arrancar o percepto das percepções do objeto e dos estados de um sujeito percipiente, arrancar o afecto das afecções, como passagem de um estado a um outro. Extrair um bloco de sensações, um puro ser de sensações. Para isso, é preciso um método que

---

[4] Antonin Artaud, *Van Gogh, le suicidé de la société*, Paris, Gallimard, Ed. Paule Thévenin, pp. 74 e 82: "Pintor, nada senão pintor, Van Gogh dominou os meios da pura pintura e não os ultrapassou... mas o maravilhoso é que este pintor que só é pintor... é também, de todos os pintores natos, o que mais faz esquecer que temos a ver com a pintura".

varie com cada autor e que faça parte da obra: basta comparar Proust e Pessoa, nos quais a pesquisa da sensação, como ser, inventa procedimentos diferentes.[5] Os escritores, quanto a isto, não estão numa situação diferente da dos pintores, dos músicos, dos arquitetos. O material particular dos escritores são as palavras, e a sintaxe, a sintaxe criada que se ergue irresistivelmente em sua obra e entra na sensação. Para sair das percepções vividas, não basta evidentemente memória que convoque somente antigas percepções, nem uma memória involuntária, que acrescente a reminiscência, como fator conservante do presente. A memória intervém pouco na arte (mesmo e sobretudo em Proust). É verdade que toda a obra de arte é um *monumento*, mas o monumento não é aqui o que comemora um passado, é um bloco de sensações presentes que só devem a si mesmas sua própria conservação, e dão ao acontecimento o composto que o celebra. O ato do monumento não é a memória, mas a fabulação. Não se escreve com lembranças de infância, mas por blocos de infância, que são devires-criança do presente. A música está cheia disso. Para tanto é preciso não memória, mas um material complexo que não se encontra na memória, mas nas palavras, nos sons: "Memória, eu te odeio". Só se atinge o percepto ou o afecto como seres autônomos e suficientes, que não devem mais nada àqueles que os experimentam ou os experimentaram: Combray, como jamais foi vivido, como não é nem será vivido, Combray como catedral ou monumento.

E, se os métodos são muito diferentes, não somente segundo as artes, mas segundo cada autor, pode-se no entanto *[159]* caracterizar grandes tipos monumentais, ou "variedades" de compostos de sensação: a *vibração* que caracteriza a

---

[5] José Gil consagra um capítulo aos procedimentos pelos quais Pessoa extrai o percepto a partir de percepções vividas, notadamente em "Ode marítima" (*Fernando Pessoa ou la métaphysique des sensations*, Paris, La Différence, 1988, cap. II).

sensação simples (mas ela já é durável ou composta, porque ela sobe ou desce, implica uma diferença de nível constitutiva, segue uma corda invisível mais nervosa que cerebral); *o enlace ou o corpo a corpo* (quando duas sensações ressoam uma na outra esposando-se tão estreitamente, num corpo a corpo que é puramente "energético"); *o recuo, a divisão, a distensão* (quando duas sensações se separam, ao contrário, se distanciam, mas para só serem reunidas pela luz, o ar ou o vazio que se inscrevem entre elas, ou nelas, como uma cunha, ao mesmo tempo tão densa e tão leve, que se estende em todos os sentidos, à medida que a distância cresce, e forma um bloco que não tem mais necessidade de qualquer base). Vibrar a sensação — acoplar a sensação — abrir ou fender, esvaziar a sensação. A escultura apresenta esses tipos quase em estado puro, com suas sensações de pedra, de mármore ou de metal, que vibram segundo a ordem dos tempos fortes e dos tempos fracos, das saliências ou das reentrâncias, seus poderosos corpo a corpo que os entrelaçam, seu arranjo de grandes vazios entre um grupo e outro e no interior de um mesmo grupo, onde não mais se sabe se é a luz, se é o ar que esculpe ou é esculpido.

O romance se elevou frequentemente ao percepto: não a percepção da charneca, mas a charneca como percepto em Hardy; os perceptos oceânicos de Melville; os perceptos urbanos, ou especulares em Virginia Woolf. A paisagem *vê*. Em geral, qual o grande escritor que não soube criar esses seres de sensação que conservam em si a hora de um dia, o grau do calor de um momento (as colinas de Faulkner, a estepe de Tolstói ou a de Tchekhov)? O percepto é a paisagem anterior ao homem, na ausência do homem. Mas em todos estes casos, por que dizer isso, já que a paisagem não é independente das supostas percepções dos personagens, e, por seu intermédio, das percepções e lembranças do autor? E como a cidade poderia ser sem homem ou antes dele, o espelho, sem a velha que nele se reflete, mesmo se ela não se mira nele? É o enigma (frequentemente comentado) de Cézanne: "o homem ausente, mas inteiro na paisagem". Os personagens não podem existir, e o autor só pode criá-los porque eles não percebem, mas entraram na paisagem e fazem eles mesmos parte do composto de sensações. É Ahab *[160]* que tem as percepções do mar, mas só as tem porque entrou numa relação com Moby Dick que o faz tornar-se-baleia, e forma um composto de sensações que não precisa de ninguém mais: Oceano. É Mrs. Dalloway que percebe a cidade, mas porque entrou na cidade, como "uma lâmina através de tudo", e se tornou, ela mesma, imperceptível. *Os afectos são precisamente estes devires não humanos do homem*, como os perceptos (entre eles a cidade) são *as paisagens não humanas da natureza*. "Há um minuto do mundo que passa", não o conservaremos sem "nos transformarmos nele", diz Cézanne.[6] Não estamos no mundo, tornamo-nos com o mundo, nós nos tornamos, contemplando-o. Tudo é visão, devir. Tornamo-nos universo. Devires animal, vegetal, molecular, devir zero. Kleist é sem dúvida quem mais escreveu por afectos, servindo-se deles como pedras ou armas, apreendendo-os em devires de petrificação brusca ou de aceleração infinita, no devir-cadela de Pentesileia e seus perceptos alucinados. Isto é verdadeiro para todas as artes: que estranhos devires desencadeiam a música através de suas "paisagens melódicas" e seus "personagens

---

[6] Joachim Gasquet, *Conversations avec Cézanne*, Paris, Éditions Macula, 1978, p. 113. Cf. Erwin Straus, *Du sens des sens*, Grenoble, Millon, 1989, p. 519: "as grandes paisagens têm, todas elas, um caráter visionário. A visão é o que do invisível se torna visível... a paisagem é invisível porque quanto mais a conquistamos, mais nela nos perdemos. Para chegar à paisagem, devemos sacrificar tanto quanto possível toda determinação temporal, espacial, objetiva; mas este abandono não atinge somente o objetivo, *ele afeta a nós mesmos* na mesma medida. Na paisagem, deixamos de ser seres históricos, isto é, seres eles mesmos objetiváveis. *Não temos memória* para a paisagem, não temos memória, nem mesmo para nós na paisagem. Sonhamos em pleno dia e com os olhos abertos. Somos furtados ao mundo objetivo mas também a nós mesmos. É o sentir".

rítmicos", como diz Messiaen, compondo, num mesmo ser de sensação, o molecular e o cósmico, as estrelas, os átomos e os pássaros? Que terror invade a cabeça de Van Gogh, tomada num devir girassol? Sempre é preciso o estilo — a sintaxe de um escritor, os modos e ritmos de um músico, os traços e as cores de um pintor — para se elevar das percepções vividas ao percepto, de afecções vividas ao afecto.

Insistimos sobre a arte do romance porque é a fonte de um malentendido: muitas pessoas pensam que se pode fazer um romance com suas percepções e suas afecções, suas lembranças ou seus arquivos, suas viagens e seus fantasmas, seus filhos e seus pais, os personagens interessantes que pôde encontrar e, *[161]* sobretudo, o personagem interessante que é forçosamente ele mesmo (quem não o é?), enfim suas opiniões para soldar o todo. Invocam-se, para tanto, grandes autores, que só teriam contado sua vida, Thomas Wolfe ou Miller. Obtém-se geralmente obras compostas, em que alguém se agita muito, mas na procura de um pai que só poderia encontrar em si mesmo: o romance do jornalista. Nada nos poupam, na ausência de qualquer trabalho realmente artístico. Não precisamos alterar muito a crueldade do que se pôde ver, nem o desespero pelo qual se passou, para produzir, mais uma vez, a opinião que se tira geralmente das dificuldades de comunicação. Rossellini viu nisso uma razão para renunciar à arte: a arte deixou-se invadir demais pelo infantilismo e pela crueldade, tornando-se simultaneamente cruel e chorosa, gemebunda e satisfeita, de modo que era melhor renunciar.[7] O mais interessante é que Rossellini via a mesma invasão na pintura. Mas é, antes de mais nada, a literatura que não parou de manter este equívoco com o vivido. Pode acontecer mesmo que se tenha um grande senso de observação e muita imaginação: é possível escrever com percepções, afecções e

---

[7] Roberto Rosselini, *Le Cinéma révélé*, Paris, Les Éditions de l'Étoile, 1984, pp. 80-2.

Percepto, afecto e conceito

opiniões? Mesmo nos romances menos autobiográficos vemos confrontarem-se, cruzarem-se opiniões de uma multidão de personagens, cada opinião sendo função das percepções e afecções de cada um, segundo sua situação social e suas aventuras individuais, sendo o conjunto tomado numa vasta corrente que seria a opinião do autor, que se divide, para recair sobre os personagens, ou se esconder, para que o autor possa formar a sua: é assim mesmo que começa a grande teoria do romance de Bakhtin (felizmente ele não fica aí, justamente na base "paródica" do romance...).

A fabulação criadora nada tem a ver com uma lembrança mesmo amplificada, nem com um fantasma. Com efeito, o artista, entre eles o romancista, excede os estados perceptivos e as passagens afetivas do vivido. É um vidente, alguém que se torna. Como contaria ele o que lhe aconteceu, ou o que imagina, já que é uma sombra? Ele viu na vida algo muito grande, demasiado intolerável também, e a luta da vida com o que a ameaça, de modo que o pedaço de natureza que ele percebe, ou os bairros da cidade, e seus personagens, acedem a uma visão *[162]* que compõe, através deles, perceptos desta vida, deste momento, fazendo estourar as percepções vividas numa espécie de cubismo, de simultanismo, de luz crua ou de crepúsculo, de púrpura ou de azul, que não têm mais outro objeto nem sujeito senão eles mesmos. "Chama-se de estilos, dizia Giacometti, essas visões paradas no tempo e no espaço." Trata-se sempre de liberar a vida lá onde ela é prisioneira, ou de tentar fazê-lo num combate incerto. A morte do porco-espinho em Lawrence, a morte da toupeira em Kafka, são atos de romancista quase insuportáveis; e por vezes é preciso deitar na terra, como faz o pintor, para localizar o "motivo", isto é, o percepto. Os perceptos podem ser telescópicos ou microscópicos, dão aos personagens e às paisagens dimensões de gigantes, como se estivessem repletos de uma vida à qual nenhuma percepção vivida pode atingir. Grandeza de Balzac. Pouco importa que esses personagens *sejam* medíocres ou não: eles *se tornam* gigantes, como Bouvard e Pé-cuchet, Bloom e Molly, Mercier e Camier, sem deixar de ser o que são. É por força da mediocridade, mesmo de besteira ou de infâmia, que podem tornar-se, não simples (jamais são simples), mas gigantescos. Mesmo os anões ou os inválidos podem fazê-lo: toda fabulação é fabricação de gigantes.[8] Medíocres ou grandiosos, são demasiadamente vivos para serem vivíveis ou vividos. Thomas Wolfe extrai de seu pai um gigante, e Miller, da cidade, um planeta negro. Wolfe pode descrever os homens do velho Catawba através de suas opiniões imbecis e sua mania de discussão; o que faz, é erigir o monumento secreto de sua solidão, de seu deserto, de sua terra eterna e de suas vidas esquecidas, despercebidas. Faulkner pode criar também: oh! homens de Yoknapatawpha... Diz-se que o romancista monumental "se inspira" ele mesmo no vivido, e é verdade; M. de Charlus parece muito com Montesquiou, mas entre Montesquiou e M. de Charlus, no final das contas, há aproximadamente a mesma relação que entre o cão-animal que late e o Cão constelação celeste.

Como tornar um momento do mundo durável ou fazê-lo existir por si? Virginia Woolf dá uma resposta que vale *[163]* para a pintura ou a música tanto quanto para a escrita: "Saturar cada átomo", "Eliminar tudo o que é resto, morte e superfluidade", tudo o que gruda em nossas percepções correntes e vividas, tudo o que alimenta o romancista medíocre, só guardar a saturação que nos dá um percepto, "Incluir no momento o absurdo, os fatos, o sórdido, *mas tratados em transparência*", "Colocar aí tudo e contudo saturar".[9] Por ter

---

[8] No capítulo II das *Deux sources*, Bergson analisa a fabulação como uma faculdade visionária muito diferente da imaginação, que consiste em criar deuses e gigantes, "potências semi-pessoais ou presenças eficazes". Ela se exerce inicialmente nas religiões, mas desenvolve-se livremente na arte e na literatura.

[9] Virginia Woolf, *Journal d'un écrivain*, Paris, Éditions 10-18, 1977, I, p. 230.

atingido o percepto como "a fonte sagrada", por ter visto a Vida no vivente ou o Vivente no vivido, o romancista ou o pintor voltam com olhos vermelhos e o fôlego curto. São atletas: não atletas que teriam formado bem seus corpos e cultivado o vivido, embora muitos escritores não tenham resistido a ver nos esportes um meio de aumentar a arte e a vida, mas antes atletas bizarros do tipo "campeão de jejum" ou "grande Nadador" que não sabia nadar. Um Atletismo que não é orgânico ou muscular, mas "um atletismo afetivo", que seria o duplo inorgânico do outro, um atletismo do devir que revela somente forças que não são as suas, "espectro plástico".[10] Desse ponto de vista, os artistas são como os filósofos, têm frequentemente uma saudezinha frágil, mas não por causa de suas doenças nem de suas neuroses, é porque eles viram na vida algo de grande demais para qualquer um, de grande demais para eles, e que pôs neles a marca discreta da morte. Mas esse algo é também a fonte ou o fôlego que os fazem viver através das doenças do vivido (o que Nietzsche chama de saúde). "Um dia saberemos talvez que não havia arte, mas somente medicina..."[11]

O afecto não ultrapassa menos as afecções que o percepto, as percepções. O afecto não é a passagem de um estado vivido a um outro, mas o devir não humano do homem. Ahab não imita Moby Dick e Pentesileia não "se comporta como" a cadela: não é uma imitação, uma simpatia vivida, nem mesmo uma identificação imaginária. Não é a semelhança, embora [164] haja semelhança. Mas, justamente, é apenas uma semelhança produzida. É antes uma extrema contiguidade,

[10] Antonin Artaud, "Le Théâtre et son double" (*Oeuvres complètes*, t. IV, Paris, Gallimard, 1978, p. 154).

[11] J. M. G. Le Clézio, *Haï*, Paris, Flammarion, 1987, p. 7 ("sou um índio"... embora não saiba cultivar o milho nem talhar uma piroga...). Num texto célebre, Michaux falava da "saúde" própria à arte: posfácio a "Mes propriétés", *La Nuit remue*, Paris, Gallimard, 1972, p. 193.

num enlaçamento entre duas sensações sem semelhança ou, ao contrário, no distanciamento de uma luz que capta as duas num mesmo reflexo. André Dhôtel soube colocar seus personagens em estranhos devires-vegetais; tornar-se árvore ou tornar-se áster: não é, diz ele, que um se transforme no outro, mas algo passa de um ao outro.[12] Este algo só pode ser precisado como sensação. É uma zona de indeterminação, de indiscernibilidade, como se coisas, animais e pessoas (Ahab e Moby Dick, Pentesileia e a cadela) tivessem atingido, em cada caso, este ponto (todavia no infinito) que precede imediatamente sua diferenciação natural. É o que se chama um afecto. Em *Pierre ou les ambiguïtés*, Pierre ganha a zona em que ele não pode mais distinguir-se de sua meia-irmã Isabelle, e torna-se mulher. Só a vida cria tais zonas, em que turbilhonam os vivos, e só a arte pode atingi-la e penetrá-la, em sua empresa de cocriação. É que a própria arte vive dessas zonas de indeterminação, quando o material entra na sensação como numa escultura de Rodin. São blocos. A pintura precisa de uma coisa diferente da habilidade do desenhista, que marcaria a semelhança entre formas humanas e animais, e nos faria assistir à sua metamorfose: é preciso, ao contrário, a potência de um fundo capaz de dissolver as formas, e de impor a existência de uma tal zona, em que não se sabe mais quem é animal e quem é humano, porque algo se levanta como o triunfo ou o monumento de sua indistinção; assim Goya, ou mesmo Daumier, Redon. É preciso que o artista crie os procedimentos e materiais sintáticos ou plásticos, necessários a uma empresa tão grande, que recria por toda a parte os pântanos primitivos da vida (a utilização da água-forte e da aguatinta por Goya). O afecto não opera certamente um retorno às origens como se se reencontrasse, em termos de semelhança, a persistência de um homem bestial ou primitivo

[12] André Dhôtel, *Terres de mémoire*, Paris, Éditions Jean-Pierre Delarge, 1979, pp. 225-6.

sob o civilizado. É nos meios temperados de nossa civilização que agem e prosperam atualmente as zonas equatoriais ou glaciais que se furtam à diferenciação dos gêneros, dos sexos, das ordens e dos reinos. Só se trata de nós, aqui e agora; mas o que é animal em *[165]* nós, vegetal, mineral ou humano, não mais é distinto — embora nós, nós ganhemos aí singularmente em distinção. O máximo de determinação emerge como um clarão deste bloco de vizinhança.

Precisamente porque as opiniões são funções do vivido, elas aspiram a um certo conhecimento das afecções. As opiniões insistem nas paixões do homem e sua eternidade. Mas, como observava Bergson, temos a impressão de que a opinião desconhece os estados afetivos, e que ela agrupa ou separa os que não deveriam ser agrupados ou separados.[13] Não basta sequer, como faz a psicanálise, dar objetos proibidos às afecções repertoriadas, nem substituir as zonas de indeterminação por simples ambivalências. Um grande romancista é, antes de tudo, um artista que inventa afectos não conhecidos ou desconhecidos, e os faz vir à luz do dia, como o devir de seus personagens: os estados crepusculares dos cavaleiros nos romances de Chrétien de Troyes (em relação com um conceito eventual de cavalaria), os estados de "repouso", quase catatônicos, que se confundem com o dever segundo Mme. de Lafayette (em relação com um conceito de quietismo)..., até os estados de Beckett, como afectos tanto mais grandiosos quanto são pobres em afecções. Quando Zola sugere a seus leitores: "prestem atenção, não é remorso que meus personagens sentem", não devemos mais ver nisso a expressão de uma tese fisiologista, mas a atribuição de novos afectos que crescem com a criação de personagens no naturalismo: o Medíocre, o Perverso, o Animal (o que Zola chama de instinto não se separa de um devir-animal). Quando Emily Brontë

[13] Henri Bergson, *La Pensée et le mouvant*, Édition du Centenaire, Paris, PUF, 1959, pp. 1.293-4.

206   Filosofia, ciência lógica e arte

traça o liame que une Heathcliff e Catherine, ela inventa um afeto violento (que sobretudo não deve ser confundido com o amor), algo como uma fraternidade entre dois lobos. Quando Proust parece descrever tão minuciosamente o ciúme, inventa um afecto porque não deixa de inverter a ordem que a opinião supõe nas afecções, segundo a qual o ciúme seria uma consequência infeliz do amor: para ele, ao contrário, o ciúme é finalidade, destinação e, se é preciso amar, é para poder ser ciumento, sendo o ciúme o sentido dos signos, o afecto como semiologia. Quando Claude Simon descreve o prodigioso amor passivo da mulher-terra, esculpe um afecto de barro, e pode dizer: "é *[166]* minha mãe", e acreditamos, já que ele diz, mas uma mãe que ele introduz na sensação, e à qual ergue um monumento tão original que não é mais com seu filho real que ela tem uma relação mas, mais longinquamente, com um outro personagem de criação, a Eula de Faulkner. É assim que, de um escritor a um outro, os grandes afectos criadores podem se encadear ou derivar, em compostos de sensações que se transformam, vibram, se enlaçam ou se fendem: são estes seres de sensação que dão conta da relação do artista com o público, da relação entre as obras de um mesmo artista ou mesmo de uma eventual afinidade de artistas entre si.[14] O artista acrescenta sempre novas variedades ao mundo. Os seres da sensação são *variedades*, como os seres de conceitos são variações e os seres de função são variáveis.

É de toda a arte que seria preciso dizer: o artista é mostrador de afectos, inventor de afectos, criador de afectos, em relação com os perceptos ou as visões que nos dá. Não é somente em sua obra que ele os cria, ele os dá para nós e nos faz transformarnos com eles, ele nos apanha no composto. Os

---

[14] Estas três questões retornam frequentemente em Proust: notadamente *Le Temps retrouvé*, Paris, Gallimard/La Pléiade, t. III, pp. 895-6 (sobre a vida, a visão e a arte como criação de universo).

girassóis de Van Gogh são devires, como os cardos de Dürer ou as mimosas de Bonnard. Redon intitulava uma litografia: "Houve talvez uma visão primeira ensaiada na flor". A flor vê. Puro e simples terror: "Vê você este girassol que olha para dentro, pela janela do quarto? Ele olha meu quarto todo o dia".[15] Uma história floral da pintura é como a criação, incessantemente retomada e continuada, dos afectos e dos perceptos das flores. A arte é a linguagem das sensações, que faz entrar nas palavras, nas cores, nos sons ou nas pedras. A arte não tem opinião. A arte desfaz a tríplice organização das percepções, afecções e opiniões, que substitui por um monumento composto de perceptos, de afectos e de blocos de sensações que fazem as vezes de linguagem. O escritor se serve de palavras, mas criando uma sintaxe que as introduz na sensação, e que faz gaguejar a língua corrente, ou tremer, ou gritar, ou mesmo cantar: é o estilo, o "tom", a linguagem das sensações ou a língua estrangeira na língua, a que solicita um povo por vir, oh! gente do velho Catawba, oh! gente *[167]* de Yoknapatawpha! O escritor torce a linguagem, fá-la vibrar, abraça-a, fende-a, para arrancar o percepto das percepções, o afecto das afecções, a sensação da opinião — visando, esperamos, esse povo que ainda não existe. "Minha memória não é amor, mas hostilidade, e ela trabalha não para reproduzir, mas para descartar o passado... Que queria dizer minha família? eu não sei. Ela era gaga de nascença e contudo tinha algo para dizer. Sobre mim, e sobre muitos de meus contemporâneos, pesa a gagueira de nascença. Aprendemos, não a falar, mas a balbuciar, e é só ouvindo o ruído crescente do século, e uma vez lavados pela espuma de sua onda mais alta, que nós adquirimos uma língua."[16] Precisamente, é a tarefa

[15] Malcolm Lowry, *Au-dessous du volcan*, Paris, Buchet-Chastel, 1980, p. 203.

[16] Ossip Mandelstam, *Le Bruit du temps*, Lausanne, L'Âge d'Homme, 1972, p. 77.

de toda arte: e a pintura, a música não arrancam menos das cores e dos sons acordes novos, paisagens plásticas ou melódicas, personagens rítmicos, que os elevam até o canto da terra e o grito dos homens — o que constitui o tom, a saúde, o devir, um bloco visual e sonoro. Um monumento não comemora, não celebra algo que se passou, mas transmite para o futuro as sensações persistentes que encarnam o acontecimento: o sofrimento sempre renovado dos homens, seu protesto recriado, sua luta sempre retomada. Tudo seria vão porque o sofrimento é eterno, e as revoluções não sobrevivem à sua vitória? Mas o sucesso de uma revolução só reside nela mesma, precisamente nas vibrações, nos enlaces, nas aberturas que deu aos homens no momento em que se fazia, e que compõem em si um monumento sempre em devir, como esses túmulos aos quais cada novo viajante acrescenta uma pedra. A vitória de uma revolução é imanente, e consiste nos novos liames que instaura entre os homens, mesmo se estes não duram mais que sua matéria em fusão e dão lugar rapidamente à divisão, à traição.

As figuras estéticas (e o estilo que as cria) não têm nada a ver com a retórica. São sensações: perceptos e afectos, paisagens e rostos, visões e devires. Mas não é também pelo devir que definimos o conceito filosófico, e quase nos mesmos termos? Todavia, as figuras estéticas não são idênticas aos personagens conceituais. Talvez entrem *[168]* uns nos outros, num sentido ou no outro, como Igitur ou como Zaratustra, mas é na medida em que há sensações de conceitos e conceitos de sensações. Não é o mesmo devir. O devir sensível é o ato pelo qual algo ou alguém não para de devir-outro (continuando a ser o que é), girassol ou Ahab, enquanto que o devir conceitual é o ato pelo qual o acontecimento comum, ele mesmo, esquiva o que é. Este é heterogeneidade compreendida numa forma absoluta, aquele a alteridade empenhada numa matéria de expressão. O monumento não atualiza o acontecimento virtual, mas o incorpora ou o encarna:

Percepto, afecto e conceito

dá-lhe um corpo, uma vida, um universo. É assim que Proust definia a arte-monumento, por esta via superior ao "vivido", suas "diferenças qualitativas", seus "universos" que constroem seus próprios limites, seus distanciamentos e suas aproximações, suas constelações, os blocos de sensações que eles fazem rolar, o universo-Rembrandt ou universo-Debussy. Estes universos não são nem virtuais, nem atuais, são possíveis, o possível como categoria estética ("possível, por favor, senão eu sufoco"), a existência do possível, enquanto que os acontecimentos são a realidade do virtual, formas de um pensamento-Natureza que sobrevoam todos os universos possíveis. Não significa dizer que o conceito precede de direito a sensação: mesmo um conceito de sensação deve ser criado com seus meios próprios, e uma sensação existe em seu universo possível, sem que o conceito exista necessariamente em sua forma absoluta.

Pode a sensação ser assimilada a uma opinião originária, *Urdoxa* como fundação do mundo ou base imutável? A fenomenologia encontra a sensação em "*a priori* materiais", perceptivos e afectivos, que transcendem as percepções e afecções vividas: o amarelo de Van Gogh, ou as sensações inatas de Cézanne. A fenomenologia deve fazer-se fenomenologia da arte, já vimos, porque a imanência do vivido a um sujeito transcendental precisa exprimir-se em funções transcendentes que não determinam somente a experiência em geral, mas que atravessam aqui e agora o próprio vivido e se encarnam nele constituindo sensações vivas. O ser da sensação, o bloco do percepto e do afecto, aparecerá como a unidade ou a reversibilidade daquele que sente e do sentido, seu íntimo entrelaçamento, como mãos que se apertam: é a *carne* que vai se libertar ao mesmo tempo do corpo vivido, *[169]* do mundo percebido, e da intencionalidade de um ao outro, ainda muito ligada à experiência — enquanto a carne nos dá o ser da sensação, e carrega a opinião originária, distinta do juízo de experiência. Carne do mundo e carne do corpo, como cor-

210   Filosofia, ciência lógica e arte

relatos que se trocam, coincidência ideal.[17] É um curioso "Carnismo" que inspira este último avatar da fenomenologia, e a precipita no mistério da encarnação; é uma noção piedosa e sensual, ao mesmo tempo, uma mistura de sensualidade e de religião, sem a qual a carne, talvez, não ficaria de pé sozinha (ela desceria ao longo dos ossos, como nas figuras de Bacon). A questão de saber se a carne é adequada à arte pode se enunciar assim: é ela capaz de carregar o percepto e o afecto, de constituir o ser de sensação, ou então é ela mesma que deve ser carregada, e ingressar em outras potências de vida?

A carne não é a sensação, mesmo se ela participa de sua revelação. Era precipitado dizer que a sensação encarna. A pintura faz a carne ora com o encarnado (superposições do vermelho e do branco), ora com tons justapostos (justaposição de complementares em proporções desiguais). Mas o que constitui a sensação é o devir-animal, vegetal, etc., que monta sob as praias de encarnado, no nu mais gracioso, mais delicado, como a presença de um animal descarnado, de um fruto descascado, Vênus no espelho; ou que surge na fusão, no cozimento, no derramar de tons justapostos, como a zona de indiscernibilidade do animal e do homem. Talvez fosse um

[17] Desde a *Phénoménologie de l'expérience esthétique* (Paris, PUF, 1953), Mikel Dufrenne fazia uma espécie de analítica dos *a priori* perceptivos e afetivos, que fundavam a sensação como relação do corpo e do mundo. Permanecia próximo de Erwin Straus. Mas há um ser de sensação que se manifestaria na carne? Era a via de Merleau-Ponty em *Le Visible et l'invisible* (Paris, Gallimard, 1964): Dufrenne fazia muitas reservas a uma tal ontologia da carne (*L'Oeil et l'oreille*, Montreal, L'Hexagone, 1987). Recentemente, Didier Franck retomou o tema de Merleau-Ponty, mostrando a importância decisiva da carne segundo Heidegger e já Husserl (*Heidegger et le problème de l'espace* e *Chair et corps*, Paris, Minuit, 1986 e 1981, respectivamente). Todo este problema está no centro de uma fenomenologia da arte. Talvez o livro ainda inédito de Foucault, *Les Aveux de la chair*, nos informe sobre as origens mais gerais da noção de carne, e seu alcance na Patrística.

Percepto, afecto e conceito

embaralhamento ou um caos, se não houvesse um segundo elemento para dar consistência à carne. A carne é apenas o termômetro de um devir. A carne é tenra demais. O segundo elemento é menos o osso ou a ossatura que a casa, a armadura. O corpo desabrocha na casa (ou num equivalente, numa fonte, num *[170]* bosque). Ora, o que define a casa são as extensões, isto é, os pedaços de planos diversamente orientados que dão à carne sua armadura: primeiro plano e plano de fundo, paredes horizontais, verticais, esquerda, direita, retos e oblíquos, retilíneos ou curvos...[18] Essas extensões são muros, mas também solos, portas, janelas, portas-janelas, espelhos, que dão precisamente à sensação o poder de manter-se sozinha em *molduras* autônomas. São as faces do bloco de sensação. E há certamente dois signos do gênio dos grandes pintores, bem como de sua humildade: o respeito, quase um terror, com o qual eles se aproximam da cor e entram nela; o cuidado com o qual operam a junção dos planos, da qual depende o tipo de profundidade. Sem este respeito e este cuidado, a pintura é nula, sem trabalho, sem pensamento. O difícil é juntar, não as mãos, mas os planos. Fazer relevos com planos que se juntam, ou ao contrário escarificá-los, cortá-los. Os dois problemas, a arquitetura dos planos e o regime da cor, se confundem frequentemente. A junção dos planos horizontais e verticais em Cézanne: "os planos na cor, os planos! o lugar colorido ou a alma dos planos entra em fusão..." Não há dois grandes pintores, ou mesmo duas grandes obras, que operem da mesma maneira. Há todavia tendências num pintor: em Giacometti, por exemplo, os planos horizontais fugidios diferem à direita e à esquerda e parecem se reunir na

[18] Como mostra Georges Didi-Huberman, a carne engendra uma "dúvida": ela é próxima demais do caos; donde a necessidade de uma complementaridade entre o "encarnado" e a "extensão", tema essencial de *La Peinture incarnée* (Paris, Minuit, 1985), retomada e desenvolvida em *Devant l'image* (Paris, Minuit, 1990).

coisa (a carne da pequena maçã), mas como uma pinça que a puxaria para trás e a faria desaparecer, se um plano vertical, do qual só se vê o fio sem espessura, não viesse fixá-la, retê-la no último momento, dar-lhe uma existência durável, à maneira de um longo alfinete que a atravessa, e a torna filiforme por sua vez. A casa participa de todo um devir. Ela é vida, "vida não orgânica das coisas". De todos os modos possíveis, é a junção dos planos de mil orientações que define a casa-sensação. A casa mesma (ou seu equivalente) é a junção finita dos planos coloridos.

O terceiro elemento é o universo, o cosmos. Não é somente a casa aberta que se comunica com a paisagem, por *[171]* uma janela ou um espelho, mas a casa mais fechada está aberta sobre um universo. A casa de Monet se vê sempre aspirada pelas forças vegetais de um jardim incontrolável, cosmo das rosas. Um universo-cosmos não é carne. Nem mesmo plano, pedaços de planos que se juntam, planos diversamente orientados, embora a junção de todos os planos até o infinito possa constituí-lo. Mas o universo se apresenta, no limite, como o fundo da tela, o único grande plano, o vazio colorido, o infinito monocromático. A porta-janela, como em Matisse, só se abre sobre um fundo negro. A carne, ou antes a figura, não mais é o habitante do lugar, da casa, mas o habitante de um universo que suporta a casa (devir). *É como uma passagem do finito ao infinito*, mas também do território à desterritorialização. É bem o momento do infinito: infinitos infinitamente variados. Em Van Gogh, em Gauguin, em Bacon hoje, vemos surgir a imediata tensão da carne e do fundo, dos derrames, de tons justapostos e da praia infinita de uma pura cor homogênea, viva e saturada ("em lugar de pintar a parede banal do mesquinho apartamento, eu pinto o infinito, faço um fundo simples do azul mais rico, mais intenso...").[19] É verdade que o fundo monocromático é mais do

---

[19] Van Gogh, carta a Théo, *Correspondance complète*, Paris, Galli-

Percepto, afecto e conceito

213

que um fundo. E quando a pintura quer começar do zero, construindo o percepto como um mínimo antes do vazio, ou aproximando ao máximo do conceito, ela procede por monocromia liberada de toda casa ou de toda carne. É notadamente o azul que se encarrega do infinito, e que faz do percepto uma "sensibilidade cósmica", ou o que há de mais conceitual na natureza, ou de mais "proposicional", a cor na ausência do homem, o homem mergulhado na cor; mas, se o azul (ou o negro ou o branco) é perfeitamente idêntico no quadro, ou de um quadro a outro, é a pintura que se torna azul — "Yves, o monocromo" — segundo um puro afecto que faz *[172]* o universo mergulhar no vazio, e não deixa mais nada por fazer ao pintor por excelência.[20]

O vazio colorido, ou antes colorante, já é força. A maior parte dos grandes monocromos da pintura moderna não mais têm necessidade de recorrer a pequenos buquês murais, mas apresentam variações sutis imperceptíveis (todavia constitutivas de um percepto), seja porque são cortados ou contornados de um lado por uma fita, um faixa, uma extensão de uma outra cor ou de um outro tom, que mudam a intensidade do fundo por vizinhança ou distanciamento, seja por-

mard/Grasset, 1960, t. III, p. 165. Os tons justapostos e sua relação com o fundo são um tema frequente da correspondência. Também Gauguin, carta a Schuffenecker, 8 de outubro de 1888, *Lettres*, Paris, Grasset, 1946, p. 140: "Eu fiz um retrato de mim para Vincent.. É, acredito eu, uma das minhas melhores coisas: absolutamente incompreensível (por exemplo) de tal maneira é abstrato... o seu desenho é inteiramente arbitrário, abstração completa... a cor é uma cor distante da natureza; imagine uma vaga lembrança de cerâmica retorcida pelo fogo forte. Todos os vermelhos, os violetas, rajados pelos clarões de fogo, como uma fornalha radiante aos olhos, sede das lutas do pensamento do pintor. O todo sobre um fundo cromo semeado de buquês infantis. Quarto de moça pura". É a ideia do "colorista arbitrário", segundo Van Gogh.

[20] Cf. *Artstudio*, n° 16, Paris, 1990, "Monochromes" (sobre Yves Klein, artigos de Geneviève Monnier, e de Denys Riout; e sobre "os avatares atuais do monocromo", artigo de Pierre Sterckx).

que apresentam figuras lineares ou circulares, quase virtuais, tom sobre tom, seja porque são esburacados ou fendidos: são problemas de junção ainda, mas singularmente ampliados. Numa palavra, o fundo vibra, se enlaça ou se fende, porque é portador de forças apenas vislumbradas. É o que fazia de início a pintura abstrata: convocar as forças, povoar o fundo com as forças que ele abriga, fazer ver nelas mesmas as forças invisíveis, traçar figuras de aparência geométrica, mas que não seriam mais do que forças, força de gravitação, de peso, de rotação, de turbilhão, de explosão, de expansão, de germinação, força do tempo (como se pode dizer, da música, que ela faz ouvir a força sonora do tempo, por exemplo com Messiaen, ou da literatura, com Proust, que faz ler e conceber a força ilegível do tempo). Não é esta a definição do percepto em pessoa: tornar sensíveis as forças insensíveis que povoam o mundo, e que nos afetam, nos fazem devir? O que Mondrian obtém por simples diferenças entre lados de um quadrado, e Kandinsky pelas "tensões" lineares, e Kupka pelos planos curvos em torno do ponto. Do fundo das eras nos vem o que Worringer chamava a linha setentrional, abstrata e infinita, linha do universo que forma fitas e tiras, rodas e turbinas, toda uma "geometria viva" "*elevando à intuição as forças mecânicas*", constituindo uma poderosa vida não-orgânica.[21] O eterno objeto da pintura: pintar as forças, como Tintoretto.

Encontraremos também, talvez, a casa, e o corpo? É que o fundo infinito é frequentemente aquilo sobre o que se abre a janela *[173]* ou a porta; ou então é o muro da própria casa, ou o solo. Van Gogh e Gauguin semeiam o fundo de pequenos buquês de flores, para fazer deles o papel mural sobre o qual se destaca o rosto de tons justapostos. E com efeito a casa não nos abriga das forças cósmicas, no máximo ela as

[21] Wilhelm Worringer, *L'Art gothique*, Paris, Gallimard, 1941.

filtra, elas as seleciona. Ela as transforma, algumas vezes, em forças benevolentes: jamais a pintura fez ver a força de Arquimedes, a força do empuxo da água sobre um corpo gracioso que flutua na banheira da casa, como Bonnard conseguiu em "o Nu no banho". Mas também as forças mais maléficas podem entrar pela porta, entreaberta ou fechada: são as forças cósmicas que provocam elas mesmas as zonas de indiscernibilidade nos tons justapostos de um rosto, esbofeteando-o, arranhando-o, fundindo-o em todos os sentidos, e são estas zonas de indiscernibilidade que revelam as forças escondidas no fundo (Bacon). Há plena complementariedade, enlace de forças como perceptos e de devires como afectos. A linha de força abstrata, segundo Worringer, é rica em motivos animalescos. Às forças cósmicas ou cosmogenéticas correspondem devires-animais, vegetais, moleculares: até que o corpo desapareça no fundo ou entre no muro, ou inversamente que o fundo se contorça e turbilhone na zona de indiscernibilidade do corpo. Numa palavra, o ser de sensação não é a carne, mas o composto das forças não humanas do cosmos, dos devires não humanos do homem, e da casa ambígua que os troca e os ajusta, os faz turbilhonar como os ventos. A carne é somente o revelador que desaparece no que revela: o composto de sensações. Como toda pintura, a pintura abstrata é sensação, nada mais que sensação. Em Mondrian é o quarto que acede ao ser de sensação dividindo por extensões coloridas o plano vazio infinito, que lhe dá de volta um infinito de abertura.[22] Em Kandinsky, as casas são uma das fon-

[22] Piet Mondrian, "Réalité naturelle et réalité abstraite" (in Michel Seuphor, *Piet Mondrian, sa vie, son oeuvre*, Paris, Flammarion, 1956): sobre o quarto e seu desdobramento. Michel Butor analisou este desdobramento do quarto em quadrados ou retângulos, e a abertura sobre um quadrado interior vazio e branco como "promessa de quarto futuro": *Répertoire III*, "Le carré et son habitant", Paris, Minuit, 1968, pp. 307-9, 314-5.

tes da abstração, que consiste menos em figuras geométricas, que em trajetos dinâmicos e linhas de errância, "caminhos que caminham" nos arredores. Em Kupka é de início sobre o corpo que o pintor talha fitas ou extensões coloridas, que produzirão no vazio *[174]* os planos curvos que o povoam, tornando-se sensações cosmogenéticas. É a sensação espiritual, ou já um conceito vivo: o quarto, a casa, o universo? A arte abstrata, e depois a arte conceitual, colocam diretamente a questão que impregna toda pintura — sua relação com o conceito, sua relação com a função.

A arte começa talvez com o animal, ao menos com o animal que recorta um território e faz uma casa (os dois são correlativos ou até mesmo se confundem por vezes no que se chama de *habitat*). Com o sistema território-casa, muitas funções orgânicas se transformam, sexualidade, procriação, agressividade, alimentação, mas não é esta transformação que explica a aparição do território e da casa; seria antes o inverso: o território implica na emergência de qualidades sensíveis puras, *sensibilia* que deixam de ser unicamente funcionais e se tornam traços de expressão, tornando possível uma transformação das funções.[23] Sem dúvida esta expressividade já está difundida na vida, e pode-se dizer que o simples lírio dos campos celebra a glória dos céus. Mas é com o território e a casa que ela se torna construtiva, e ergue os monumentos rituais de uma missa animal que celebra as qualidades antes de tirar delas novas causalidades e finalidades. Esta emergência já é arte, não somente no tratamento dos materiais exteriores, mas nas posturas e cores do corpo, nos cantos e nos gritos que marcam o território. É um jorro de traços, de cores e de sons, inseparáveis na medida em que se tornam expressivos (conceito filosófico de território). O *Scenopoietes denti-*

---

[23] Parece-nos que é um engano de Konrad Lorenz, querer explicar o território por uma evolução das funções: *L'Agression*, Paris, Flammarion, 1977.

Percepto, afecto e conceito

rostris, pássaro das florestas chuvosas da Austrália, faz cair da árvore as folhas que corta cada manhã, vira-as para que sua face interna mais pálida contraste com a terra, constrói para si assim uma cena como um *ready-made*, e canta exatamente em cima, sobre um cipó ou um galho, um canto complexo composto de suas próprias notas e das de outros pássaros, que imita nos intervalos, mostrando a raíz amarela das plumas sob seu bico: é um artista completo.[24] Não são as sinestesias em plena carne, são estes blocos de sensações no território, *[175]* cores, posturas e sons, que esboçam uma obra de arte total. Estes blocos são ritornelos; mas há também ritornelos posturais e de cores; e tanto posturas quanto cores se introduzem sempre nos ritornelos. Reverências e posições eretas, rondas, traços de cores. O ritornelo inteiro é o ser de sensação. Os monumentos são ritornelos. Desse ponto de vista, a arte não deixará de ser habitada pelo animal. A arte de Kafka será a mais profunda meditação sobre o território e a casa, o terreiro, as posturas-retrato (a cabeça pendida do habitante com o queixo enterrado no peito, ou ao contrário "o grande tímido" que fura o teto com seu crânio anguloso), os sons-música (os cães que são músicos por suas próprias posturas, Josephine a ratinha cantora da qual jamais saberemos se canta, Gregoire que une seu piado ao violino de sua irmã numa relação complexa quarto-casa-território). Eis tudo o que é preciso para fazer arte: uma casa, posturas, cores e cantos — sob a condição de que tudo isso se abra e se lance sobre um vetor louco, como uma vassoura de bruxa, uma linha de universo ou de desterritorialização. "Perspectiva de um quarto com seus habitantes" (Klee).

Cada território, cada *habitat* junta seus planos ou suas extensões, não apenas espaçotemporais, mas qualitativos: por

---

[24] Alan John Marshall, *Bower Birds*, Oxford, Clarendon Press, 1954; E. T. Gilliard, *Birds of Paradise and Bower Birds*, Londres, Weidenfeld & Nicholson, 1969.

exemplo, uma postura e um canto, um canto e uma cor, perceptos e afectos. E cada território engloba ou recorta territórios de outras espécies, ou intercepta trajetos de animais sem território, formando junções interespecíficas. É neste sentido que Uexküll, num primeiro aspecto, desenvolve uma concepção da Natureza melódica, polifônica, contrapontual. Não apenas o canto de um pássaro tem suas relações de contraponto, mas pode fazer contraponto com o canto de outras espécies, e pode, ele mesmo, imitar estes outros cantos, como se se tratasse de ocupar um máximo de frequências. A teia de aranha contém "um retrato muito sutil da mosca" que lhe serve de contraponto. A concha, como casa do molusco, se torna, quando ele morre, o contraponto do Bernardo-eremita que faz dela seu próprio habitat, graças a sua cauda que não é nadadeira, mas preênsil, e lhe permite capturar a concha vazia. O Carrapato é organicamente construído de modo a encontrar seu contraponto no mamífero qualquer que passa sob seu galho, como as folhas de carvalho arranjadas *[176]* como telhas, nas gotas de chuva que escorrem. Não é uma concepção finalista, mas melódica, em que não mais sabemos o que é arte ou natureza ("a técnica natural"): há contraponto toda vez que uma melodia intervém como "motivo" numa outra melodia, como nas bodas entre a mamangava e a boca-de-leão. Essas relações de contraponto juntam planos, formam compostos de sensações, blocos, e determinam devires. Mas não são somente estes *compostos melódicos* determinados que constituem a natureza, mesmo generalizados; é preciso também, sob um outro aspecto, um *plano de composição sinfônica* infinito: da Casa ao universo. Da endossensação à exossensação. É que o território não se limita a isolar e juntar, ele abre para forças cósmicas que sobem de dentro ou que vêm de fora, e torna sensíveis seu efeito sobre o habitante. É um plano de composição do carvalho que porta ou comporta a força de desenvolvimento da bolota e a força de formação das gotas, ou o do carrapato, que tem a força da luz capaz de atrair o animal até a ponta de um galho, numa altura suficiente, e a força de peso com a qual se deixa cair sobre o mamífero que passa — e entre os dois, nada, um vazio assustador que pode durar anos, se o mamífero não passa.[25] E ora as forças se fundem umas nas outras em transições sutis, decompõem-se tão logo vislumbradas, ora se alternam ou se enfrentam. Ora deixam-se selecionar pelo território, e são as mais benevolentes que entram na casa. Ora lançam um apelo misterioso que arranca o habitante do território, e o precipita numa viagem irresistível, como os pintassilgos que se reúnem frequentemente aos milhões ou as lagostas que empreendem uma imensa peregrinação no fundo da água. Ora se abatem sobre o território e o invertem, malevolentes, restaurando o caos de onde ele mal saía. Mas sempre, se a natureza é como a arte, é porque ela conjuga de todas as maneiras esses dois elementos vivos: a Casa e o Universo, o *Heimlich* e o *Unheimlich*, o território e a desterritorialização, os compostos melódicos finitos e o grande plano de composição infinito, o pequeno e o grande ritornelo. *[177]*

A arte começa, não com a carne, mas com a casa; é por isso que a arquitetura é a primeira das artes. Quando Dubuffet procura delimitar um certo estado bruto de arte, é a princípio na direção da casa que ele se volta, e toda sua obra se ergue entre a arquitetura, a escultura e a pintura. E, limitando-nos à forma, a arquitetura mais sábia não deixa de fazer planos, extensões, e de juntá-los. É por isso que se pode defini-la pela "moldura", um encaixe de molduras diversamente orientadas, que se imporiam às outras artes, da pintura ao cinema. Já se apresentou a pré-história do quadro como passando pelo afresco na moldura da parede, o vitral na moldura da janela, o mosaico na moldura do solo: "A mol-

---

[25] Cf. a obra-prima de Jakob von Uexküll, *Mondes animaux et monde humain/Théorie de la signification*, Paris, Gonthier, 1965 (pp. 137-42: "o contraponto, motivo do desenvolvimento e da morfogênese").

dura é o umbigo que liga o quadro ao monumento do qual ele é a redução", como a moldura gótica com colunetas, ogiva e flecha.[26] Fazendo da arquitetura a arte primeira da moldura, Bernard Cache pode enumerar um certo número de formas enquadrantes que não prejulgam nenhum conteúdo concreto nem função do edifício: o muro que isola, a janela que capta ou seleciona (em conexão com o território), o solo-chão que conjura ou rarifica ("rarificar o relevo da terra para dar livre curso às trajetórias humanas"), o teto, que envolve a singularidade do lugar ("o teto em declive coloca o edifício sobre uma colina..."). Encaixar essas molduras ou juntar todos estes planos, extensão de muro, extensão de janela, extensão de solo, extensão de declive, é todo um sistema composto rico em pontos e contrapontos. As molduras e suas junções sustentam os compostos de sensações, dão consistência às figuras, confundem-se com seu dar consistência, seu próprio tônus. Aí estão as faces de um cubo de sensação. As molduras ou as extensões não são coordenadas, pertencem aos compostos de sensações dos quais constituem as faces, as interfaces. Mas, por mais extensível que seja este sistema, é preciso ainda um vasto plano de composição que opere uma espécie de *desenquadramento* segundo linhas de fuga, que só passe pelo território para abri-lo sobre o universo, que vá da casa-território à cidade-cosmos, e que dissolva agora a identidade do lugar na variação da Terra, uma cidade que tem menos um lugar do que vetores pregueando a linha abstrata do relevo. É sobre este plano de composição, como sobre "um espaço vetorial abstrato", que se traçam figuras geométricas, cone, prisma, diedro, plano estrito, que *[178]* nada mais são do que forças cósmicas capazes de se fundir, se transformar, se enfrentar, alternar, mundo de antes do homem, mesmo se é pro-

---

[26] Henry Van de Velde, *Déblaiement d'art* (1894), Bruxelas, Archives d'Architecture Moderne, 1979, p. 20.

Percepto, afecto e conceito

duto do homem.[27] É preciso agora desarticular os planos, para remetê-los a seus intervalos, em vez de remetê-los uns aos outros, para criar novos afectos.[28] Ora, vimos que a pintura seguia o mesmo movimento. A moldura ou a borda do quadro, é em primeiro lugar, o invólucro externo de uma série de molduras ou de extensões que se juntam, operando contrapontos de linhas e de cores, determinando compostos de sensações. Mas o quadro é atravessado também por uma potência de desenquadramento que o abre para um plano de composição ou um campo de forças infinito. Estes procedimentos podem ser muito diversos, mesmo no nível da moldura exterior: formas irregulares, lados que não se juntam, molduras pintadas ou pontilhados de Seurat, quadrados sobre ponta de Mondrian, tudo o que dá ao quadro o poder de sair da tela. Jamais o gesto do pintor fica na moldura, ele sai da moldura e não começa com ela.

Não parece que a literatura, e particularmente o romance, estejam numa outra situação. O que conta não são as opiniões dos personagens segundo seus tipos sociais e seu caráter, como nos maus romances, mas as relações de contraponto nos quais entram, e os compostos de sensações que esses personagens experimentam eles mesmos ou fazem experimentar, em seus devires e suas visões. O contraponto não serve para relatar conversas, reais ou fictícias, mas para fazer mos-

---

[27] Sobre todos estes pontos, a análise das formas enquadrantes e da cidade-cosmos (exemplo de Lausanne), cf. Bernard Cache, *L'Ameublement du territoire* (a sair) [1983, publicado em inglês: *Earth Moves: The Furnishing of Territories*, Cambridge, MIT Press, 1995].

[28] É Pascal Bonitzer que formou o conceito de desenquadramento, para aplicar ao cinema novas relações entre os planos (*Cahiers du Cinéma*, n° 284, janeiro de 1978): planos "disjuntos, triturados ou fragmentados", graças aos quais o cinema se torna uma arte, depurando-se das emoções mais comuns que arriscam de lhe impedir o desenvolvimento estético, e produzindo-lhe afetos novos (*Le Champ aveugle*, Paris, Cahiers du Cinéma/Gallimard, 1982, "sistème des émotions").

trar a loucura de qualquer conversa, de qualquer diálogo, mesmo interior. É tudo isso que o romancista deve extrair das percepções, afecções e opiniões de seus "modelos" psicossociais, que se integram inteiramente nos perceptos e os afectos aos quais o personagem deve ser elevado sem conservar outra vida. E isso implica num vasto plano de composição, não preconcebido abstratamente, mas que se constrói à medida que a obra avança, abrindo, misturando, [179] desfazendo e refazendo compostos cada vez mais ilimitados segundo a penetração de forças cósmicas. A teoria do romance de Bakhtin vai nesse sentido mostrando, de Rabelais a Dostoiévski, a coexistência dos componentes contrapontuais, polifônicos, e plurivocais com um plano de composição arquitetônico ou sinfônico.[29] Um romancista como Dos Passos soube atingir uma arte inaudita do contraponto nos compostos que forma entre personagens, atualidades, biografias, olhos de câmera, ao mesmo tempo que um plano de composição se alarga ao infinito, para arrastar tudo para a Vida, para a Morte, para a cidade-cosmos. E se retornamos a Proust é porque, mais do que qualquer outro, ele fez com que os dois elementos quase se sucedessem, embora presentes um no outro; o plano de composição aparece pouco a pouco, para a vida, para a morte, compostos de sensação que ele edifica no curso do tempo perdido, até aparecer em si mesmo com o tempo reencontrado, a força, ou antes as forças, do tempo puro tornadas sensíveis. Tudo começa pelas Casas, que devem todas juntar suas dimensões, e dar consistência a compostos, Combray, o palacete de Guermantes, o salão Verdurin; e as casas elas mesmas se ajuntam segundo interfaces, mas um Cosmos planetário já está lá, visível ao telescópio, arruinando-as ou transformando-as, e absorvendo-as no infinito do fundo. Tudo começa por ritornelos, cada um dos quais, como a pequena frase da

[29] Mikhail Bakhtin, *Esthétique et théorie du roman*, Paris, Gallimard, 1978.

Percepto, afecto e conceito

sonata de Vinteuil, não se compõe apenas em si mesmo, mas com outras sensações variáveis, a de uma passante desconhecida, a do rosto de Odette, a das folhagens do Bois de Boulogne — e tudo termina, no infinito, no grade Ritornelo, a frase do séptuor em perpétua metamorfose, o canto dos universos, o mundo de antes do homem ou de depois. De cada coisa finita, Proust faz um ser de sensação, que não deixa de se conservar, mas fugindo sobre um plano de composição do Ser: "seres de fuga"...

EXEMPLO XIII

Não parece que a música esteja numa outra situação, talvez mesmo a encarne com mais poder ainda. Diz-se, todavia, que o som não tem moldura. Mas os compostos de sensações, os blocos sonoros tampouco têm extensões ou formas enquadrantes que devem, em cada caso, se ajuntar *[180]* assegurando um certo fechamento. Os casos mais simples são a *ária* melódica, que é um ritornelo monofônico; o *motivo*, que já é polifônico, um elemento de uma melodia interveniente no desenvolvimento de uma outra e fazendo contraponto; o *tema*, como objeto de modificações harmônicas através das linhas melódicas. Essas três formas elementares constróem a casa sonora e seu território. Elas correspondem às três modalidades de um ser de sensação, pois a ária é uma vibração, o motivo é um enlace, um acoplamento, enquanto o tema não fecha sem se descerrar, fender e também abrir. Com efeito, o fenômeno musical mais importante, que aparece à medida que os compostos de sensações sonoras se tornam mais complexos, é que sua clausura ou fechamento (por junção de suas molduras, de suas extensões) se acompanha de uma possibilidade de abertura sobre um plano de composição cada vez mais ilimitado. Os seres de música são como os seres vivos segundo Bergson, que compensam sua clausura individuante por uma abertura feita de modulação, repetição, transposição, justaposição... Se consideramos a sonata, encontramos aí uma forma enquadrante particularmente rígida, fundada sobre um bitematismo, e da qual o primeiro movimento apresenta as seguintes dimensões: exposição do primeiro tema, transição, exposição do segundo tema, desenvolvimentos sobre o primeiro ou o segundo, coda, desenvolvimento do primeiro com modulação, etc. É toda uma casa com seus aposentos. Mas é antes o primeiro movimento que forma assim uma célula, e é raro que um grande músico siga a forma canônica; os outros movimentos podem abrir-se, notadamente o segundo, pelo tema e variação, até que Liszt assegure uma fusão dos movimentos no "poema sinfônico". A sonata aparece então antes como uma forma-cruzamento em que, da junção das dimensões musicais, da clausura dos compostos sonoros, nasce a abertura de um plano de composição.

Deste ponto de vista, o velho procedimento tema e variação, que mantém a moldura harmônica do tema, dá lugar a uma espécie de desenquadramento quando o piano engendra os *estudos de composição* (Chopin, Schumann, Liszt): é um novo momento essencial, porque o trabalho criador não mais versa sobre os componentes sonoros, motivos e temas, abrindo um plano, mas ao contrário versa diretamente sobre o próprio plano de composição, para fazer nascer dele compostos bem mais livres e desenquadrados, quase agregados incompletos ou sobrecarregados, em desequilíbrio permanente. É a

Percepto, afecto e conceito

"cor" do som que conta cada vez mais. Passa-se da Casa ao Cosmos (segundo uma fórmula que a obra de Stockhausen retomará). *[181]* O trabalho do plano de composição se desenvolve em duas direções que engendrarão uma desagregação da moldura tonal: os imensos fundos da variação contínua que fazem enlaçar e se unir as forças tornadas sonoras, em Wagner, ou os tons justapostos que separam e dispersam as forças agenciando suas passagens reversíveis, em Debussy. Universo-Wagner, universo-Debussy. Todas as árias, todos os pequenos ritornelos enquadrantes ou enquadrados, infantis, domésticos, profissionais, nacionais, territoriais, são carregados no grande Ritornelo, um potente canto da terra — o desterritorializado — que se eleva com Mahler, Berg ou Bartók. E sem dúvida o plano de composição engendra sempre novas clausuras, como na série. Mas, sempre, o gesto do músico consiste em desenquadrar, encontrar a abertura, retomar o plano de composição, segundo a fórmula que obceca Boulez: traçar uma transversal irredutível à vertical harmônica como à horizontal melódica que conduz blocos sonoros à individualização variável, mas também abri-las ou fendê-las num espaço-tempo que determina sua densidade e seu percurso sobre o plano.[30] O grande ritornelo se eleva à medida que nos afastamos da casa, mesmo se é para retornar a ela, já que ninguém mais nos reconhecerá quando retornarmos.

---

[30] Pierre Boulez, notadamente *Points de repère*, Paris, Bourgois/Seuil, 1981, pp. 159 ss. (*Pensez la musique aujourd'hui*, Paris, Gonthier, 1964, pp. 59-62). A extensão da série em durações, intensidades e timbres não é um ato de clausura, mas, ao contrário, uma abertura do que se fechava na série das alturas.

Composição, composição, eis a única definição da arte. A composição é estética, e o que não é composto não é uma obra de arte. Não confundiremos todavia a composição técnica, trabalho do material que faz frequentemente intervir a ciência (matemática, física, química, anatomia) e a composição estética, que é o trabalho da sensação. Só este último merece plenamente o nome de composição, e nunca uma obra de arte é feita por técnica ou pela técnica. Certamente, a técnica compreende muitas coisas que se individualizam segundo cada artista e cada obra: as palavras e a sintaxe em literatura; não apenas a tela em pintura, mas sua preparação, os pigmentos, suas misturas, os métodos de perspectiva; ou então os doze sons da música ocidental, os instrumentos, as escalas, as alturas... E a relação entre os dois planos, o plano de composição técnica e o plano de composição estética, não cessa de variar historicamente. *[182]* Sejam dois estados oponíveis na pintura a óleo: num primeiro caso, o quadro é preparado por um fundo branco, sobre o qual se desenha e se dilui o desenho (esboço), enfim se põe a cor, as sombras e as luzes. No outro caso, o fundo se torna cada vez mais espesso, opaco e absorvente, de modo que ele se colore na divisão, e o trabalho se faz em plena massa sobre uma gama escura, as correções substituindo o esboço: o pintor pintará sobre cor, depois cor ao lado de cor, as cores se tornando cada vez mais relevos, a arquitetura sendo assegurada pelo "contraste dos complementares e a concordância dos análogos" (Van Gogh); é por e na cor que se encontrará a arquitetura, mesmo se é preciso renunciar aos relevos para reconstituir grandes unidades colorantes. É verdade que Xavier de Langlais vê em todo este segundo caso uma longa decadência que cai no efêmero e não chega a restaurar uma arquitetura: o quadro se obscurece, empalidece ou se escama rapidamente.[31] E sem

[31] Xavier de Langlais, *La Technique de la peinture à l'huile*, Paris,

dúvida esta observação coloca, ao menos negativamente, a questão do progresso na arte, já que Langlais considera que a decadência começa já depois de Van Eyck (um pouco como alguns param a música no canto gregoriano, ou a filosofia em Santo Tomás). Mas é uma observação técnica que concerne somente ao material: além de que a duração do material é muito relativa, a sensação é de uma outra ordem, e possui uma existência em si enquanto o material dura. A relação da sensação com o material deve pois ser avaliada nos limites da duração do material, qualquer que ela seja. Se há progressão em arte, é porque a arte só pode viver criando novos perceptos e novos afectos como desvios, retornos, linhas de partilha, mudanças de níveis e de escalas... Deste ponto de vista, a distinção de dois estados da pintura a óleo toma um aspecto inteiramente diferente, estético e não mais técnico — esta distinção não conduz evidentemente ao "representativo ou não", já que nenhuma arte, nenhuma sensação jamais foram representativas.

No primeiro caso, *a sensação se realiza no material*, e não existe fora desta realização. Diríamos que a sensação (o composto de sensações) se projeta sobre o plano de *[183]* composição técnica bem preparado, de sorte que o plano de composição estética venha recobri-lo. É preciso pois que o material compreenda ele mesmo mecanismos de perspectiva graças aos quais a sensação projetada não se realiza somente cobrindo o quadro, mas segundo uma profundidade. A arte desfruta então de uma aparência de transcendência, que se exprime não numa coisa por representar, mas no caráter paradigmático da projeção e no caráter "simbólico" da perspectiva. A Figura é como a fabulação segundo Bergson: tem uma origem religiosa. Mas, quando ela se torna estética, sua trans-

Flammarion, 1959 (e J. W. Goethe, *Traité des couleurs*, Paris, Triades, 1973, par. 902-9).

cendência sensitiva entra numa oposição surda ou aberta com a transcendência suprasensível das religiões.

No segundo caso, não é mais a sensação que se realiza no material, *é antes o material que entra na sensação*. Certamente, a sensação não existe mais fora dessa entrada, e o plano de composição técnica não mais tem autonomia a não ser no primeiro caso: não vale jamais por si mesmo. Mas diríamos agora que ele *sobe* no plano de composição estética, e lhe dá uma espessura própria, como diz Damisch, independente de qualquer perspectiva e profundidade. É o momento em que as figuras da arte se liberam de uma transcendência aparente ou de um modelo paradigmático, e confessam seu ateísmo inocente, seu paganismo. E sem dúvida, entre estes dois casos, estes dois estados da sensação, estes dois polos da técnica, as transições, as combinações e as coexistências se fazem constantemente (por exemplo o trabalho em plena massa de Ticiano ou de Rubens): são polos abstratos ao invés de movimentos realmente distintos. Resta que a pintura moderna, mesmo quando se contenta com óleo e solvente, se volta cada vez mais na direção do segundo polo, e faz subir e introduzir o material "na espessura" do plano de composição estética. É por isso que é tão falso definir a sensação na pintura moderna pela admissão de uma "plenitude" visual pura: o erro vem talvez de que a espessura não precisa ser larga ou profunda. Pôde-se dizer, de Mondrian, que ele era um pintor da espessura; e quando Seurat define a pintura como "a arte de cavar uma superfície", basta-lhe apoiar-se sobre os vazios e os plenos do papel Canson. É uma pintura que não mais tem fundo, porque o "baixo" emerge: a superfície é esburacável ou o plano de composição ganha espessura, enquanto o material sobe, *[184]* independentemente de uma profundidade ou perspectiva, independentemente das sombras e mesmo da ordem cromática da cor (o colorista arbitrário). Não mais se recobre, faz-se subir, acumular, empilhar, atravessar, sublevar, dobrar. É uma promoção do solo, e a escultura pode tornar-se plana, já que o plano se estratifica. Não mais se pinta "sobre", mas "sob". A arte informal levou muito longe estas novas potências da textura, essa elevação do solo com Dubuffet; e também o expressionismo abstrato, a arte minimalista, procedendo por impregnações, fibras, folheados, ou usando a tarlatana ou o tule, de modo que o pintor possa pintar atrás de seu quadro, num estado de cegueira.[32] Com Hantaï, as dobragens escondem à vista do pintor o que entregam ao olho do espectador, uma vez desdobradas. De qualquer maneira e em todos estes estados, a pintura é pensamento: a visão existe pelo pensamento, e o olho pensa, mais ainda do que escuta.

Hubert Damisch fez da espessura do plano um verdadeiro conceito, mostrando que "o trançado poderia bem preencher, para a pintura futura, função análoga àquela que foi a da perspectiva". O que não é próprio da pintura, já que Damisch reencontra a mesma distinção no nível do plano arquitetural, quando Scarpa, por exemplo, rejeita o movimento da projeção e os mecanismos da perspectiva, para inscrever os volumes na espessura do próprio plano.[33] E da literatura à música uma espessura material se afirma, que não se deixa reduzir a nenhuma profundidade formal. É um traço característico da literatura moderna, quando as palavras e a sintaxe sobem no plano de composição, e o cavam, em lugar de

---

[32] Cf. "Christian Bonnefoi, interviewé et commenté par Yves-Alain Bois", *Macula*, nº 5-6, Paris, 1979.

[33] Hubert Damisch, *Fenêtre jaune cadmium ou les dessous de la peinture*, Paris, Seuil, 1984, pp. 275-305 (e p. 80, a espessura do plano em Pollock). Damisch é o autor que mais insistiu sobre a relação arte-pensamento, pintura pensamento, tal como notadamente Dubuffet procurava instaurá-la. Mallarmé fazia da "espessura" do livro uma dimensão distinta da profundidade: cf. Jacques Schérer, *Le "Livre" de Mallarmé*, Paris, Gallimard, 1957, p. 55 — tema que Boulez retoma por sua vez para a música (*Points de repère*, p. 161).

Filosofia, ciência lógica e arte

colocá-lo em perspectiva. E a música, quando renuncia à projeção como às perspectivas que impõem a altura, o temperamento e o cromatismo, para dar ao plano sonoro uma espessura singular, da qual testemunham elementos muito diferentes: a evolução dos estudos [185] para piano, que deixam de ser somente técnicas para tornar-se "estudos de composição" (com a extensão que lhes dá Debussy); a importância decisiva que toma a orquestração em Berlioz; a subida dos timbres em Stravinsky e em Boulez; a proliferação dos afectos de percussão com os metais, as peles e as madeiras, e sua ligação com os instrumentos de sopro, para constituir blocos inseparáveis do material (Varèse); a redefinição do percepto em função do ruído, do som bruto e complexo (Cage); não apenas o alargamento do cromatismo a outros componentes diferentes da altura, mas a tendência a uma aparição não cromática do som num continuum infinito (música eletrônica ou eletroacústica).

Só há um plano único, no sentido em que a arte não comporta outro plano diferente do da composição estética: o plano técnico, com efeito, é necessariamente recoberto ou absorvido pelo plano de composição estética. É sob esta condição que a matéria se torna expressiva: o composto de sensações se realiza no material, ou o material entra no composto, mas sempre de modo a se situar sobre um plano de composição propriamente estético. Há muitos problemas técnicos em arte, e a ciência pode intervir em sua solução; mas eles só se colocam em função de problemas de composição estética, que concernem aos compostos de sensações e ao plano ao qual remetem necessariamente com seus materiais. Toda sensação é uma questão, mesmo se só o silêncio responde a ela. O problema na arte consiste sempre em encontrar que monumento erguer sobre tal plano, ou que plano estender sob tal monumento, e os dois ao mesmo tempo: assim em Klee o "movimento no limite da terra fértil" e o "monumento em terra fértil". Não há tantos planos diferentes quantos universos, autores ou mesmo obras? De fato, os universos, de uma arte à outra, bem como numa mesma arte, podem derivar uns dos outros, ou então entrar em relações de captura e formar constelações de universo, independentemente de qualquer derivação, mas também dispersar-se em nebulosas ou sistemas estelares diferentes, sob distâncias qualitativas que não são mais de espaço e de tempo. É sobre suas linhas de fuga que os universos se encadeiam ou se separam, de modo que o plano pode ser único, ao mesmo tempo que os universos são múltiplos irredutíveis.

Tudo se passa (inclusive a técnica) entre os compostos de sensações e o plano de composição estética. Ora, este não [186] vem antes, não sendo voluntário ou preconcebido, não tendo nada a ver com um programa, mas também não vem depois, embora sua tomada de consciência se faça progressivamente e surja frequentemente depois. A cidade não vem depois da casa, nem o cosmos depois do território. O universo não vem depois da figura, e a figura é *aptidão de universo*. Chegamos, da sensação composta, ao plano de composição, mas para reconhecer sua estrita coexistência ou sua complementariedade, um só progredindo através do outro. A sensação composta, feita de perceptos e de afectos, desterritorializa o sistema da opinião que reunia as percepções e afecções dominantes num meio natural, histórico e social. Mas a sensação composta se reterritorializa sobre o plano de composição, porque ela ergue suas casas sobre ele, porque ela se apresenta nele em molduras encaixadas ou extensões articuladas que limitam seus componentes, paisagens tornadas puros perceptos, personagens tornados puros afectos. E, ao mesmo tempo, o plano de composição arrasta a sensação numa desterritorialização superior, fazendo-a passar por uma espécie de desenquadramento que a abre e a fende sobre um cosmos infinito. Como em Pessoa, uma sensação, sobre o plano, não ocupa um lugar sem estendê-lo, distendê-lo pela Terra inteira, e liberar todas as sensações que ela contém: abrir ou fender, *igualar o infinito*. Talvez seja próprio da arte passar pelo finito para reencontrar, restituir o infinito.

O que define o pensamento, as três grandes formas do pensamento, a arte, a ciência e a filosofia, é sempre enfrentar o caos, traçar um plano, esboçar um plano sobre o caos. Mas a filosofia quer salvar o infinito, dando-lhe consistência: ela traça um plano de imanência, que leva até o infinito acontecimentos ou conceitos consistentes, sob a ação de personagens conceituais. A ciência, ao contrário, renuncia ao infinito para ganhar a referência: ela traça um plano de coordenadas somente indefinidas, que define sempre estados de coisas, funções ou proposições referenciais, sob a ação de observadores parciais. A arte quer criar um finito que restitua o infinito: traça um plano de composição que carrega por sua vez monumentos ou sensações compostas, sob a ação de figuras estéticas. Damisch analisou precisamente o quadro de Klee, "Igual infinito". Certamente não é uma alegoria, mas o gesto de pintar que se apresenta como pintura. Parece-nos que as manchas castanhas, que dançam na margem e atravessam a tela, *[187]* são a passagem infinita do caos; o formigar de pontos sobre a tela, dividida por bastonetes, é a sensação composta finita, mas se abre sobre o plano de composição que nos devolve o infinito, $= \infty$. Isso não implica, contudo, que a arte seja como uma síntese da ciência e da filosofia, da via finita e da via infinita. As três vias são específicas, tão diretas umas como as outras, e se distinguem pela natureza do plano e daquilo que o ocupa. Pensar é pensar por conceitos, ou então por funções, ou ainda por sensações, e um desses pensamentos não é melhor que um outro, ou mais plenamente, mais completamente, mais sinteticamente "pensado". As molduras da arte não são coordenadas científicas, como as sensações não são conceitos ou o inverso. As duas tentativas recentes para aproximar a arte da filosofia são a arte abstrata e a arte conceitual; mas não substituem o conceito pela sensação, criam sensações e não conceitos. A arte abstrata procura somente refinar a sensação, desmaterializá-la, estendendo um plano de composição arquitetônico em que ela se tornaria um puro ser espiritual, uma matéria radiante pensante e pensada, não mais uma sensação do mar ou da árvore, mas uma sensação do conceito de mar ou do conceito de árvore. A arte conceitual procura uma desmaterialização oposta, por generalização, instaurando um plano de composição suficientemente neutralizado (o catálogo que reúne obras não mostradas, o solo recoberto por seu próprio mapa, os espaços abandonados sem arquitetura, o plano *flatbed*) para que tudo tome aí um valor de sensação reprodutível até o infinito: as coisas, as imagens ou clichês, as proposições — uma coisa, sua fotografia, na mesma escala e no mesmo lugar, sua definição tirada do dicionário. Não é certo, porém, que se atinja assim, neste último caso, a sensação nem o conceito, porque o plano de composição tende a se fazer "informativo", e a sensação depende da simples "opinião" de um espectador, ao qual cabe eventualmente "materializar" ou não, isto é, decidir se é arte ou não. Tanto esforço para reencontrar no infinito as percepções e afecções ordinárias, e conduzir o conceito a uma doxa do corpo social ou da grande metrópole americana.

Os três pensamentos se cruzam, se entrelaçam, mas sem síntese nem identificação. A filosofia faz surgir acontecimentos com seus conceitos, a arte ergue monumentos com suas *[188]* sensações, a ciência constrói estados de coisas com suas funções. Um rico tecido de correspondências pode estabelecer-se entre os planos. Mas a rede tem seus pontos culminantes, onde a sensação se torna ela própria sensação de conceito, ou de função; o conceito, conceito de função ou de sensação; a função, função de sensação ou de conceito. E um dos elementos não aparece, sem que o outro possa estar ainda por vir, ainda indeterminado ou desconhecido. Cada elemento criado sobre um plano apela a outros elementos heterogêneos, que restam por criar sobre outros planos: o pensamento como heterogênese. É verdade que estes pontos culminantes comportam dois perigos extremos: ou reconduzir-nos à opinião da qual queríamos sair, ou nos precipitar no caos que queríamos enfrentar.

Conclusão
DO CAOS AO CÉREBRO
[189]

Pedimos somente um pouco de ordem para nos proteger do caos. Nada é mais doloroso, mais angustiante do que um pensamento que escapa a si mesmo, ideias que fogem, que desaparecem apenas esboçadas, já corroídas pelo esquecimento ou precipitadas em outras, que também não dominamos. São *variabilidades* infinitas cuja desaparição e aparição coincidem. São velocidades infinitas, que se confundem com a imobilidade do nada incolor e silencioso que percorrem, sem natureza nem pensamento. É o instante que não sabemos se é longo demais ou curto demais para o tempo. Recebemos chicotadas que latem como artérias. Perdemos sem cessar nossas ideias. É por isso que queremos tanto agarrarmo-nos a opiniões prontas. Pedimos somente que nossas ideias se encadeiem segundo um mínimo de regras constantes, e a associação de ideias jamais teve outro sentido: fornecer-nos regras protetoras, semelhança, contiguidade, causalidade, que nos permitem colocar um pouco de ordem nas ideias, passar de uma a outra segundo uma ordem do espaço e do tempo, impedindo nossa "fantasia" (o delírio, a loucura) de percorrer o universo no instante, para engendrar nele cavalos alados e dragões de fogo. Mas não haveria nem um pouco de ordem nas ideias, se não houvesse também nas coisas ou estados de coisas, como um anticaos objetivo: "Se o cinábrio fosse ora vermelho, ora preto, ora leve, ora pesado..., minha imaginação não encontraria a ocasião para receber, no pensamento, o pesado cinábrio com *[190]* a representação da cor vermelha".[1] E, enfim, para que haja acordo entre coisas e pensamento, é preciso que a sensação se reproduza, como a garantia ou o testemunho de seu acordo, a sensação de pesado cada vez que tomamos o cinábrio na mão, a de vermelho cada vez que o vemos, com nossos órgãos do corpo, que não percebem o presente, sem lhe impor uma conformidade com o passado. É tudo isso que pedimos para *formar uma opinião*, como uma espécie de "guarda-sol" que nos protege do caos.

Nossas opiniões são feitas de tudo isso. Mas a arte, a ciência, a filosofia exigem mais: traçam planos sobre o caos. Essas três disciplinas não são como as religiões, que invocam dinastias de deuses, ou a epifania de um deus único, para pintar sobre o guarda-sol um firmamento, como as figuras de uma Urdoxa de onde derivariam nossas opiniões. A filosofia, a ciência e a arte querem que rasguemos o firmamento e que mergulhemos no caos. Só o venceremos a este preço. Atravessei três vezes o Aqueronte como vencedor. O filósofo, o cientista, o artista parecem retornar do país dos mortos. O que o filósofo traz do caos são *variações* que permanecem infinitas, mas tornadas inseparáveis sobre superfícies ou em volumes absolutos, que traçam um plano de imanência secante: não mais são associações de ideias distintas, mas re-encadeamentos, por zona de indistinção, num conceito. O cientista traz do caos *variáveis*, tornadas independentes por desaceleração, isto é, por eliminação de outras variabilidades quaisquer, suscetíveis de interferir, de modo que as variáveis retidas entram em relações determináveis numa função: não mais são liames de propriedades nas coisas, mas coordenadas finitas sobre um plano secante de referência, que vai das probabilidades locais a uma cosmologia global. O artista traz do caos *variedades*, que não constituem mais uma reprodução do sensível no órgão, mas erigem um ser do sensível, um ser

---

[1] Kant, *Crítica da razão pura*, Analítica, "Da síntese da reprodução na imaginação".

da sensação, sobre um plano de composição, anorgânica, capaz de restituir o infinito. A luta com o caos, que Cézanne e Klee mostraram em ato na pintura, no coração da pintura, se encontra de uma outra maneira na ciência, na filosofia: *[191]* trata-se sempre de vencer o caos por um plano secante que o atravessa. O pintor passa por uma catástrofe, ou por um incêndio, e deixa sobre a tela o traço dessa passagem, como do salto que o conduz do caos à composição.[2] As próprias equações matemáticas não desfrutam de uma tranquila certeza que seria como a sanção de uma opinião científica dominante, mas saem de um abismo que faz que o matemático "salte de pés juntos sobre os cálculos", que preveja que não pode efetuá-los e não chega à verdade sem "se chocar de um lado e do outro".[3] E o pensamento filosófico não reúne seus conceitos na amizade, sem ser ainda atravessado por uma fissura que os reconduz ao ódio ou os dispersa no caos coexistente, onde é preciso retomá-los, pesquisá-los, dar um salto. É como se se jogasse uma rede, mas o pescador arrisca-se sempre a ser arrastado e de se encontrar em pleno mar, quando acreditava chegar ao porto. As três disciplinas procedem por crises ou abalos, de maneira diferente, e é a sucessão que permite falar de "progresso" em cada caso. Diríamos que a luta *contra o caos* implica em afinidade com o inimigo, porque uma outra luta se desenvolve e toma mais importância, *contra a opinião* que, no entanto, pretendia nos proteger do próprio caos.

Num texto violentamente poético, Lawrence descreve o que a poesia faz: os homens não deixam de fabricar um guar-

---

[2] Sobre Cézanne e o caos, cf. Joachim Gasquet, *Conversations avec Cézanne* (Paris, Éditions Macula, 1978); sobre Klee e o caos, cf. a "note sur le point gris" em *Théorie de l'art moderne* (Paris, Gonthier, 1964). E as análises de Henri Maldiney, *Regard parole espace*, Lausanne, L'Âge d'Homme, 1973, pp. 150-1, 183-5.

[3] Galois, in André Dalmas, *Evariste Galois*, Paris, Fasquelle, 1956, pp. 121 e 130.

da-sol que os abriga, por baixo do qual traçam um firmamento e escrevem suas convenções, suas opiniões; mas o poeta, o artista abre uma fenda no guarda-sol, rasga até o firmamento, para fazer passar um pouco do caos livre e tempestuoso e enquadrar numa luz brusca, uma visão que aparece através da fenda, primavera de Wordsworth ou maçã de Cézanne, silhueta de Macbeth ou de Ahab. Então, segue a massa dos imitadores, que remendam o guarda-sol, com uma peça que parece vagamente com a visão; e a massa dos glosadores que preenchem a fenda com opiniões: comunicação. Será preciso sempre outros artistas para fazer outras fendas, operar as necessárias destruições, talvez cada vez *[192]* maiores, e restituir assim, a seus predecessores, a incomunicável novidade que não mais se podia ver. Significa dizer que o artista se debate menos contra o caos (que ele invoca em todos os seus votos, de uma certa maneira), que contra os "clichês" da opinião.[4] O pintor não pinta sobre uma tela virgem, nem o escritor escreve sobre uma página branca, mas a página ou a tela estão já de tal maneira cobertas de clichês preexistentes, preestabelecidos, que é preciso de início apagar, limpar, laminar, mesmo estraçalhar para fazer passar uma corrente de ar, saída do caos, que nos traga a visão. Quando Fontana corta a tela colorida com um traço de navalha, não é a cor que ele fende dessa maneira, pelo contrário, ele nos faz ver o fundo de cor pura, através da fenda. A arte luta efetivamente com o caos, mas para fazer surgir nela uma visão que o ilumina por um instante, uma Sensação. Mesmo as casas...: é do caos que saem as casas embriagadas de Soutine, chocando-se de um lado e do outro, impedindo-se reciprocamente de nele recair; e a casa de Monet surge como uma fenda, através da qual o caos se torna a visão das rosas. Mesmo o encarnado mais delicado se abre para o caos, como a carne sobre o

---

[4] D. H. Lawrence, "Le Chaos en poésie", in *D. H. Lawrence*, Paris, Cahiers de l'Herne, 1988, pp. 189-91.

esfolado.[5] Uma obra de caos não é certamente melhor do que uma obra de opinião, a arte não é mais feita de caos do que de opinião; mas, se ela se bate contra o caos, é para emprestar dele as armas que volta contra a opinião, para melhor vencê-la com armas provadas. É mesmo porque o quadro está desde início recoberto por clichês, que o pintor deve enfrentar o caos e apressar as destruições, para produzir uma sensação que desafia qualquer opinião, qualquer clichê (por quanto tempo?). A arte não é o caos, mas uma composição do caos, que dá a visão ou sensação, de modo que constitui um caosmos, como diz Joyce, um caos composto — não previsto nem preconcebido. A arte transforma a variabilidade caótica em variedade *caoide*, por exemplo o flamejamento cinza negro e verde de El Greco; o flamejamento de ouro de Turner ou o flamejamento vermelho de Staël. A arte luta com o caos, mas para torná-lo sensível, mesmo através do personagem mais encantador, a paisagem mais encantada (Watteau).

Um movimento semelhante sinuoso e reptiliano, anima talvez a ciência. Uma luta contra o caos parece pertencer-lhe *[193]* por essência, quando faz entrar a variabilidade desacelerada sob constantes ou limites, quando a reconduz dessa maneira a centros de equilíbrio, quando a submete a uma seleção que só retém um pequeno número de variáveis independentes, nos eixos de coordenadas, quando instaura, entre essas variáveis, relações cujo estado futuro pode ser determinado a partir do presente (cálculo determinista), ou ao contrário quando faz intervir tantas variáveis ao mesmo tempo, que o estado de coisas é apenas estatístico (cálculo de probabilidades). Pode-se falar, nesse sentido, de uma opinião propriamente científica, conquistada sobre o caos, como de uma comunicação definida, ora por informações iniciais, ora por informações de grande escala e que vai, no mais das vezes, do

---

[5] Cf. Georges Didi-Huberman, *La Peinture incarnée*, Paris, Minuit, 1985, pp. 120-3: sobre a carne e o caos.

Do caos ao cérebro

elementar ao composto, seja do presente ao futuro, seja do molecular ao molar. Mas, ainda aí a ciência não pode impedir-se de experimentar uma profunda atração pelo caos que combate. Se a desaceleração é a fina borda que nos separa do caos oceânico, a ciência se aproxima tanto quanto ela pode das vagas mais próximas, estabelecendo relações que se conservam com a aparição e a desaparição das variáveis (cálculo diferencial); a diferença se faz cada vez menor entre o estado caótico, em que a aparição e a desaparição de uma variabilidade se confundem, e o estado semicaótico, que apresenta uma relação como limite das variáveis que aparecem ou desaparecem. Como diz Michel Serres a propósito de Leibniz, "haveria dois infraconscientes: o mais profundo seria estruturado como um conjunto qualquer, pura multiplicidade ou possibilidade em geral, mistura aleatória de signos; o menos profundo seria recoberto de esquemas combinatórios desta multiplicidade...".[6] Poderíamos conceber uma série de coordenadas ou de espaços de fases como uma sucessão de crivos, dos quais o precedente sempre seria relativamente um estado caótico e o seguinte um estado caoide, de modo que passaríamos por limiares caóticos, ao invés de ir do elementar ao composto. A opinião nos apresenta uma ciência que sonharia com a unidade, com unificar suas leis e, hoje ainda, procuraria uma comunidade das quatro forças. Mais obstinado porém, o sonho de captar um pedaço de caos, mesmo se as mais diversas forças nele se agitam. A ciência daria toda a unidade racional *[194]* à qual aspira, por um pedacinho de caos que pudesse explorar.

A arte capta um pedaço de caos numa moldura, para formar um caos composto que se torna sensível, ou do qual retira uma sensação caoide enquanto variedade; mas a ciência o apreende num sistema de coordenadas, e forma um caos

---

[6] Michel Serres, *Le Système de Leibniz*, Paris, PUF, 1968, I, p. 111 (e sobre a sucessão dos crivos, pp. 120-3).

referido que se torna Natureza, e com o qual produz uma função aleatória e variáveis caoides. É desse modo que um dos aspectos mais importantes da física matemática moderna aparece em transições na direção do caos, sob a ação de atratores "estranhos" ou caóticos: duas trajetórias vizinhas, num sistema determinado de coordenadas, não permanecem vizinhas, e divergem de maneira exponencial antes de se aproximarem por operações de estiramento e de redobramento que se repetem, e recortam o caos.[7] Se os atratores de equilíbrio (pontos fixos, ciclos limites, toros) exprimem bem a luta da ciência com o caos, os atratores estranhos desmascaram sua profunda atração pelo caos, assim como a constituição de um caosmos interior à ciência moderna (tudo, coisas que se revelavam, de uma maneira ou de outra, em períodos precedentes, notadamente na fascinação pelas turbulências). Encontramos pois uma conclusão análoga àquela a que nos conduzia a arte: a luta com o caos só é o instrumento de uma luta mais profunda contra a opinião, pois é da opinião que vem a desgraça dos homens. A ciência volta-se contra a opinião, que lhe empresta um gosto religioso de unidade ou de unificação. Mas assim ela se volta, em si mesma, contra a opinião propriamente científica, enquanto Urdoxa que consiste, ora na previsão determinista (o Deus de Laplace), ora na avaliação probabilística (o demônio de Maxwell): desligando-se das informações iniciais e das informações de grande escala, a ciência substitui a comunicação, pelas condições de criatividade, definidas pelos efeitos singulares de flutuações mínimas. O que é criação são as variedades estéticas ou as variáveis científicas, que surgem sobre um plano capaz de recortar a variabilidade caótica. Quanto às pseudociências, que

---

[7] Sobre os atratores estranhos, as variáveis independentes e as "rotas na direção do caos", Ilya Prigogine e Isabelle Stengers, *Entre le temps et l'éternité*, Paris, Fayard, 1988, cap. IV. E James Gleick, *La Théorie du chaos*, Paris, Albin Michel, 1989.

pretendem considerar os fenômenos de opinião, os cérebros artificiais de que se servem tomam como modelos processos [195] probabilísticos, atratores estáveis, toda uma lógica da recognição das formas; mas devem atingir estados caoides e atratores caóticos, para compreender, ao mesmo tempo, a luta do pensamento contra a opinião e a degenerescência do pensamento na própria opinião (uma das vias de evolução dos computadores vai no sentido de uma aceitação de um sistema caótico ou caotizante).

É o que confirma o terceiro caso, não mais a variedade sensível nem a variável funcional, mas a variação conceitual tal como aparece na filosofia. A filosofia também luta com o caos, como abismo indiferenciado ou oceano da dissemelhança. Não concluiremos disso que a filosofia se coloca do lado da opinião, nem que a opinião passa a ter lugar na filosofia. Um conceito não é um conjunto de ideias associadas, como uma opinião. Nem tampouco uma ordem de razões, uma série de razões ordenadas, que poderiam, a rigor, constituir uma espécie de Urdoxa racionalizada. Para atingir o conceito, não basta mesmo que os fenômenos se submetam a princípios análogos àqueles que associam as ideias, ou as coisas, aos princípios que ordenam as razões. Como diz Michaux, o que basta para as "ideias correntes" não basta para as "ideias vitais" — as que se deve criar. As ideias só são associáveis como imagens, e ordenáveis como abstrações; para atingir o conceito, é preciso que ultrapassemos umas e outras, e que atinjamos o *mais rápido possível* objetos mentais determináveis como seres reais. É já o que mostravam Espinosa ou Fichte: devemos nos servir de ficções e de abstrações, mas somente na medida necessária para aceder a um plano, onde caminharíamos de ser real em ser real e procederíamos por construção de conceitos.[8] Vimos como este resultado podia

[8] Cf. Martial Guéroult, *L'Évolution et la structure de la doctrine de la science chez Fichte*, Paris, Les Belles Lettres, 1930, I, p. 174.

ser obtido na medida em que variações se tornavam inseparáveis, segundo zonas de vizinhança ou de indiscernibilidade: elas deixam então de ser associáveis, segundo os caprichos da imaginação, ou discerníveis e ordenáveis segundo as exigências da razão, para formar verdadeiros blocos conceituais. Um conceito é um conjunto de variações inseparáveis, que se produz ou se constrói sobre um plano de imanência, na medida em que este recorta *[196]* a variabilidade caótica e lhe dá consistência (realidade). Um conceito é, pois, um estado caoide por excelência; remete a um caos tornado consistente, tornado Pensamento, caosmos mental. E que seria *pensar* se não se comparasse sem cessar com o caos? A Razão só nos oferece seu verdadeiro rosto quando "ruge na sua cratera". Mesmo o cogito só é uma opinião, no máximo uma Urdoxa, enquanto não se extrai dele as variações inseparáveis, que dele fazem um conceito; enquanto se renuncia a encontrar nele um guarda-sol ou um abrigo; quanto se deixa de supor uma imanência que se faria *por ele mesmo* — ao contrário, é preciso colocá-lo sobre um plano de imanência ao qual pertence e que o conduz ao pleno mar. Numa palavra, o caos tem três filhas segundo o plano que o recorta: são as Caoides, a arte, a ciência e a filosofia, como formas do pensamento ou da criação. Chamam-se de caoides as realidades produzidas em planos que recortam o caos.

A junção (não a unidade) *dos três planos é o cérebro.* Certamente, quando o cérebro é considerado como uma função determinada, aparece ao mesmo tempo como um conjunto complexo de conexões horizontais e de integrações verticais, reagindo umas sobre as outras, como testemunham os "mapas" cerebrais. Então a questão é dupla: as conexões são preestabelecidas, guiadas como por trilhos, ou fazem-se e desfazem-se em campos de forças? E os processos de integração são centros hierárquicos localizados, ou antes formas (*Gestalten*), que atingem suas condições de estabilidade, num campo do qual depende a posição do próprio centro? A importância da *Gestalttheorie*, deste ponto de vista, concerne tanto à teoria do cérebro, quanto à concepção da percepção, já que ela se opõe diretamente ao estatuto do córtex, tal como aparecia do ponto de vista dos reflexos condicionados. Mas, quaisquer que sejam os pontos de vista considerados, não se tem dificuldade em mostrar que caminhos, inteiramente prontos ou em vias de se fazer, centros, mecânicos ou dinâmicos, encontram dificuldades semelhantes. Caminhos inteiramente prontos, que se segue aos poucos, implicam num traçado prévio; mas trajetos, que se constituem num campo de forças, procedem por resoluções de tensão, agindo também gradativamente (por exemplo, a tensão de reaproximação entre a fóvea e o ponto luminoso projetado sobre a retina, tendo esta uma estrutura análoga a uma área cortical): os dois esquemas supõem um [197] "plano", não um fim ou um programa, mas um *sobrevoo do campo inteiro*. É isso que a *Gestalttheorie* não explica, do mesmo modo que o mecanicismo não explica a pré-montagem.

Não é de se surpreender que o cérebro, tratado como objeto constituído da ciência, só possa ser um órgão de formação e de comunicação da opinião: é que as conexões graduais e as integrações centradas permanecem sob o modelo estreito da recognição (gnosias e praxias, "é um cubo", "é um lápis"...), e que a biologia do cérebro se alinha aqui com os mesmos postulados da lógica mais obstinada. As opiniões são formas pregnantes, como as bolhas de sabão segundo a *Gestalt*, levando em conta os meios, os interesses, as crenças e os obstáculos. Parece então difícil tratar a filosofia, a arte e mesmo a ciência como "objetos mentais", simples conjuntos de neurônios no cérebro objetivado, já que o modelo derrisório da recognição os encerra na doxa. Se os objetos mentais da filosofia, da arte e da ciência (isto é, as ideias vitais) tivessem um lugar, seria no mais profundo das fendas sinápticas, nos hiatos, nos intervalos e nos entre-tempos de um cérebro inobjetivável, onde penetrar, para procurá-los, seria criar.

Seria um pouco como no ajuste de uma tela de televisão, cujas intensidades fariam surgir o que escapa do poder de definição objetivo.[9] Significa dizer que o pensamento, mesmo sob a forma que toma ativamente na ciência, não depende de um cérebro feito de conexões e de integrações orgânicas: segundo a fenomenologia, dependeria de relações do homem com o mundo — com as quais o cérebro concorda necessariamente porque delas deriva, como as excitações derivam do mundo e das reações do homem, inclusive em suas incertezas e suas falências. "O homem pensa e não o cérebro"; mas esta reação da fenomenologia, que ultrapassa o cérebro na direção de um Ser no mundo, através de uma dupla crítica do mecanicismo e do dinamismo, não nos faz absolutamente sair ainda da esfera das opiniões, conduz-nos somente a uma Urdoxa, afirmada como opinião originária ou sentido dos sentidos.[10]

A viragem não estaria em outra parte, lá onde o cérebro é "sujeito", se torna sujeito? É o cérebro que pensa e não *[198]* o homem, o homem sendo apenas uma cristalização cerebral. Pode-se falar do cérebro como Cézanne da paisagem: o homem ausente, mas inteiro no cérebro... A filosofia, a arte, a ciência não são os objetos mentais de um cérebro objetivado, mas os três aspectos sob os quais o cérebro se torna sujeito, Pensamento-cérebro, os três planos, as jangadas com as quais ele mergulha no caos e o enfrenta. Quais são os caráteres deste cérebro, que não mais se define pelas conexões e integrações secundárias? Não é um cérebro por trás do cérebro mas, a princípio, um estado de sobrevoo sem distância, ao rés do chão, autossobrevoo do qual não escapa nenhum abismo, nenhuma dobra nem hiato. É uma "forma verdadeira", primária como a definia Ruyer: não uma *Gestalt*, nem

[9] Jean-Clet Martin, *Variations* (a sair) [Paris, Payot, 1993].

[10] Erwin Straus, *Du sens des sens: contribution à l'étude des fondements de la psychologie*, Grenoble, Millon, 1989, parte III.

uma forma percebida, mas uma *forma em si*, que não remete a nenhum ponto de vista exterior, como a retina ou a área estriada do córtex não remete a uma outra, uma forma consistente absoluta que *se* sobrevoa independentemente de qualquer dimensão suplementar, que não apela, pois, a nenhuma transcendência, que só tem um único lado, qualquer que seja o número de suas dimensões, que permanece copresente a todas as suas determinações, sem proximidade ou distanciamento, que as percorre numa velocidade infinita, sem velocidade-limite, e que faz delas *variações inseparáveis*, às quais confere uma equipotencialidade sem confusão.[11] Vimos que tal era o estatuto do conceito como acontecimento puro ou realidade do virtual. E, sem dúvida, os conceitos não se reduzem a um único e mesmo cérebro, já que é cada um deles que constitui um "domínio de sobrevoo", e as passagens de um conceito a um outro permanecem irredutíveis, enquanto um novo conceito não tornar necessário, por sua vez, sua copresença ou a equipotencialidade das determinações. Não diremos também que todo conceito é um cérebro. Mas o cérebro, sob este primeiro aspecto da forma absoluta, aparece bem como a faculdade dos conceitos, isto é, como a faculdade da sua criação, ao mesmo tempo que estende o plano de imanência, sobre o qual os conceitos se alocam, se deslocam, mudam de ordem e de relações, se renovam e não param de criar-se. O cérebro é o *espírito* mesmo. É ao mesmo tempo que o cérebro se torna sujeito, ou antes "superjecto", segundo o termo de Whitehead, que o conceito se torna o objeto como criado, o acontecimento *[199]* ou a criação mesma, e a filosofia, o plano de imanência que carrega os conceitos e que traça o cérebro. Assim, os movimentos cerebrais engendram personagens conceituais.

[11] Raymond Ruyer, *Néo-finalisme*, Paris, PUF, 1952, caps. VII-X. Em toda sua obra, Ruyer conduziu uma dupla crítica do mecanicismo e do dinamismo (*Gestalt*), diferente daquela da fenomenologia.

É o cérebro que diz Eu, mas Eu é um outro. Não é o mesmo cérebro que o das conexões e integrações segundas, embora não haja transcendência. E este Eu não é apenas o "eu concebo" do cérebro como filosofia, é também o "eu sinto" do cérebro como arte. A sensação não é menos cérebro que o conceito. Se consideramos as conexões nervosas excitação-reação e as integrações cerebrais percepção-ação, não nos perguntaremos em que momento do caminho, nem em que nível, aparece a sensação, pois ela é suposta e se mantém na retaguarda. A retaguarda não é o contrário do sobrevoo, mas um correlato. A sensação é a excitação mesma, não enquanto se prolonga gradativamente e passa à reação, mas enquanto se conserva ou conserva suas vibrações. A sensação contrai as vibrações do excitante sobre uma superfície nervosa ou num volume cerebral: a precedente não desapareceu ainda quando a seguinte aparece. É sua maneira de responder ao caos. A sensação vibra, ela mesma, porque contrai vibrações. Conserva-se a si mesma, porque conserva vibrações: ela é Monumento. Ela ressoa, porque faz ressoar seus harmônicos. A sensação é a vibração contraída, tornada qualidade, variedade. É por isso que o cérebro-sujeito aqui é dito *alma* ou *força*, já que só a alma conserva contraindo o que a matéria dissipa, ou irradia, faz avançar, reflete, refracta ou converte. Assim procuramos em vão a sensação enquanto nos limitamos às reações e às excitações que elas prolongam, às ações e às percepções que elas refletem: é que a alma (ou antes a força), como dizia Leibniz, nada faz ou não age, mas é apenas presente, conserva; a contração não é uma ação, mas uma paixão pura, uma contemplação que conserva o precedente no seguinte.[12] A sensação está pois sobre um outro plano diferente daquele dos mecanismos, dos dinamismos e das

---

[12] David Hume, no *Tratado da natureza humana*, define a imaginação por esta contemplação-contração passiva (parte III, seção 14).

Do caos ao cérebro

finalidades: é um plano de composição, em que a sensação se forma contraindo o que a compõe, e compondo-se com *[200]* outras sensações que ela contrai por sua vez. A sensação é contemplação pura, pois é pela contemplação que se contrai, contemplando-se a si mesma à medida que se contempla os elementos de que se procede. Contemplar é criar, mistério da criação passiva, sensação. A sensação preenche o plano de composição, e preenche a si mesma preenchendo-se com aquilo que ela contempla: ela é *enjoyment*, e *self-enjoyment*. É um sujeito, ou antes um *injecto*. Plotino podia definir todas as coisas como contemplações, não apenas os homens e os animais, mas as plantas, a terra e as rochas. Não são Ideias que contemplamos pelo conceito, mas os elementos da matéria, por sensação. A planta contempla contraindo os elementos dos quais ela procede, a luz, o carbono e os sais, e se preenche a si mesma com cores e odores que qualificam sempre sua variedade, sua composição: é sensação em si.[13] Como se as flores sentissem a si mesmas sentindo o que as compõe, tentativas de visão ou de olfato primeiros, antes de serem percebidas ou mesmo sentidas por um agente nervoso e cerebrado.

As rochas e as plantas certamente não têm sistema nervoso. Mas, se as conexões nervosas e as integrações cerebrais supõem uma força-cérebro como faculdade de sentir coexistente aos tecidos, é verossímil supor também uma faculdade de sentir que coexiste com os tecidos embrionários, e que se apresenta na Espécie como cérebro coletivo; ou com os tecidos vegetais nas "pequenas espécies". Não só as afinidades químicas, como as causalidades físicas remetem elas mesmas a forças primárias capazes de conservar suas longas cadeias,

---

[13] O grande texto de Plotino sobre as contemplações está no início das *Enéadas*, III, 8. De Hume a Butler e a Alfred North Whitehead, os empiristas retomarão o tema inclinando-o na direção da matéria: donde seu neoplatonismo.

contraindo os elementos e fazendo-os ressoar: a menor causalidade permanece ininteligível sem esta instância subjetiva. Nem todo organismo é cerebrado, e nem toda vida é orgânica, mas há em toda a parte forças que constituem microcérebros, ou uma vida inorgânica das coisas. Se não é indispensável fazer a esplêndida hipótese de um sistema nervoso da Terra, como Fechner ou Conan Doyle, é porque a força de contrair ou de conservar, isto é, de sentir, só se apresenta como um cérebro global em relação a tais elementos diretamente [201] contraídos e a tal modo de contração, que diferem segundo os domínios e constituem precisamente variedades irredutíveis. Mas, no final das contas, são os mesmos elementos últimos e a mesma força de reserva que constituem um só plano de composição, suportando as variedades do Universo. O vitalismo teve sempre duas interpretações possíveis: a de uma Ideia que age, mas que não é, que age, portanto, somente do ponto de vista de um conhecimento cerebral exterior (de Kant a Claude Bernard); ou a de uma força que é, mas que não age, que é portanto um puro Sentir interno (de Leibniz a Ruyer). Se a segunda interpretação parece impor-se, é porque a contração que conserva está sempre desligada da relação à ação ou mesmo ao movimento, e se apresenta como uma pura contemplação sem conhecimento. Verificamos isso mesmo no domínio cerebral por excelência da aprendizagem ou da formação de hábitos: embora tudo pareça passar-se em conexões e integrações progressivas ativas, de uma tentativa a outra, é preciso, como mostrava Hume, que as tentativas ou os casos, as ocorrências, se contraiam numa "imaginação" contemplante, enquanto permanecem distintos, tanto com relação às ações, quanto com relação ao conhecimento; e, mesmo quando se é um rato, é por contemplação que se "contrai" um hábito. É preciso ainda descobrir, sob o ruído das ações, essas sensações criadoras interiores ou essas contemplações silenciosas, que testemunham a favor de um cérebro.

Do caos ao cérebro

Estes dois primeiros aspectos ou folhas do cérebro-sujeito, a sensação como o conceito, são muito frágeis. Não são somente desconexões e desintegrações objetivas, mas uma imensa fadiga que faz com que as sensações, tornadas pastosas, deixem escapar os elementos e as vibrações que elas têm cada vez mais dificuldade em contrair. A velhice é esta fadiga, ela mesma: então, ou é uma queda no caos mental, fora do plano de composição, ou uma recaída sobre opiniões inteiramente acabadas, clichês que mostram que um artista nada mais tem a dizer, não mais sendo capaz de criar sensações novas, não mais sabendo como conservar, contemplar, contrair. O caso da filosofia é um pouco diferente, embora dependa de uma fadiga semelhante; desta vez, incapaz de manter-se sobre o plano de imanência, o pensamento cansado não mais pode suportar as velocidades infinitas do [202] terceiro gênero que medem, à maneira de um turbilhão, a copresença do conceito a todos seus componentes intensivos ao mesmo tempo (consistência); é remetido às velocidades relativas que só concernem à sucessão do movimento de um ponto a outro, de um componente extensivo a um outro, de uma ideia a uma outra, e que medem simples associações, sem poder reconstituir o conceito. E, sem dúvida, ocorre que estas velocidades relativas são muito grandes, a ponto de simularem o absoluto; só são porém velocidades variáveis de opinião, de discussão ou de "réplicas", como entre os infatigáveis jovens cuja rapidez de espírito é celebrada, mas também entre os velhos cansados, que seguem opiniões desaceleradas e entretêm discussões estagnantes, falando sozinhos no interior de sua cabeça esvaziada, como uma longínqua lembrança de seus antigos conceitos, aos quais se agarram ainda, para não caírem inteiramente no caos.

Sem dúvida, as causalidades, as associações, as integrações nos inspiram opiniões e crenças, como diz Hume, que são maneiras de esperar e de reconhecer algo (inclusive "objetos mentais"): vai chover, a água vai ferver, é o caminho mais curto, é a mesma figura sob um outro aspecto... Mas, embora tais opiniões se insinuem frequentemente entre as proposições científicas, não fazem parte delas, e a ciência submete esses processos a operações de uma natureza inteiramente diferente, que constituem uma atividade de conhecer, e remetem a uma faculdade de conhecimento como terceira folha de um cérebro-sujeito, não menos criador que os outros dois. O conhecimento não é nem uma forma, nem uma força, mas uma *função*: "eu funciono". O sujeito apresenta-se agora como um "ejecto", porque extrai dos elementos cuja característica principal é a distinção, o discernimento: limites, constantes, variáveis, funções, todos estes functivos ou prospectos que formam os termos da proposição científica. As projeções geométricas, as substituições e transformações algébricas não consistem em reconhecer algo através das variações, mas em distinguir variáveis e constantes, ou em discernir progressivamente os termos que tendem na direção de limites sucessivos. De modo que, quando uma constante é determinada, numa operação científica, não se trata de contrair casos ou momentos, numa mesma contemplação, mas de estabelecer uma relação necessária entre [203] fatores que permanecem independentes. Os atos fundamentais da faculdade científica de conhecer pareceram-nos, neste sentido, ser os seguintes: colocar limites que marcam uma renúncia às velocidades infinitas, e traçam um plano de referência; determinar variáveis que se organizam em séries tendendo no sentido desses limites; coordenar as variáveis independentes, de modo a estabelecer, entre elas ou seus limites, relações necessárias das quais dependem funções distintas, o plano de referência sendo uma coordenação em ato; determinar as misturas ou estados de coisas que se relacionam com as coordenadas, e às quais as funções se referem. Não basta dizer que estas operações do conhecimento científico são funções do cérebro; as funções são elas mesmas, as dobras de um cérebro que traça as coordenadas variáveis de um plano de co-

Do caos ao cérebro

nhecimento (referência) e que envia por toda a parte observadores parciais.

Há, ainda, uma operação que precisamente mostra a persistência do caos, não apenas em torno do plano de referência ou de coordenação, mas em desvios de sua superfície variável, sempre reposta em jogo. São as operações de bifurcação e de individuação: se os estados de coisas lhes são submissos, é porque são inseparáveis de potenciais que tomam do próprio caos, e que não atualizam sem risco de ser destruídos ou submergidos. Cabe pois à ciência pôr em evidência o caos, no qual mergulha o próprio cérebro, enquanto sujeito do conhecimento. O cérebro não cessa de constituir limites, que determinam funções de variáveis em áreas particularmente extensas; com mais razão, as relações entre essas variáveis (conexões) apresentam um caráter incerto e casual, não apenas nas sinapses elétricas que indicam um caos estatístico, como também nas sinapses químicas que remetem a um caos determinista.[14] Há menos centros cerebrais que pontos, concentrados numa área, disseminados numa outra; e "osciladores", moléculas oscilantes que passam de um ponto a um outro. Mesmo num modelo linear, como o dos reflexos condicionados, Erwin Straus mostrava que o essencial era compreender os intermediários, os hiatos e os vazios. *[204]* Os paradigmas arborizados do cérebro dão lugar a figuras rizomáticas, sistemas acentrados, redes de autômatos finitos, estados caoides. Sem dúvida, este caos está escondido pelo reforço das facilitações geradoras de opinião, sob a ação dos hábitos ou dos modelos de recognição; mas ele se tornará tanto mais sensível, se considerarmos, ao contrário, processos criadores e as bifurcações que implicam. E a individuação,

---

[14] B. Delisle Burns, *The Uncertain Nervous System*, Londres, Edward Arnold, 1968. E Steven Rose, *Le Cerveau conscient*, Paris, Seuil, 1975, p. 84: "O sistema nervoso é incerto, probabilista, portanto interessante".

no estado de coisas cerebral, é tanto mais funcional quanto não tem por variáveis as próprias células, já que estas não deixam de morrer sem renovar-se, fazendo do cérebro um conjunto de pequenos mortos que colocam em nós a morte incessante. Ela apela para um potencial que se atualiza sem dúvida nas ligações determináveis que decorrem das percepções mas, mais ainda, no livre efeito que varia segundo a criação dos conceitos, das sensações ou das funções mesmas.

Os três planos são tão irredutíveis quanto seus elementos: *plano de imanência da filosofia, plano de composição da arte, plano de referência ou de coordenação da ciência; forma do conceito, força da sensação, função do conhecimento; conceitos e personagens conceituais, sensações e figuras estéticas, funções e observadores parciais.* Problemas análogos colocam-se para cada plano: em que sentido e como o plano, em cada caso, é uno ou múltiplo — que unidade, que multiplicidade? Mas mais importantes nos parecem, agora, os problemas de interferência entre planos que se juntam no cérebro. Um primeiro tipo de interferência aparece quando um filósofo tenta criar o conceito de uma sensação, ou de uma função (por exemplo um conceito próprio ao espaço riemanniano, ou ao número irracional...); ou então, quando um cientista cria funções de sensações, como Fechner ou nas teorias da cor ou do som, e mesmo funções de conceitos, como Lautman mostra para as matemáticas, enquanto estas atualizariam conceitos virtuais; ou quando um artista cria puras sensações de conceitos, ou de funções, como vemos nas variedades de arte abstrata, ou em Klee. A regra, em todos estes casos, é que a disciplina interferente deve proceder com seus próprios meios. Por exemplo, acontece que se fala da beleza intrínseca de uma figura geométrica, de uma operação ou de uma demonstração, mas esta beleza nada tem de estética na medida em que é definida por critérios tomados [205] da ciência, tais como proporção, simetria, dis-simetria, projeção, transformação: é o que Kant mostrou com tanta força.[15] É preciso que a função seja captada numa sensação que lhe dá perceptos e afectos compostos pela arte exclusivamente, sobre um plano de criação específica que a arranca de toda referência (o cruzamento de duas linhas negras ou as camadas de cor de ângulos retos em Mondrian; ou então a aproximação do caos, pela sensação de atratores estranhos em Noland ou Shirley Jaffe).

São portanto interferências extrínsecas, porque cada disciplina permanece sobre seu próprio plano e utiliza seus elementos próprios. Mas um segundo tipo de interferência é intrínseco, quando conceitos e personagens conceituais parecem sair de um plano de imanência que lhes corresponderia, para escorregar sobre um outro plano, entre as funções e os observadores parciais, ou entre as sensações e as figuras estéticas; e o mesmo vale para os outros casos. Estes deslizamentos são tão sutis, como o de Zaratustra na filosofia de Nietzsche ou o de Igitur na poesia de Mallarmé, que nos encontramos em planos complexos difíceis de qualificar. Os observadores parciais, por sua vez, introduzem *sensibilia* na ciência, que são às vezes próximas das figuras estéticas sobre um plano misto.

Há enfim interferências ilocalizáveis. É que cada disciplina distinta está, à sua maneira, em relação com um negativo: mesmo a ciência está em relação com uma não-ciência, que lhe devolve seus efeitos. Não se trata de dizer somente que a arte deve nos formar, nos despertar, nos ensinar a sentir, nós que não somos artistas — e a filosofia ensinar-nos a conceber, e a ciência a conhecer. Tais pedagogias só são possíveis, se cada uma das disciplinas, por sua conta, está numa relação essencial com o Não que a ela concerne. O plano da filosofia é pré-filosófico, enquanto o consideramos nele mesmo, independentemente dos conceitos que vêm ocupá-lo, mas a não-filosofia encontra-se lá, onde o plano enfrenta o caos.

[15] Kant, *Crítica do juízo*, par. 62.

A *filosofia precisa de uma não-filosofia que a compreenda, ela precisa de uma compreensão não filosófica, como a arte precisa da não-arte e a ciência da [206] não-ciência*.[16] Elas não precisam de seu negativo como começo, nem como fim no qual seriam chamadas a desaparecer realizando-se, mas em cada instante de seu devir ou de seu desenvolvimento. Ora, se os três Não se distinguem ainda pela relação com o plano cerebral, não mais se distinguem pela relação com o caos no qual o cérebro mergulha. Neste mergulho, diríamos que se extrai do caos a sombra do "povo por vir", tal como a arte o invoca, mas também a filosofia, a ciência: povo--massa, povo-mundo, povo-cérebro, povo-caos. Pensamento não-pensante que se esconde nos três, como o conceito não conceitual de Klee ou o silêncio interior de Kandinsky. É aí que os conceitos, as sensações, as funções se tornam indecidíveis, ao mesmo tempo que a filosofia, a arte e a ciência, indiscerníveis, como se partilhassem a mesma sombra, que se estende através de sua natureza diferente e não cessa de acompanhá-los.

---

[16] François Laruelle propõe uma compreensão da não-filosofia como "real (de) a ciência", para além do objeto de conhecimento: *Philosophie et non-philosophie*, Liège, Mardaga, 1989. Mas não se vê porque este real da ciência não é também não-ciência.

ÍNDICE ONOMÁSTICO

As páginas indicadas são as da edição original francesa, inseridas entre colchetes e em itálico ao longo do texto.

Adorno, Theodor W., *95*
Agostinho, Santo, *61*
Alquié, Ferdinand, *61*
Anaxágoras, *120*
Anaximandro, *46, 113*
Aristóteles, *13, 77-8, 140*
Arquimedes, *173*
Artaud, Antonin, *50, 55, 65, 105, 157, 163*
Bacon, Francis, *169, 171, 173*
Badiou, Alain, *143-4*
Bakhtin, Mikhail, *161, 179*
Balazs, Étienne, *93*
Balzac, Honoré de, *162*
Barbéris, Pierre, *7*
Bartók, Bela, *181*
Beaufret, Jean, *91, 98, 140*
Beaumarchais, Pierre, *102*
Beckett, Samuel, *165*
Bellour, Raymond, *49*
Berg, Alban, *181*
Bergson, Henri, *13, 21, 42, 50, 63, 78, 121, 125-6, 146, 149, 162, 165, 180, 183*
Berkeley, George, *105*
Berlioz, Hector, *185*
Bernard, Claude, *201*

Bichat, Marie-François Xavier, *153*
Biran, Main de, *52*
Blanchot, Maurice, *10, 55, 59, 69, 103, 148*
Bloch, Ernst, *96*
Böhlendorf, Boris, *98*
Bois, Yves-Alain, *184*
Bonitzer, Pascal, *178*
Bonnard, Pierre, *166, 173*
Bonnefoi, Christian, *184*
Boulez, Pierre, *181, 184-5*
Bousquet, Joë, *151*
Braudel, Fernand, *91, 94*
Bréhier, Émile, *77*
Brontë, Emily, *165*
Bruno, Giordano, *47*
Burns, B. Delisle, *203*
Butel, Michel, *103*
Butler, Samuel, *96, 200*
Butor, Michel, *173*
Cache, Bernard, *177-8*
Cage, John, *185*
Cantor, Georg, *113-4, 143*
Ceccaty, René de, *39, 88*
Cézanne, Paul, *7, 141-2, 155-7, 159-60, 168, 170, 190-1, 198*

Chateaubriand, François-René de, 7

Châtelet, Gilles, 115, 147

Cheng, François, 87, 156

Chestov, Lev, 61

Childe, Gordon, 84

Chopin, Fredéric, 180

Corbin, Henry, 88

Cossutta, Frédéric, 17

Courthial, Michel, 41

Cusa, Nicolau de, 47, 61, 63

Dalmas, André, 122, 191

Damisch, Hubert, 39, 183-4, 186

Daumier, Honoré, 164

Debussy, Claude, 168, 181, 185

Descartes, René, 13, 21, 28-9, 31, 34-5, 42-4, 47, 53, 60-1, 63, 78, 118

Detienne, Marcel, 10, 83, 140

Dhôtel, André, 164

Dickinson, Emily, 155

Didi-Huberman, Georges, 170, 192

Diógenes Laércio, 71

Dôgen, Eihei, 39, 88

Dos Passos, John, 179

Dostoiévski, Fiódor, 61, 179

Doyle, Conan, 200

Droit, Roger-Pol, 88, 94

Dubuffet, Jean, 7, 39, 177, 184

Ducrot, Oswald, 130

Dufrenne, Mikel, 169

Duhem, Pierre, 115

Dürer, Albrecht, 166

Eckhart, Meister, 47

Einstein, Albert, 118, 123

El Greco, 192

Empédocles, 46, 71

Engel, Pascal, 134

Epicuro, 38, 41

Espinosa, Benedicto, 38, 43, 49-50, 59, 70-1, 89, 146, 195

Faulkner, William, 159, 162, 166

Faye, Jean-Pierre, 84

Fechner, Gustav, 200, 204

Feuerbach, Ludwig Andreas, 21

Fichte, Johann Gottlieb, 195

Fontana, Lucio, 192

Foucault, Michel, 52, 59, 96, 107-8, 169

Fourier, Charles, 96

Franck, Didier, 169

Frege, Gottlob, 128-9, 132, 136

Galois, Evariste, 122, 191

Gandillac, Maurice de, 61

Gasquet, Joachim, 159-60, 191

Gauguin, Paul, 171, 173

Giacometti, Alberto, 162, 170

Gil, José, 158

Gilliard, E. T., 174

Gleick, James, 147, 149, 194

Gödel, Kurt, 114, 130-1

Goethe, Johann Wolfgang von, 153, 182

Goffman, Erving, 65-6

Goya y Lucientes, Francisco de, 164

Granger, Gilles-Gaston, 36, 121, 136

Groethuysen, Bernard, 150

Guérin, Michel, 65

Guéroult, Martial, 195

Habermas, Jürgen, 96

Hantaï, Simon, 184

Hardy, Thomas, 159

Hegel, G. W. F., 16, 21, 77, 88, 90-1, 115-6, 138

Heidegger, Martin, 43, 55-6, 88, 90-1, 104, 136, 140, 169

Heisenberg, Werner, 123

Heráclito de Éfeso, 41, 51, 84

Heródoto, 41

Hölderlin, Friedrich, 65, 97-8

Hume, David, 54, 101, 199-202

Husserl, Edmund, 47-8, 82, 93-4, 121, 135-6, 142, 169

260   O que é a filosofia?

Imbert, Claude, *129*
Ivens, Joris, *7*
Jaffe, Shirley, *205*
Jambet, Christian, *88*
Jaspers, Karl, *27, 48*
Joseph, Isaac, *66*
Joyce, James, *192*
Jullien, François, *72, 88*
Kafka, Franz, *65, 162, 175*
Kandinsky, Wassily, *172-3, 206*
Kant, Immanuel, *8, 13, 16-7, 32, 35, 47-8, 53-4, 57, 70-1, 77, 79, 82, 96, 99-100, 105, 107-8, 118, 135-6, 190, 201, 205*
Kaufmann, Arnold, *134*
Kierkegaard, Soren, *61, 64, 69, 71-2, 88*
Klee, Paul, *146, 156, 175, 185-6, 190-1, 204, 206*
Klein, Yves, *171-2*
Kleist, Heinrich von, *55, 64-5, 69, 160*
Klossowski, Pierre, *69*
Kojève, Alexandre, *8*
Kuhn, Thomas, *118*
Kupka, Frantisek, *172-3*
Lacan, Jacques, *144*
Lacoue-Labarthe, Philippe, *98*
Lafayette, Mme. de, *165*
Lagrange, Joseph-Louis, *28, 116*
Langlais, Xavier de, *182*
Laplace, Pierre-Simon, *122, 194*
Lardreau, Guy, *88*
Laruelle, François, *43, 206*
Lautman, Albert, *204*
Lawrence, D. H., *65, 162, 191-2*
Le Clézio, J. M. G., *163*
Le Doeuff, Michèle, *69*
Leibniz, Gottfried, *13, 23, 27, 42, 70, 78, 99, 120, 124, 145, 193, 199, 201*
Lernet-Holenia, Alexander, *150*
Levi, Primo, *102-3*

Lévinas, Emmanuel, *88*
Liszt, Franz, *180*
Lorenz, Konrad, *174*
Lowry, Malcolm, *166*
Luminet, Jean-Pierre, *39*
Lyotard, Jean-François, *96*
Mahler, Gustav, *181*
Maldiney, Henri, *141, 191*
Malebranche, Nicolas, *34*
Mallarmé, Stéphane, *65, 151, 184, 205*
Mandelstam, Ossip, *167*
Marshall, Alan John, *174*
Martin, Jean-Clet, *100, 197*
Marx, Karl, *66, 93*
Mascolo, Dionys, *10, 103*
Masson-Oursel, Paul, *88*
Mattéi, Jean-François, *67*
Maxwell, James Clerk, *123-4, 194*
Melville, Herman, *64-5, 70, 80, 159*
Mendeleiev, Dmitri, *117*
Merleau-Ponty, Maurice, *141, 169*
Messiaen, Olivier, *160, 172*
Michaux, Henri, *38, 44, 59, 65, 163, 195*
Michelson, Albert, *125*
Miller, Arthur, *65, 161-2*
Miró, Joan, *156*
Mondrian, Piet, *172-3, 178, 183, 205*
Monet, Claude, *7, 155, 171, 192*
Monnier, Geneviève, *172*
Monod, Jacques, *124*
Montesquiou, Robert de, *162*
Nagel, Ernest, *131*
Nakamura, Ryoji, *39, 88*
Napoleão Bonaparte, *129-31*
Naville, Ernest, *52*
Newman, James, *131*
Newton, Isaac, *118, 126, 153*

Nietzsche, Friedrich, *11-2, 27, 46, 50, 55-6, 63-4, 69-70, 76-7, 80, 84, 92, 98, 103-4, 107-8, 124, 165, 205*
Noland, Kenneth, *205*
Oresmo, Nicolau, *115*
Parmênides de Eleia, *33, 51, 67, 140*
Pascal, Blaise, *71-2, 88*
Péguy, Charles, *102, 106-8, 148*
Pessoa, Fernando, *65, 158, 186*
Pin-Hung, Huang, *156*
Pissarro, Camille, *155*
Pitágoras, *28, 113*
Platão, *9, 11, 14-5, 21, 28, 32-5, 43, 47, 51, 53, 57, 62-4, 67, 77, 79, 84, 97, 99, 101, 107, 113-4, 139-42, 200*
Plotino, *200*
Pollock, Jackson, *184*
Prat, Jean-Louis, *7*
Prigogine, Ilya, *111, 120, 194*
Proclus, *125*
Proust, Marcel, *69, 158, 165-6, 168, 172, 179*
Quincey, Thomas de, *71*
Rabelais, François, *179*
Rameau, Jean-Philippe, *155*
Ramnoux, Clémence, *84*
Redon, Odilon, *164, 166*
Rembrandt, *168*
Renan, Ernest, *98*
Riemann, Bernhard, *117, 119, 152, 204*
Rimbaud, Arthur, *65*
Riout, Denys, *172*
Rivière, Jacques, *55*
Rodin, Auguste, *164*
Rorty, Richard, *138*
Rose, Steven, *203*
Rosselini, Roberto, *161*
Rouilhan, Philippe de, *129*
Rubens, Peter Paul, *156, 183*

Russell, Bertrand, *114, 125, 128-9, 132*
Ruyer, Raymond, *26, 198, 201*
Sartre, Jean-Paul, *49*
Scarpa, Carlo, *184*
Schelling, Friedrich Wilhelm von, *13, 16, 98-9*
Schérer, Jacques, *184*
Schérer, René, *96*
Schopenhauer, Arthur, *56*
Schuffenecker, Émile, *171*
Schumann, Robert, *180*
Scott, Walter, *132*
Serres, Michel, *193*
Seuphor, Michel, *173*
Seurat, Georges, *178, 183*
Simmel, Georg, *65-6, 84*
Simon, Claude, *165*
Sissa, Giulia, *83*
Sócrates, *33, 53, 61-4, 67, 69, 72, 74*
Souriau, Etienne, *44*
Soutine, Chaim, *192*
Staël, Nicolas de, *192*
Stengers, Isabelle, *111, 120, 194*
Sterckx, Pierre, *172*
Stockhausen, Karlheinz, *180*
Straus, Erwin, *141, 146, 160, 169, 197, 203*
Strauss, Leo, *8*
Stravinsky, Igor, *185*
Tales de Mileto, *41*
Tchekhov, Anton, *159*
Thévenin, Paule, *157*
Ticiano, *7, 183*
Tinguely, Jean, *56*
Tintoretto, *172*
Tökei, Ferenc, *67*
Tolstói, Lev, *159*
Tomás, Santo, *182*
Tournier, Michel, *23*
Troyes, Chrétien de, *165*
Turner, J. M. W., *7, 192*

Uexküll, Jakob von, *175-6*
Van de Velde, Henry, *177*
Van Eyck, Jan, *182*
Van Gogh, Théo, *171*
Van Gogh, Vincent, *75, 142, 157, 160, 166, 168, 171, 173, 182*
Varèse, Edgard, *185*
Vendryès, Pierre, *117*
Vernant, Jean-Pierre, *10, 45-6*
Vuillemin, Jules, *119*
Wagner, Richard, *181*
Wahl, Jean, *47*
Watteau, Jean-Antoine, *192*
Wharton, Edith, *155*
Whitehead, Alfred North, *146, 198, 200*
Wittgenstein, Ludwig, *23, 136*
Wolfe, Thomas, *161-2*
Woolf, Virginia, *159, 162-3*
Wordsworth, William, *191*
Worringer, Wilhelm, *172-3*
Xenofonte, *10*
Zola, Émile, *165*

Índice onomástico

BIBLIOGRAFIA DE DELEUZE E GUATTARI

Obras conjuntas de Gilles Deleuze e Félix Guattari

L'Anti-Œdipe: capitalisme et schizophrénie 1. Paris: Minuit, 1972 [ed. bras.: *O anti-Édipo: capitalismo e esquizofrenia 1*, trad. Georges Lamazière. Rio de Janeiro: Imago, 1976; nova ed. bras.: trad. Luiz B. L. Orlandi, São Paulo: Editora 34, 2010].

Kafka: pour une littérature mineure. Paris: Minuit, 1975 [ed. bras.: *Kafka: por uma literatura menor*, trad. Júlio Castañon Guimarães, Rio de Janeiro: Imago, 1977; nova ed. bras.: trad. Cíntia Vieira da Silva, Belo Horizonte: Autêntica, 2014].

Rhizome. Paris: Minuit, 1976 (incorporado em *Mille plateaux*).

Mille plateaux: capitalisme et schizophrénie 2. Paris: Minuit, 1980 [ed. bras. em cinco volumes: *Mil platôs: capitalismo e esquizofrenia 2* — *Mil platôs*: vol. 1, trad. Aurélio Guerra Neto e Célia Pinto Costa, Rio de Janeiro: Editora 34, 1995 — *Mil platôs*: vol. 2, trad. Ana Lúcia de Oliveira e Lúcia Cláudia Leão, Rio de Janeiro: Editora 34, 1995 — *Mil platôs*, vol. 3, trad. Aurélio Guerra Neto, Ana Lúcia de Oliveira, Lúcia Cláudia Leão e Suely Rolnik, São Paulo: Editora 34, 1996 — *Mil platôs*, vol. 4, trad. Suely Rolnik, São Paulo: Editora 34, 1997 — *Mil platôs*, vol. 5, trad. Peter Pál Pelbart e Janice Caiafa, São Paulo: Editora 34, 1997].

Qu'est-ce que la philosophie? Paris: Minuit, 1991 [ed. bras.: *O que é a filosofia?*, trad. Bento Prado Jr. e Alberto Alonso Muñoz, Rio de Janeiro: Editora 34, 1992].

Obras de Gilles Deleuze

David Hume, sa vie, son oeuvre, avec un exposé de sa philosophie (com André Cresson). Paris: PUF, 1952.

Empirisme et subjectivité: essai sur la nature humaine selon Hume. Paris: PUF, 1953 [ed. bras.: *Empirismo e subjetividade: ensaio sobre a natureza humana segundo Hume*, trad. Luiz B. L. Orlandi, São Paulo: Editora 34, 2001].

Instincts et institutions: textes et documents philosophiques (organização, prefácio e apresentações de Gilles Deleuze). Paris: Hachette, 1953 [ed. bras.: "Instintos e instituições", trad. Fernando J. Ribeiro, in *Dossier Deleuze*, Rio de Janeiro: Hólon, 1991].

Nietzsche et la philosophie. Paris: PUF, 1962 [ed. bras.: *Nietzsche e a filosofia*, trad. Ruth Joffily Dias e Edmundo Fernandes Dias, Rio de Janeiro: Editora Rio, 1976; nova ed. bras.: trad. Mariana de Toledo Barbosa e Ovídio de Abreu Filho, São Paulo: n-1 edições, 2018].

La Philosophie critique de Kant. Paris: PUF, 1963 [ed. bras.: *Para ler Kant*, trad. Sônia Pinto Guimarães, Rio de Janeiro: Francisco Alves, 1976; nova ed. bras.: *A filosofia crítica de Kant*, trad. Fernando Scheibe, Belo Horizonte: Autêntica, 2018].

Proust et les signes. Paris: PUF, 1964; 4ª ed. atualizada, 1976 [ed. bras.: *Proust e os signos*, trad. da 4ª ed. fr. Antonio Piquet e Roberto Machado, Rio de Janeiro: Forense Universitária, 1987; nova ed. bras.: trad. Roberto Machado, São Paulo: Editora 34, 2022].

Nietzsche. Paris: PUF, 1965 [ed. port.: *Nietzsche*, trad. Alberto Campos, Lisboa: Edições 70, 1981].

Le Bergsonisme. Paris: PUF, 1966 [ed. bras.: *Bergsonismo*, trad. Luiz B. L. Orlandi, São Paulo: Editora 34, 1999 (incluindo os textos "A concepção da diferença em Bergson", 1956, trad. Lia Guarino e Fernando Fagundes Ribeiro, e "Bergson", 1956, trad. Lia Guarino)].

Présentation de Sacher-Masoch. Paris: Minuit, 1967 [ed. bras.: *Apresentação de Sacher-Masoch*, trad. Jorge Bastos, Rio de Janeiro: Taurus, 1983; nova ed. como *Sacher-Masoch: o frio e o cruel*, Rio de Janeiro: Zahar, 2009].

Différence et répétition. Paris: PUF, 1968 [ed. bras.: *Diferença e repetição*, trad. Luiz B. L. Orlandi e Roberto Machado, Rio de Janeiro: Graal, 1988, 2ª ed., 2006; 3ª ed., Rio de Janeiro: Paz e Terra, 2018].

Spinoza et le problème de l'expression. Paris: Minuit, 1968 [ed. bras.: *Espinosa e o problema da expressão*, trad. GT Deleuze — 12, coord. Luiz B. L. Orlandi, São Paulo: Editora 34, 2017].

Logique du sens. Paris: Minuit, 1969 [ed. bras.: *Lógica do sentido*, trad. Luiz Roberto Salinas Fortes, São Paulo: Perspectiva, 1982].

Spinoza. Paris: PUF, 1970 [ed. port.: *Espinoza e os signos*, trad. Abílio Ferreira, Porto: Rés-Editora, s.d.].

Dialogues (com Claire Parnet). Paris: Flammarion, 1977; nova edição, 1996 [ed. bras.: *Diálogos*, trad. Eloisa Araújo Ribeiro, São Paulo: Escuta, 1998; nova ed. bras.: trad. Eduardo Mauricio da Silva Bomfim, São Paulo: Lumme, 2017].

Superpositions (com Carmelo Bene). Paris: Minuit, 1979.

Spinoza: philosophie pratique. Paris: Minuit, 1981 [ed. bras.: *Espinosa: filosofia prática*, trad. Daniel Lins e Fabien Pascal Lins, São Paulo: Escuta, 2002].

Francis Bacon: logique de la sensation, vols. 1 e 2. Paris: Éd. de la Différence, 1981, 2ª ed. aumentada, 1984 [ed. bras.: *Francis Bacon: lógica da sensação* (vol. 1), trad. Aurélio Guerra Neto, Bruno Lara Resende, Ovídio de Abreu, Paulo Germano de Albuquerque e Tiago Seixas Themudo, coord. Roberto Machado, Rio de Janeiro: Zahar, 2007].

Cinéma 1 — L'Image-mouvement. Paris: Minuit, 1983 [ed. bras.: *Cinema 1 — A imagem-movimento*, trad. Stella Senra, São Paulo: Brasiliense, 1985; 2ª ed. revista, São Paulo: Editora 34, 2018].

Cinéma 2 — L'Image-temps. Paris: Minuit, 1985 [ed. bras.: *Cinema 2 — A imagem-tempo*, trad. Eloisa Araújo Ribeiro, São Paulo: Brasiliense, 1990; 2ª ed. revista, São Paulo: Editora 34, 2018].

Foucault. Paris: Minuit, 1986 [ed. bras.: trad. Claudia Sant'Anna Martins, São Paulo: Brasiliense, 1988].

Le Pli: Leibniz et le baroque. Paris: Minuit, 1988 [ed. bras.: *A dobra: Leibniz e o barroco*, trad. Luiz B. L. Orlandi, Campinas: Papirus, 1991; 2ª ed. revista, 2000].

Périclès et Verdi: la philosophie de François Châtelet. Paris: Minuit, 1988 [ed. bras.: *Péricles e Verdi: a filosofia de François Châtelet*, trad. Hortência S. Lencastre, Rio de Janeiro: Pazulin, 1999].

Pourparlers (1972-1990). Paris: Minuit, 1990 [ed. bras.: *Conversações (1972-1990)*, trad. Peter Pál Pelbart, Rio de Janeiro: Editora 34, 1992].

L'Épuisé, em seguida a *Quad, Trio du Fantôme, ... que nuages..., Nacht und Träume* (de Samuel Beckett). Paris: Minuit, 1992 [ed. bras.: *Sobre o teatro: O esgotado e Um manifesto de menos*, trad. Fátima Saadi, Ovídio de Abreu e Roberto Machado, intr. Roberto Machado, Rio de Janeiro: Zahar, 2010].

Critique et clinique. Paris: Minuit, 1993 [ed. bras.: *Crítica e clínica*, trad. Peter Pál Pelbart, São Paulo: Editora 34, 1997].

L'Île déserte et autres textes (textes et entretiens 1953-1974) (org. David Lapoujade). Paris: Minuit, 2002 [ed. bras.: *A ilha deserta e outros textos (textos e entrevistas 1953-1974)*, trad. Cíntia Vieira da Silva, Christian Pierre Kasper, Daniel Lins, Fabien Pascal Lins, Francisca Maria Cabrera, Guido de Almeida, Hélio Rebello Cardoso Júnior, Hilton F. Japiassú, Lia de Oliveira Guarino, Fernando Fagundes Ribeiro, Luiz B. L. Orlandi, Milton Nascimento, Peter Pál Pelbart, Roberto Machado, Rogério da Costa Santos, Tiago Seixas Themudo, Tomaz Tadeu e Sandra Corazza, coord. e apr. Luiz B. L. Orlandi, São Paulo: Iluminuras, 2006].

Deux régimes de fous (textes et entretiens 1975-1995) (org. David Lapoujade). Paris: Minuit, 2003 [ed. bras.: *Dois regimes de loucos: textos e entrevistas (1975-1995)*, trad. Guilherme Ivo, rev. técnica Luiz B. L. Orlandi, São Paulo: Editora 34, 2016].

Lettres et autres textes (org. David Lapoujade). Paris: Minuit, 2015 [ed. bras.: *Cartas e outros textos*, trad. Luiz B. L. Orlandi, São Paulo: n-1 edições, 2018].

OBRAS DE FÉLIX GUATTARI

Psychanalyse et transversalité: essais d'analyse institutionnelle (prefácio de Gilles Deleuze). Paris: Maspero, 1972; nova ed., Paris: La Découverte, 2003 [ed. bras.: *Psicanálise e transversalidade: ensaios de análise institucional*, trad. Maria Stela Gonçalves e Adail Ubirajara Sobral, Aparecida, SP: Ideias e Letras, 2004].

La Révolution moléculaire. Fontenay-sous-Bois: Recherches, 1977; 2ª ed., Paris: UGE, 1980 [ed. bras.: *Revolução molecular: pulsações políticas do desejo*, org., trad. e comentários Suely Rolnik, São Paulo: Brasiliense, 1981; 2ª ed., 1985].

L'Inconscient machinique: essais de schizo-analyse. Fontenay-sous-Bois: Recherches, 1979 [ed. bras.: *O inconsciente maquínico: ensaios de esquizoanálise*, trad. Constança M. César e Lucy M. César, Campinas: Papirus, 1988].

Félix Guattari entrevista Lula. São Paulo: Brasiliense, 1982.

Les Nouveaux espaces de liberté (com Antonio Negri). Paris: Dominique Bedoux, 1985 [ed. bras.: *As verdades nômades: por novos espaços de liberdade*, trad. Mario Marino e Jefferson Viel, São Paulo: Politeia/Autonomia Literária, 2017].

Pratique de l'institutionnel et politique (entrevistas; com Jean Oury e François Tosquelles). Paris: Matrice, 1985.

Micropolítica: cartografias do desejo (com Suely Rolnik). Petrópolis: Vozes, 1985 [ed. francesa: *Micropolitiques*, Paris: Les Empêcheurs de Penser en Rond, 2007].

Les Années d'hiver: 1980-1985. Paris: Bernard Barrault, 1986.

Cartographies schizoanalytiques. Paris: Galilée, 1989.

Les Trois écologies. Paris: Galilée, 1989 [ed. bras.: *As três ecologias*, trad. Maria Cristina F. Bittencourt, Campinas: Papirus, 1990].

Chaosmose. Paris: Galilée, 1992 [ed. bras.: *Caosmose: um novo paradigma estético*, trad. Ana Lúcia de Oliveira e Lúcia Cláudia Leão, Rio de Janeiro: Editora 34, 1992].

Ritournelle(s). Paris: Éditions de la Pince à Linge, 1999 (ed. ilustrada); nova ed., *Ritournelles*, Tours: Éditions Lume, 2007.

La Philosophie est essentielle à l'existence humaine (entrevista com Antoine Spire). La Tour-d'Aigues: L'Aube, 2002.

Écrits pour L'Anti-Œdipe (org. Stéphane Nadaud). Paris: Éditions Lignes/ Manifeste, 2004.

65 rêves de Franz Kafka (prefácio de Stéphane Nadaud). Paris: Éditions Lignes, 2007 [ed. bras.: *Máquina Kafka/Kafkamachine*, seleção e notas de Stéphane Nadaud, trad. e prefácio de Peter Pál Pelbart, posfácio de Akseli Virtanen, São Paulo: n-1 edições, 2011].

SOBRE OS AUTORES

Gilles Deleuze nasceu em 18 de janeiro de 1925, em Paris, numa família de classe média. Perdeu seu único irmão, mais velho do que ele, durante a luta contra a ocupação nazista. Gilles apaixonou-se por literatura, mas descobriu a filosofia nas aulas do professor Vial, no Liceu Carnot, em 1943, o que o levou à Sorbonne no ano seguinte, onde obteve o Diploma de Estudos Superiores em 1947 com um estudo sobre David Hume (publicado em 1953 como *Empirismo e subjetividade*). Entre 1948 e 1957 lecionou no Liceu de Amiens, no de Orléans e no Louis-Le-Grand, em Paris. Já casado com a tradutora Fanny Grandjouan em 1956, com quem teve dois filhos, trabalhou como assistente em História da Filosofia na Sorbonne entre 1957 e 1960. Foi pesquisador do CNRS até 1964, ano em que passou a lecionar na Faculdade de Lyon, lá permanecendo até 1969. Além de Jean-Paul Sartre, teve como professores Ferdinand Alquié, Georges Canguilhem, Maurice de Gandillac, Jean Hyppolite e Jean Wahl. Manteve-se amigo dos escritores Michel Tournier, Michel Butor, Jean-Pierre Faye, além dos irmãos Jacques e Claude Lanzmann e de Olivier Revault d'Allonnes, Jean-Pierre Bamberger e François Châtelet. Em 1962 teve seu primeiro encontro com Michel Foucault, a quem muito admirava e com quem estabeleceu trocas teóricas e colaboração política. A partir de 1969, por força dos desdobramentos de Maio de 1968, firmou sua sólida e produtiva relação com Félix Guattari, de que resultaram livros fundamentais como *O anti-Édipo* (1972), *Mil platôs* (1980) ou *O que é a filosofia?* (1991). De 1969 até sua aposentadoria em 1987 deu aulas na Universidade de Vincennes (hoje Paris VIII), um dos centros do ideário de Maio de 68. Em 1995, quando o corpo já doente não pôde sustentar a vitalidade de seus encontros, o filósofo decide conceber a própria morte: seu suicídio ocorre em Paris em 4 de novembro desse ano. O conjunto de sua obra — em que se destacam ainda os livros *Diferença e repetição* (1968), *Lógica do sentido* (1969), *Cinema 1: A imagem-movimento* (1983), *Cinema 2: A imagem-tempo* (1985), *Crítica e clínica* (1993), entre outros — deixa ver, para além da pluralidade de conexões que teceu entre a filosofia e seu "fora", a impressionante capacidade de trabalho do autor, bem como sua disposição para a escrita conjunta, e até para a coescrita, como é o caso dos livros assinados com Guattari.

Pierre-Félix Guattari nasceu em 30 de abril de 1930 em Villeneuve-
-les-Sablons, Oise, vila próxima a Paris, e faleceu em 29 de agosto de 1992
na clínica de psicoterapia institucional de La Borde, na qual ele próprio trabalhou durante toda a vida, na companhia do irmão Fernand e de Jean
Oury, cofundador. Seguiu durante muito tempo os seminários de seu ana-
lista, Jacques Lacan, porém no convívio com Gilles Deleuze, com quem se
encontrou em 1969, e no processo de escrita de suas obras em parceria,
afastou-se do lacanismo. Militante de esquerda, Félix Guattari, como *filósofo da práxis*, tinha horror aos dogmatismos. Participou dos movimentos de Maio de 1968, na França, e promoveu rádios livres nos anos 70;
batalhou por causas de minorias em várias partes do mundo (junto aos pa-
lestinos em 1976, a operários italianos em 1977, e em movimentos pela
redemocratização brasileira a partir de 1979, entre outras). Como decla-
rou em 1983, considerava necessário envolver-se com "processos de sin-
gularização" e ao mesmo tempo acautelar-se "contra toda sobrecodificação das intensidades estéticas e dos agenciamentos de desejo, sejam quais
forem as proposições políticas e os partidos aos quais se adere, mesmo que
sejam bem-intencionados". Guattari esteve na origem do CERFI (Centre
d'Études, de Recherches et Formation Institutionelles), coletivo de pesqui-
sadores em Ciências Humanas, fundado na França, extremamente ativo
entre 1967 e 1987, e possui também uma extensa obra individual. Além
de sua parceria com Gilles Deleuze, escreveu obras em colaboração com
outros autores, como Antonio Negri (*Les Nouveaux espaces de liberté*,
1985) ou, no Brasil, Suely Rolnik (*Micropolítica: cartografias do desejo*,
1986). Em seus envolvimentos teóricos e práticos, o psicanalista e filósofo
procurou sempre "liberar o campo do possível", sobretudo através de experimentações micropolíticas que buscam criar aberturas no funcionamento dos coletivos e levar as relações de amizade para além de suas fixações
identitárias.

SOBRE OS TRADUTORES

Bento Prado Jr., nascido em Jaú, SP, no ano de 1937, licenciou-se e tornou-se livre-docente em Filosofia pela antiga Faculdade de Filosofia, Ciências e Letras da USP, onde lecionou entre 1960 e 1969, ano em que foi afastado pelo AI-5. De 1969 a 1974 foi pesquisador no CNRS, na França, e, de volta ao Brasil, foi professor da PUC-SP entre 1975 e 1977. Em 1977 tornou-se professor da Universidade Federal de São Carlos, cidade onde passou a residir. Em 1998 recebeu o título de professor emérito da Universidade de São Paulo. Faleceu em São Carlos, SP, em 2007. É autor dos livros *A filosofia e a visão comum do mundo* (Brasiliense, 1981, com Oswaldo Porchat Pereira e Tércio Sampaio Ferraz), *Filosofia da psicanálise* (Brasiliense, 1985, com Luiz Roberto Monzani e Osmyr Faria Gabbi Jr.), *Alguns ensaios: filosofia, literatura, psicanálise* (Max Limonad, 1985, reeditado em 2000 pela Paz e Terra), *Presença e campo transcendental: consciência e negatividade na filosofia de Bergson* (Edusp, 1989, publicado em francês com o título *Présence et champ transcendantal: conscience et négativité dans la philosophie de Bergson*, Georg Olms Verlag, 2002) e *Erro, ilusão, loucura* (Editora 34, 2004). Postumamente foi editado o volume *A retórica de Rousseau e outros ensaios*, organizado por Franklin de Mattos (Cosac Naify, 2008).

Alberto Alonso Muñoz graduou-se em Filosofia em 1989 pela Universidade de São Paulo, onde também fez o mestrado (1993), o doutorado (1998) e o pós-doutorado (2000). Formou-se posteriormente pela Faculdade de Direito do Largo São Francisco e atualmente é Juiz de Direito do Tribunal de Justiça do Estado de São Paulo. É autor de *Liberdade e causalidade: ação, responsabilidade e metafísica em Aristóteles* (Discurso Editorial, 2001).

Este livro foi composto em Sabon,
pela Bracher & Malta, com CTP da
New Print e impressão da Graphium
em papel Pólen Natural 80 g/m² da
Cia. Suzano de Papel e Celulose para
a Editora 34, em agosto de 2023.